▶ 文化娱乐法制研究系列丛书 ▶

图书出版行业
知识产权法实务研究

陶 乾　刁云芸 / 著

知识产权出版社
全国百佳图书出版单位
—北京—

图书在版编目（CIP）数据

图书出版行业知识产权法实务研究 / 陶乾，刁云芸著 . —北京：知识产权出版社，2022.8
（文化娱乐法制研究系列丛书 / 陶乾主编）
ISBN 978-7-5130-7838-2

Ⅰ. ①图… Ⅱ. ①陶… ②刁… Ⅲ. ①图书出版—知识产权法—研究—中国 Ⅳ. ①D923.404

中国版本图书馆 CIP 数据核字（2021）第 235095 号

责任编辑：李学军　　　　　　　　责任校对：谷　洋
封面设计：杨杨工作室·张冀　　　责任印制：刘译文

图书出版行业知识产权法实务研究
陶　乾　刁云芸　著

出版发行：知识产权出版社有限责任公司		网　　址：http://www.ipph.cn	
社　　址：北京市海淀区气象路 50 号院		邮　　编：100081	
责编电话：010-82000860 转 8559		责编邮箱：752606025@qq.com	
发行电话：010-82000860 转 8101/8102		发行传真：010-82000893/82005070/82000270	
印　　刷：天津嘉恒印务有限公司		经　　销：新华书店、各大网上书店及相关专业书店	
开　　本：720mm×1000mm　1/16		印　　张：20.75	
版　　次：2022 年 8 月第 1 版		印　　次：2022 年 8 月第 1 次印刷	
字　　数：340 千字		定　　价：98.00 元	
ISBN 978-7-5130-7838-2			

出版权专有　侵权必究
如有印装质量问题，本社负责调换。

前　言

近年来，我国文化产业发展势头迅猛，作为文化产业龙头先锋的出版行业在新时代展现出一派蓬勃景象。出版产业是中国文化产业的重要组成部分，具有文化传播的重要功能。图书出版行业的繁荣发展也利于公众丰富精神文化生活，促进社会主义精神文明建设。出版行业的有序发展与规范经营至关重要。但是，由于出版领域涉及的利益主体多样，又加之互联网的快速发展为作品网络保护带来挑战，图书出版行业知识产权法律纠纷时有发生。图书出版行业纠纷涵盖了较为广泛的领域，以图书出版为主，还包括音像出版、数字出版、网络传播等纠纷。在这些纠纷中，以著作权纠纷为主，还涉及商标权纠纷、出版合同纠纷及不正当竞争纠纷等。

法律纠纷的公正与高效审理有赖于知识产权法律制度的健全。改革开放以来，我国的知识产权法律制度不断地发展完善。著作权法的第4次修改也于2020年完成，并已经开始施行。商标法和反不正当竞争法于2019年完成了最新的修订。相关的行政法规也在紧锣密鼓的修订过程中。最高人民法院通过司法政策文件、司法解释和典型案例，进一步统一了各法院对同类案件的裁判。

本书通过梳理、分析司法实践中的真实案例，对理论与实务问题进行剖析。全书分为9章，对近150个案例进行汇编和学理分析。为避免篇幅的冗长，本书对汇编的案例进行缩写并提炼其中的裁判要旨，简洁明了，法理分析通俗易懂，可读性强。第一章涉及出版领域的著作人身权保护，包括出版单位修改作者作品的尺度以及图书出版领域的署名权保护。第二章涉及图书领域抄袭剽窃的认定，包括对图书中独创性表达的认定、思想表达二分法的运用、实质性相似的判断以及合理使用情形的认定。第三章分析的是出版者的合理注意义务，其中涉及了注意义务的范围和程度、特殊类型作品著作权人身份的审核。第四章专门论及了出版单位的权利保护，包括出版单位专有出版权的保护、版式设计与装帧装潢的保护。第五章聚焦于教育教学领域，分析了出版教科书和教辅用书应注意的法律问题以及新型教育工具及教学方式的版权侵权风险防范。第六章将图书版权问题与时下热点的互联网及新型技术相结合，分析电子书阅读服务提供者的版权侵权责任以及信息存储与链接服务提供者的版权保护义务。第七章涉及的是图书出版领域的商标与不正当竞争法律问题，围绕图书商标的注册与侵权认定、文学作品中角色元素的法律保护、图书名称与作者姓名的竞争法保护三个方面展开分析。第八章为出版行业的版权合同法律问题，主要包括出版文字作品的稿酬确定、出版合同的成立与效力、出版合同的履行与违约、合作出版的法律问题。第九章分析的出版单位应注意的其他法律风险，分析了出版已故作者的作品、演绎作品时需要获得的授权，也涉及了出版过程中出版者侵犯作者权利的一些情形。

在我国进一步强化知识产权保护的战略背景下，中共中央、国务院印发了《知识产权强国建设纲要（2021—2035年）》和《"十四五"国家知识产权保护和运用规划》，国家版权局印发了《版权工作"十四五"规划》。出版单位不仅需要遵守知识产权，而且亦需要积极维护自身的知识产权。司法机关既要加强对著作权人利益的保护，也要在创作者、传播者与使用者三者之间实现利益平衡。行业经营者在对出版单位专有出版权进行保护的同时，也要关注到行业内的商标侵权和不正当竞争问题。本书通过对图书出版领域法律纠纷的实证分析，为法律工作者、法学专业学生和行业从业人员提供参考和借鉴，帮助出版行业应对知识产权法律问题，实现行业良性化、法治化发展。

目 录

第一章 出版领域的著作人身权保护 ... 1
第一节 出版社修改作者作品的尺度 ... 3
一、出版社可否更改图书名称 ... 3
二、删除作品序言构成侵权 ... 5
三、图书不当裁剪图片构成侵权 ... 6
四、书法作品的保护作品完整权 ... 7
五、著作财产权转让不影响作者主张修改权 ... 8
六、保护作品完整权的行使限制 ... 9
七、法理分析 ... 11

第二节 图书出版领域的署名权侵权 ... 15
一、侵犯合作作者署名权的行为认定 ... 17
二、合作译者的署名权保护 ... 19
三、委托创作译作的署名权 ... 20
四、重印图书时更改署名构成侵权 ... 21
五、不当署名侵犯作者署名权 ... 22
六、遗失孤稿导致著作权侵权 ... 23
七、法理分析 ... 25

第二章 图书行业抄袭剽窃的认定 ... 28
第一节 图书中独创性表达的认定 ... 29
一、图书附表受著作权保护的条件 ... 31
二、对公有知识的选择编排可以构成作品 ... 32
三、以民间文学为基础的作品的独创性 ... 33

四、史学论著中的独创性表达 ·················· 34
　　五、古籍点校的著作权保护 ·················· 36
　　六、外语教学类图书中的独创性表达 ·············· 37
　　七、法理分析 ························ 39

第二节　思想表达二分法在图书著作权保护中的应用 ········ 41
　　一、题材和故事结构的相似问题 ················ 42
　　二、素材和史实的相似问题 ·················· 43
　　三、惯用人物设计和场景的相似问题 ·············· 44
　　四、作品内部标题和构思的相似问题 ·············· 45
　　五、词典编写方法不受版权保护 ················ 47
　　六、抄袭比对的具体元素 ···················· 48
　　七、法理分析 ························ 50

第三节　图书抄袭认定中的实质性相似 ·············· 52
　　一、一般情节与语句的比对 ·················· 53
　　二、作品中具体表达的相似比对 ················ 55
　　三、词典释义和例句的抄袭 ·················· 57
　　四、编著教材的相似性判断 ·················· 58
　　五、抄袭认定时"质"与"量"的双重考量 ··········· 60
　　六、以使用同一在先表达作为抗辩事由 ············· 61
　　七、法理分析 ························ 62

第四节　图书中对他人作品合理使用的认定 ············ 65
　　一、适当引用的目的性判断 ·················· 66
　　二、具有市场替代效果的使用构成侵权 ············· 67
　　三、超出合理使用限度的引用构成侵权 ············· 69
　　四、教辅图书中对教材内容的合理使用 ············· 71
　　五、对他人观点的适当引用 ·················· 72
　　六、合理使用他人作品应符合法定目的 ············· 73
　　七、法理分析 ························ 74

第三章 出版单位出版图书的注意义务 77
第一节 出版者合理注意义务的认定 77
一、图书配图的版权审查义务 79
二、图书总策划的连带责任 80
三、审查签约主体身份的义务 81
四、出版社对侵权内容的知晓程度 82
五、出版者合理注意义务的合理限度 83
六、注意义务大小与审查难易程度有关 84
七、法理分析 85
第二节 特殊类型作品著作权人身份的审核 86
一、教师编写教材的权利归属 88
二、出版社工作人员创作作品的性质 89
三、企业高管主持创作作品的归属 90
四、法人作品与特殊职务作品的区分 91
五、地方志的著作权归属 92
六、合作作品与委托作品的交叉 94
七、法理分析 95

第四章 出版单位的权利保护 97
第一节 出版单位的专有出版权 98
一、专有出版权侵权的判定 99
二、汇编作品专有出版权的权利范围 101
三、专有出版权侵权的比对 103
四、专有出版权的起算时间 105
五、专有出版权的重复授权 107
六、一次性付酬情况下专有出版权的买断 109
七、盗版图书对专有出版权的侵犯 111
八、法理分析 112

第二节　书籍版式设计与装帧装潢的法律保护 …………………… 115
　　　一、图书装帧设计的版权保护 ………………………………… 116
　　　二、图书封面设计的版权保护 ………………………………… 118
　　　三、有一定影响的装潢的认定标准 …………………………… 119
　　　四、图书装帧装潢的比对规则 ………………………………… 121
　　　五、图书装潢引发混淆的认定 ………………………………… 122
　　　六、版式设计专用权的保护范围 ……………………………… 124
　　　七、法理分析 …………………………………………………… 126

第五章　教育教学领域的图书版权保护 ………………………………… 129
　　第一节　出版教材与教辅用书的版权侵权风险防控 …………… 129
　　　一、法定许可中教科书的界定 ………………………………… 130
　　　二、教科书的独创性内容 ……………………………………… 132
　　　三、考试用书是否是汇编作品 ………………………………… 133
　　　四、外语教辅用书侵犯教材翻译权的认定 …………………… 135
　　　五、考试用书著作权侵权的诉讼主体资格 …………………… 136
　　　六、考试用书的专有出版权 …………………………………… 138
　　　七、法理分析 …………………………………………………… 139
　　第二节　新型教育工具及教学方式的著作权侵权风险防范 …… 141
　　　一、点读笔预存教材内容构成侵权 …………………………… 142
　　　二、学习机提供教材下载链接的行为性质 …………………… 143
　　　三、学习机销售商的责任承担 ………………………………… 146
　　　四、网络传播电子图书是否侵犯专有出版权 ………………… 147
　　　五、手机应用变相传播图书内容的侵权认定 ………………… 148
　　　六、向内部学员提供图书下载是否侵权 ……………………… 150
　　　七、法理分析 …………………………………………………… 151

第六章　互联网环境下图书的著作权保护 ……………………………… 153
　　第一节　电子书阅读服务提供者的著作权侵权责任 …………… 155
　　　一、数据库传递电子书的侵权责任认定 ……………………… 155
　　　二、图书馆传播图书扫描版的责任认定 ……………………… 157

三、提供作品片段试读服务的行为性质 ……………………… 161
　　四、电子书阅读服务平台审查作品权利链条的义务 ………… 162
　　五、电子书阅读器审核著作权人身份的义务 ………………… 163
　　六、发行权用尽原则适用于网络环境的障碍 ………………… 165
　　七、电子书借阅平台的注意义务 ……………………………… 168
　　八、法理分析 …………………………………………………… 169
　第二节　信息存储与链接服务提供者的著作权保护义务 ……… 172
　　一、网络服务提供者共同侵权的认定 ………………………… 175
　　二、云服务提供者侵权的认定 ………………………………… 176
　　三、搜索链接服务提供者的责任认定 ………………………… 178
　　四、有声读物应用程序的侵权界定 …………………………… 179
　　五、手机自营应用商店对应用软件的管理能力 ……………… 181
　　六、网络交易平台的共同侵权责任 …………………………… 183
　　七、法理分析 …………………………………………………… 184

第七章　图书出版领域的商标与不正当竞争法律问题 …………… 189
　第一节　图书商标的注册与侵权认定 …………………………… 190
　　一、商标的显著性 ……………………………………………… 191
　　二、注册商标与引证商标的近似性比对 ……………………… 192
　　三、是否属于通用名称的认定 ………………………………… 194
　　四、商标性使用的认定 ………………………………………… 195
　　五、描述性使用不属于商标性使用 …………………………… 197
　　六、自然词意上的使用不属于商标性使用 …………………… 199
　　七、未注册驰名商标的保护 …………………………………… 200
　　八、法理分析 …………………………………………………… 203
　第二节　文学作品中的角色元素的法律保护 …………………… 207
　　一、人物名称的可版权性困境 ………………………………… 208
　　二、使用原著人物进行续写的行为性质 ……………………… 209
　　三、同人创作的法律性质 ……………………………………… 213

四、网络游戏侵犯文学作品改编权的认定 …………………… 216
　　五、网络游戏使用小说元素构成不正当竞争 …………………… 219
　　六、法理分析 …………………………………………………… 221
第三节　图书名称与作者姓名的竞争法保护 ……………………… 224
　　一、仿冒署名的认定 …………………………………………… 225
　　二、同名作者的不正当竞争 …………………………………… 226
　　三、图书书名难以受到著作权法的保护 ……………………… 228
　　四、有一定影响的书名的认定 ………………………………… 229
　　五、图书领域书名混淆的认定 ………………………………… 230
　　六、不构成混淆的图书名称的使用 …………………………… 232
　　七、法理分析 …………………………………………………… 235

第八章　出版行业的著作权合同法律问题 …………………… 239
第一节　出版文字作品的稿酬问题 ………………………………… 240
　　一、合同未约定稿酬义务如何处理 …………………………… 241
　　二、先出版后补签合同情形下稿酬的计算 …………………… 242
　　三、电子书稿酬的计算 ………………………………………… 243
　　四、重印与再版作品的稿酬计算 ……………………………… 245
　　五、因稿酬提起多次诉讼是否构成重复起诉 ………………… 246
　　六、委托创作酬金与稿酬的关系 ……………………………… 248
　　七、法理分析 …………………………………………………… 249
第二节　出版合同的成立与效力 …………………………………… 250
　　一、版权合同成就与否的判定 ………………………………… 252
　　二、事实出版合同关系的形成 ………………………………… 254
　　三、作者默示同意出版的认定 ………………………………… 255
　　四、合同成立前出版者的义务 ………………………………… 256
　　五、出版合同的撤销 …………………………………………… 257
　　六、合同无效的理由 …………………………………………… 258
　　七、法理分析 …………………………………………………… 260

第三节 出版合同的履行与违约············261
一、不予出版的责任认定············262
二、逾期出版的过错认定············264
三、出版合同的依约解除············265
四、合同约定解除条件的满足············266
五、出版社重印图书的通知义务············267
六、授权到期后被授权人的转授权无效············269
七、法理分析············270

第四节 合作出版的法律问题············272
一、合作出版情形下的加印与发行············273
二、教材租型出版涉及的违约问题············274
三、作者违约致图书不予出版的责任认定············276
四、作品是否达到出版水平的认定············277
五、同等出版合作条件下的优先签约权············278
六、合作出版情况下问题图书的损失责任承担············280
七、法理分析············283

第九章 出版单位应注意的其他法律风险············285

第一节 出版已故作者的作品应注意的法律问题············285
一、共有人之一对外签订合同的效力············286
二、多个继承人共有著作权的行使············288
三、出版已故作者作品应核实授权人的身份············289
四、权利人核实困难情况下的责任减轻············290
五、公版图书作者修改权的保护············291
六、获得海外机构授权的举证和司法认定············292
七、法理分析············294

第二节 演绎作品涉及的法律问题············295
一、同一作者的原作品与演绎作品············296
二、出版改编作品的双重许可············298

三、出版汇编作品应获得的授权 …………………………………… 300
四、译著出版前的授权 …………………………………………… 301
五、委托创作的译著的财产权归属 ………………………………… 302
六、翻译作品的著作权保护 ……………………………………… 303
七、法理分析 ……………………………………………………… 305

第三节　出版过程中出版社侵犯作者权利的认定 ………………… 307
一、出版社遗失作者手稿的责任认定 ……………………………… 308
二、出版社图书审校错误应承担的责任 …………………………… 309
三、出版社获得作者授权的内容范围 ……………………………… 311
四、超出约定的作品发行数量构成侵权 …………………………… 312
五、如何判断作者是否同意网络传播 ……………………………… 313
六、法理分析 ……………………………………………………… 315

后　记 …………………………………………………………………… 318

第一章 出版领域的著作人身权保护

在著作权法的发展历程中，作者权体系和版权体系曾并行存在。采取作者权体系的大陆法系国家，尤其重视对作者精神权利的保护，作品所体现出来的是作者人格、思想意识、情感的一种外在表达。相比之下，版权体系更看重的是经济利益的实现。我国著作权法理论上将作者的精神权利称为著作人身权，该权利归属于作者，不可转让、继承、许可或者放弃。著作人身权基于作品而产生，不因作者去世而终止。

我国著作权法一共规定了四项著作人身权。发表权，即决定作品是否公之于众的权利，是否公开、以什么方式公开、何时何地公开、向谁公开，这都是发表权的内涵。公之于众不等于公众知晓，所以，公之于众强调的是不特定公众可以获取作品，至于是否每个人都知晓该作品则在所不问。作者之外的人，不得未经作者同意将其作品公开。作者生前未发表的作品，如果作者未明确表示不发表，作者死亡后 50 年内，其发表权可由其继承人或受遗赠人行使。没有继承人又无人受遗赠的发表权，由作品原件的所有人行使。出版发行、陈列、现场表演、演讲、放映、广播电视播送、信息网络传播等都是发表的手段。在个案中，判断作品是否发表、何时发表具有重要价值，因为在涉及抄袭剽窃问题的判断上，原告作品发表在先是判断被告具有了解到原告作品高度可能性的一个因素。在判断被告使用原告作品的行为是否构成合理使用时，大多数的情形也是要求原告作品已发表。在一些著作权许可或转让的法律关系中，可能会存在作者默示行使发表权的情形。比如，作者将其剧本的摄制权转让给影视公司，那么，就意味着作者同意其作品中的表达被以影视制作的方式公之于众，但是，影视公司不能以出版发行的方式将作者的剧本进行复制发行。发表权与肖像权、隐私权会存在冲突的情形，所以，当作者发表的作品中包含了他人的人格权，发表作品前首先应该获得他人的许可。民法典中规定，未经肖像权人同意，肖像作品的权利人不得以发表、复制、发行、出租、展览等方式使用或公开肖像权人的肖像。

署名权，即表明作者身份，在作品上署名的权利，作者有权决定在作品上署真名、艺名、笔名或者不署名。该权利既包括在作品原件上署名，也包括在作品复印件上署名。在出版机构与作者签署的合同中可以约定署名的具体方式、合作作者的署名排序。没有约定的以公平合理的方式署名为宜。使用他人作品，应当指明作者姓名、作品名称。但是当事人另有约定，或者由于作品使用方式的特性无法指明的除外。著作权法规定，著作权属于作者，如无相反证明，在作品上署名的公民、法人或者其他组织为作者。当作品署名与作者真实身份情况有出入时，出版机构应进一步确认作者身份；当作品署名为两人或两人以上时，出版者应审查署名真实性及署名顺序是否体现全体作者的共同意志。汇编作品和演绎作品还应审查原作品著作权人署名的正确性。

保护作品完整权，即保护作品不受歪曲、篡改的权利，作者的思想通过作品对外呈现时，应当是完整的、客观的。修改权，即修改或者授权他人修改作品的权利。作者有权禁止他人对其作品做出违背其思想的删除、增添或其他损害性的变动，保护其作品不被丑化，保护作品的完整性。修改权指的是作者修改或授权他人修改作品的权利。此时的修改还没有上升到保护作品完整权所规制的篡改的高度。修改是对作品内容做局部的变更和文字用语的修正。比如，对作品的词句进行了增添、修改或删除，调换段落顺序等。根据《著作权法》第36条，图书出版者经作者许可，可以对作品进行修改、删节。司法实践中法院需要平衡编辑修改权限与作者的著作人身权之间的关系。

本章将重点介绍署名权、修改权和保护作品完整权。第一节为出版社修改作者作品的尺度问题，分析超出何种尺度会侵犯作者的著作权；第二节分析了作者署名权的保护。

第一节　出版社修改作者作品的尺度

根据2020年《著作权法》第36条的规定，图书出版者经作者许可，可以对作品修改、删节。报社、期刊社可以对作品作文字性修改、删节。对内容的修改，应当经作者许可。作者将书稿提交给出版社后，正式出版前，出版社编辑出于出版发行的需要会对作者的稿件进行必要的改动以使得作品符合国家对出版物的相关管理要求，但是出版社改动作品应当经过作者的确认，改动的尺度也应当限制在一定范围内，否则可能侵犯作者享有的修改权、保护作品完整权。

即便双方约定出版社可以作必要的改动，但如果出版社对作者作品作不当改动亦存在被诉的较大风险。近年来，因出版社修改作品和作者之间引发的纠纷日益增加。本节精选6个案件，对判决书进行缩写并提炼裁判要旨。案情包括对书名的改动、对作者提交的图书的总序及作者简介等内容的删减、对图书中所包含的摄影作品的裁剪。本章旨在为图书行业把握修改作品的尺度提供借鉴，同时，也分析了保护作品完整权的限制，为出版社如何规避侵权风险提供思路。

一、出版社可否更改图书名称

【基本案情】

原告作者王某某写作《人大学》一书，被告中国人民公安大学出版社责任编辑未经作者王某某同意，将《人大学》书名改为《人大制度学》，并在该书的前言、目录以及相应之处均作了修改。印刷厂印制《人大制度学》1500册并出版发行。原告认为以上行为侵犯了自己的合法权益，故提起诉讼。

【争议焦点】

（1）出版社改变书名的行为是否侵犯王某某保护作品完整权。

（2）出版社是否侵犯王某某修改权。

【裁判推理】

保护作品完整权，即保护作品不受歪曲、篡改的权利。歪曲是指故意改变事物的真相或内容；篡改则是用作伪的手段对作品进行改动或曲解。本案不管是《人大学》还是《人大制度学》，都是以人民代表大会制度为研究客体。在王某某与出版社没有就更改书名达成一致意见的情况下，出版社应尊重作者王某某的意愿。但是，即使认定出版社更改书名及相应的内容未经王某某同意，由于出版社在出版时没有歪曲、篡改王某某的作品，故王某某认为出版社侵犯其保护作品完整权不能成立。

修改权，即修改或者授权他人修改作品的权利。这里的"修改"是指对作品内容作局部的变更以及文字、用语的修正。修改与否、怎么修改以及是否授权他人修改，都应根据作者的意愿，不应强制。著作权法规定，图书出版者经作者许可，可以对作品修改、删节。王某某与出版社签订的图书出版合同第9条也作了约定，即出版社如需更动作品的名称，对作品进行修改、删节等，应征得作者同意，并经作者书面认可。通过比对《人大学》和《人大制度学》两本书，可以发现这两本书内容中不同之处在于书名的改动以及因书名改动，在前言、目录以及书中相应之处将"人大学"替换为"人大制度学"，其余内容并未改动。虽然出版社对涉案图书的修改量很小，但因未征得王某某同意，出版社仍属于侵犯作者修改权的行为，应承担相应的民事责任。

作品的修改权属于作者人格权利范畴，王某某以出版社侵犯其修改权，对其造成了极大的精神伤害为由，要求出版社承担停止侵害、消除影响、赔礼道歉并赔偿损失的民事责任。但精神损害赔偿是以造成严重后果为前提，对此，王某某应负举证责任。在王某某没有提供相关证据予以证明的情况下，法院根据本案的具体情况，对其提出的要求出版社赔礼道歉及赔偿精神损失的请求不予支持。但出版社应承担停止侵权、消除影响的民事责任。

【裁判要旨】

对图书作品书名的改动，若没有达到歪曲、篡改涉案作品的程度，不构成侵犯作者的保护作品完整权。但是书名是图书的重要组成部分，在没有征得作者同意的情况下，出版社修改作品名称的行为侵犯作者的修改权，应当承担停止侵权、消除影响的民事责任。

【案号】

(2010) 民提字第 166 号

二、删除作品序言构成侵权

【基本案情】

陈某某与快乐共享公司签订《老板与孔子的对话》等三本图书的授权出版合同,随后该图书由天津教育出版社出版发行。快乐共享公司、天津教育出版社出版的系列图书与陈某某提交的作品相比,内容上缺少总序、前言、后记及作者简介,书名被更改为《老板论语释义》。陈某某认为其保护作品完整权受到侵犯,故提起诉讼。

【争议焦点】

(1) 删除总序、前言、后记是否侵犯保护作品完整权。

(2) 删除作者简介是否侵犯保护作品完整权。

【裁判推理】

总序及三本书的前言和后记是对于涉案作品在学术理论方面的提炼和升华,体现了作者在涉案作品中想要突出表达的系统化的观点,是涉案作品的有机组成部分。出版社未经陈某某许可,在涉案图书中未使用总序及三本书的前言和后记的行为,使陈某某的学术思想不能完整、准确、系统地呈现在公众面前,构成对涉案作品的实质性修改,改变了涉案作品的内容、观点和形式,客观上达到了歪曲、篡改的效果,侵害了陈某某享有的保护作品完整权。

由于作者简介只是对作者陈某某的介绍,而非涉案作品的内容,上述行为也并未达到歪曲、篡改涉案作品的程度,故删除作者简介的行为未侵害保护作品完整权。

此外,对于书名的改动并未改变涉案作品系孔子、老子、孙子思想对于现代市场经营管理者的指引、教导的含义,并未达到歪曲、篡改涉案作品的程度,未侵害保护作品完整权。

【裁判要旨】

对于图书作品的修改是否达到歪曲、篡改涉案作品的程度,需要考察此改动是否构成对涉案作品的实质性修改,作者的思想是否被完整、准确、系统地呈现在公众面前。序言是作品的有机组成部分，出版者未经许可删除作品序言的行为，构成对作者保护作品完整权的侵犯。

【案号】

（2015）京知民终字第 811 号

三、图书不当裁剪图片构成侵权

【基本案情】

张某某为模特汤加丽拍摄了 20 余组人体摄影照片，并于 2002 年 7 月 9 日为汤加丽出具了授权书，许可汤加丽将张某某所拍摄的照片用于个人写真集的出版、发行和展览。汤加丽据此于 2002 年 7 月 15 日与人民美术出版社签订《汤加丽人体艺术写真》出版合同。该书封面内侧折页标明摄影为张某某，其中 136 幅（3 幅照片系重复使用）张某某享有著作权。张某某认为书中有 39 幅图片被不当地裁切，侵犯了其享有的保护作品完整权，故诉至法院。

【争议焦点】

出版社未经张某某同意，对其摄影作品的部分人体、背景或道具进行裁剪的行为是否属于对保护作品完整权的侵犯。

【裁判推理】

出版社出版、发行《汤加丽人体艺术写真》时，明知张某某系涉案 136 幅作品的摄影者及著作权人，未经张某某同意，对张某某享有著作权的 39 幅摄影作品的部分人体、背景或道具进行裁剪，超出了其为了版式整齐美观而进行边缘性裁切的限度，损害了张某某对其作品的构思和艺术追求，破坏了上述作品的构图和视觉效果，侵犯了张某某对上述作品的保护作品完整权。

【裁判要旨】

出版社在对摄影作品进行未经作者许可的裁剪行为时，若超出了为版式整齐美观而进行边缘性裁切的目的限度，从而损害了作者对其作品的构思和艺术追求，破坏了作品的构图和视觉效果，应认定该行为构成侵犯保护作品完整权。

【案号】

（2003）高民终字第 1006 号

四、书法作品的保护作品完整权

【基本案情】

2001年9月,《天下粮仓》剧组约请都某某为该剧题写片名,都某某将创作完成的"天下粮仓"四字的书法作品交给剧组。该作品各字间散落很多墨迹,代表血泪和粮食。后剧组将该作品中的墨迹去掉后作为电视剧片头。2001年11月,作家出版社从《天下粮仓》剧组取得了该剧片名题字。2002年1月,作家出版社出版《天下粮仓》一书。将都某某的题字用于该书封面和封底。都某某认为该书上的题字修改了其原作,故提起修改权和保护作品完整权侵权诉讼。

【争议焦点】

涉案作品的行为是否侵犯了都某某对涉案作品所享有的修改权和保护作品完整权。

【裁判推理】

经比对,都某某书法作品原作与《天下粮仓》一书上的书名题字,原作"天下粮仓"四字间散落了一些墨迹,都某某称该墨迹是在创作过程中自然形成的,代表了"血泪和粮食"的含义。出版社在图书封面上所使用的书法作品是不包括上述墨迹的作品,与原作相比进行了改动,应当认定出版社侵犯了都某某所享有的修改权。

出版社所使用的作品虽然与都某某创作的涉案作品在墨迹上有所区别,但并非对作品主要内容的改动,并未产生歪曲、篡改涉案作品的客观后果,未破坏涉案作品的完整性,不侵犯都某某对涉案作品所享有的保护作品完整权。

【裁判要旨】

出版社未经许可对于作者作品中的基本表达予以改动,构成对其修改权的侵犯;如果此种改动并未产生歪曲、篡改涉案作品的客观后果,未破坏涉案作品的完整性,并非对作品主要内容的改动,则不侵犯保护作品完整权。

【案号】

(2003)二中民终字第10610号

五、著作财产权转让不影响作者主张修改权

【基本案情】

张某某是《鬼吹灯》小说的作者，其与玄霆公司签订文学作品独家授权协议，将该作品在全球范围内除署名权、修改权和保护作品完整权以外的全部权利独家授予玄霆公司。

被告青岛出版社经玄霆公司授权出版发行《鬼吹灯》图书。原告张某某认为，该图书对《鬼吹灯》小说进行了多达394处的修改，构成著作权侵权，故诉至法院。

【争议焦点】

涉案图书是否侵犯了张某某的修改权和保护作品完整权。

【裁判梳理】

《著作权法》第34条规定"图书出版者经作者许可，可以对作品修改、删节。报社、期刊社可以对作品作文字性修改、删节。对内容的修改，应当经作者许可。"限于出版周期原因，报社、期刊社经常来不及提前与作者商量修改作品的事宜，故法律允许报社、期刊社对作品作文字性修改、删节，而不必征得作者的同意。但图书出版则不同，图书的文字篇幅较为灵活，且出版社编辑人员有相对充裕的时间与作者协商书稿中需要修改、删节之处，其过程可能也需要多次反复沟通。所以，图书出版社无论是对作品的实质性修改，还是对作品作文字性删改，均应得到作者的授权。

被告称其从2015年3月至11月期间一直在着手进行涉案图书的出版工作，可见时间相当充裕，完全可以与作者进行沟通并获得作者对修改的认可，但是被告并没有与作者进行联系。

对此，首先，立法者在规定图书出版者的修改权利时并未区分文字性修改与内容修改，这与报社、期刊社的修改权利的区别是显而易见的。其次，是否属于文字性的修改，要根据不同的作品而论，特别是小说等文学性比较强、凸显作者写作风格和特点的作品，更不能一概而论。在文学作品中，尽管只是个别文字甚至于标点符号，都有可能蕴含着作者特殊的用意和要表达的特殊情感，并不属于可以进行文字性修改的部分。最后，由于作者与编辑都可能会存

在相关知识、阅历、信息等方面的局限性，如果出版社的编辑认为某处应进行文字性的修改，比如明显属于错字别字或标点符号使用错误，也应当征求作者的意见，询问作者此处文字选择或符号安排是否有特别用意，然后再与作者协商是否具有修改的必要或者采取哪种更合适的修改方式。是否属于文字性的修改，是依据国家相关出版规定及政策要求，由出版社编辑与作者共同协商确定的一个过程。即便属于文字性修改也应取得作者的许可。

如果在整部作品中仅有很少几处文字性修改未经作者的许可，就以此判定侵犯作者修改权，则对出版社的编辑不公平，也不利于出版社进行图书出版经营管理。但是本案中修改多达 394 处，并且大多数属于对原作内容的较大改动，在作者未授权且不认可的情况下，青岛出版社也未能提供改动的合理依据。故被告侵犯修改权。

本案中，涉案图书的修改之处主要集中在局部的字、词和一些句子、段落。虽然部分修改确实改变了该处的本意，可能使读者对该处内容的理解产生影响或误认，但修改内容约 3000 字，散落在 8 册图书 200 多万字之中，对于涉案图书的主题思想表达、主要人物刻画或主要情节发展等整体而言并无实质性影响，尚未达到歪曲、篡改原作的程度，不构成对张某某保护作品完整权的侵犯。同时，涉案图书的改动虽然大多属于错误的修改，但都尚未达到变更故事结局、变更主人公性格等严重的程度，不足以构成对原作的歪曲篡改。

【裁判要旨】

即便作者已将其作品的作者财产权转让，出版单位出版图书时，仍应尊重最终作者的著作人身权。无论是内容性修改还是文字性修改，均需要经过作者确认。

【案号】

（2018）京 73 民终 425 号

六、保护作品完整权的行使限制

【基本案情】

叶某某为翻译作品《江户川乱步推理探案集》的著作权人。其分别于

2014年4月、2016年1月与时代文艺公司就涉案图书汇编本及单行本的出版发行事宜签订出版合同。合同中约定：时代文艺公司可以更改上述作品的名称，对作品进行修改、删节、增加图标及前言、后记，但改动结果应得到叶某某的认可。涉案图书的汇编本出版于2016年1月，正文前后分别有前言和译后记，该部分主要内容包括作者生平、作品的看点、社会意义、文学价值、发行情况等。

在涉案作品单行本的出版过程中，时代文艺公司的编辑认为前言和译后记不适合此次出版的单行本，并就此事多次与叶某某进行沟通，但叶某某均未认可改动结果。最终，单行本于2016年6月出版，正文前后无前言和译后记。

叶某某认为时代文艺公司在单行本中删除前言和译后记的行为构成对其保护作品完整权的侵犯，故诉至法院。

【争议焦点】

时代文艺公司在涉案单行本图书中未使用前言和译后记的行为是否构成对叶某某保护作品完整权的侵害。

【裁判推理】

保护作品完整权系指作者保护其作品的内容、观点、形式等不受歪曲、篡改的权利。一般而言，侵害保护作品完整权的行为人往往存在故意或者恶意曲解作品的主观表现；同时，在客观上往往表现为作品所表达之意与作者所想表达之意产生了实质性的变动，该种变动一般包括丑化或者违背作者思想的删除、增添或其他对作品具有损害性变动的行为。

本案中，首先，时代文艺公司依约先行出版了涉案图书的汇编本并附有前言及译后记，后其编辑在涉案单行本图书出版过程中以系争前言和译后记不适合该次出版为由，主动与叶某某就该前言和译后记的修改问题进行沟通，提供并征询修改意见。该行为可以认定系时代文艺公司基于其对涉案汇编本的前言及译后记在篇幅上并不适合涉案单行本图书出版的认识，出于出版工作的目的而做出的行为，无明显不合情理之处。因此，不能认定时代文艺公司及其编辑存在曲解涉案作品的主观故意或恶意。

其次，根据在案事实可以认定，涉案汇编本与单行本系同一部翻译作品的两套图书。系争的前言及译后记系叶某某为该部翻译作品所作，而非单为涉案单行本图书所作。同时，结合时代文艺公司于先期出版的该同一套作品的汇编本中已使用前言、译后记的事实，法院认为，后出版的单行本图书中未使用系争前言和译后记的行为并不足以构成对涉案翻译作品的损害性变动。

最后，作者的保护作品完整权的行使应有所限制，而作者交付作品后，出版单位按照其工作的规范与要求对作品进行变动的情形系该限制的重要体现。本案中，涉案双方约定出版单位可以改动涉案作品的相关内容，但改动结果应征得作者认可。该约定的缔结意味着作者应当积极配合和响应出版单位的正常工作及合理要求，以保障作品的顺利出版。

本案中，在时代文艺公司的编辑与叶某某进行反复沟通并数次提供改动意见后，后者始终否定甚至拒绝阅看前者改动意见并拒绝提供个人修改意见。综合全案事实，若据此认定时代文艺公司作为出版单位在最终沟通无果的情况下在涉案单行本图书中未使用系争前言和译后记的行为构成对涉案作品保护作品完整权的侵害，显失公平。综上所述，被诉行为并未侵犯叶某某的保护作品完整权。

【裁判要旨】

在出版单位已与作者进行反复沟通并数次提供修改意见、作者始终否定甚至拒绝阅看改动意见并拒绝提供个人修改意见的情况下，法院将结合案件事实，评判涉案行为是否对作者保护作品完整权造成侵害、让出版单位承担责任是否显失公平。

【案号】

（2018）沪民申1180号

七、法理分析

图书出版者出版图书应当和著作权人订立出版合同。图书出版者经作者许可，可以对作品修改、删节。出版社编辑可以出于出版发行的需要对作者的稿件进行必要的改动，但是出版社改动作品应当限制在一定范围内。例如，出版社对文字作品的编辑限于必要的文字性增改和删节，对摄影作品的裁剪也不能超出为了版式整齐美观而进行边缘性裁切的目的限度。如果出版社的编辑行为涉及对作品实质性内容的修改，则将侵犯作者的修改权。著作权法规定，作者享有对其作品的修改权，既包括自己修改及授权他人修改的权利，也包括禁止他人修改自己作品的权利。一部作品作为一个整体，反映了作者独特的创作思想和创作艺术，任何增删或者修改作品的行为都有可能违背作者的创作思想，进而侵犯作者的人身权利。

在理论界与实务界，对于何种行为构成保护作品完整权侵权，主要有主观标准与客观标准两种争论。主观标准即思想表达损害标准，指只要改编者对原作品的改动违背了原作者在其作品中想要表达的原意时，就构成侵犯保护作品完整权侵权；客观标准即声誉损害标准，指当改编者对作品的使用改变了原作者想要传达的思想感情，同时这种做法导致原作者声誉受到损害时，才侵犯原作者的保护作品完整权。

主观标准与客观标准的差异就在于是否以原作者声誉受到损害作为侵权构成要件。在主观标准下，原作者只要认为他人的改动影响了其作品背后的实质性思想表达，不论这种改动是否得到授权，也不论这种改动是否对原作者的声誉产生影响，哪怕这种改动对原作者的声誉有益，原作者都可以以侵害保护作品完整权为由予以禁止；在客观标准下，只有当他人对原作品的改动造成原作者声誉上的损害时，原作者才可以以侵害保护作品完整权捍卫自己的权益。支持适用主观标准的学者认为，不能将著作权混同于人格权，设置保护作品完整权的价值在于确保作品的同一性，即作者表达信息的完整性以及思想表达的一致性，而不是要保护作者声誉①；支持适用客观标准的学者则认为，这一标准能够促进作品的传播与利用，同时能把对损害作者名誉的具体行为样态判断的权力由立法转移到司法，体现立法与司法的作用分担。②

显然，两种标准的保护力度有所不同。从作者的角度来看，主观标准能够更强有力地保护其权利，举证责任也相对较轻，作者只需证明自己的思想表达被实质性改动即可，是一种高标准的保护；而客观标准下，作者必须证明其声誉受到损害，承担的举证责任较重，是一种更低标准的保护。

在本章收录的《鬼吹灯》案件中，法院指出，我国著作权法规定的保护作品完整权并没有"有损作者声誉"的内容，应当认为法律对于保护作品完

---

① 张玲：《保护作品完整权的司法考察及立法建议》，载《知识产权》2019年第2期。
② 李扬、许清：《侵害保护作品完整权的判断标准——兼评我国〈著作权法修订草案（送审稿）〉第13条第2款第3项》，载《法律科学（西北政法大学学报）》2015年第1期。

整权的规定不以有损作者声誉为要件。另外，是否包含有损作者声誉的限制涉及权利大小、作者与使用者的重大利益，对此应当以法律明确规定为宜；在著作权法尚未明确作出规定之前，不应对保护作品完整权随意加上有损作者声誉的限制。保护作品完整权维护的是作品的内容、观点、形式不受歪曲、篡改，其基础是对作品中表现出来的作者的个性和作品本身的尊重，其意义在于保护作者的名誉、声望以及维护作品的纯洁性。从这个意义上说，即使未对作品本身作任何改动，但使用方式有损作者的名誉、声望的，亦属于对作者人格的侵害，可以通过保护作品完整权予以规制。同时，不论使用者是恶意还是善意，是否出于故意，只要对作品的使用客观上起到歪曲、篡改的效果，改变了作品的内容、观点、形式，就应判定构成对作品完整权的损害，而侵权行为致使作者的声誉受到不正确的影响只是判断侵权情节轻重的因素，并可能导致侵权人承担更大的侵权责任。

在图书出版的情境下，出版是一种复制和发行，应当客观地使用和呈现作品，所以作者在作品上的基本表达应当被完整地保留和尊重。在此种使用方式之下，判断作者的保护作品完整权是否被侵权的关键是判断该使用行为是否实质性地影响或改变了作者在作品上的基本表达，从而歪曲、篡改或者损害了作者在作品中所表达的思想。因此，图书出版所涉及的保护作品完整权侵权，应当采取的是主观标准。

判断出版社改动作品是否达到了歪曲、篡改作品的程度，进而侵犯了作者的保护作品完整权，应当包括两个步骤。第一步是判断行为人对作品的具体使用方式或者呈现作品时所作的改动是否改变了作者在其作品上的基本表达，使得作者的本意不能够准确地得到呈现。具体而言，表现为三种情形：第一，被告对于作品的改动违背了作者的创作意图，比如，对书法作品章法布局的改动改变了作者所追求的整体形式美、对摄影作品的不合理裁剪损害了作者对其作品的构思和艺术追求、对诗词作品中某个用字的替换或对于绘画内容互补成趣的题字的删除使得作品的表现形式和艺术效果受到影响。第二，被告对于作品的使用改变了原作品所表达的主题，比如对作品中的局部元素的改变使得原作品所表达的主题被改变，对作品的删节、改名、印刷错误、拼接等影响了作品中思想的完整、准确、系统地呈现或者影响了作品主旨与内容。第三，被告的行为在一定程度上破坏了原告作品的完整性，比如原告美术作品被切割使用、删节的篇幅占据作品的近一半。第二步是判断上述情形对作者表达原意的影响，是否已达到歪曲、篡改或者损害了作者在其作品中所表达思想的完整性的程度。此时，应当以普通公众的视角来判断。作品的受众范围大小与是否构成侵权没有关系。在个案中，有必要考虑使用作品的目的、使用背景、行业惯例、商业伦理、诚实信用、作者的默示同意等因素。

对于保护作品完整权与修改权之间的关系，上文所述的《鬼吹灯》案的判决书中进行了详细的论述。保护作品完整权与修改权二者之间有区别也有联系。修改权与保护作品完整权两者的侧重点不同。修改权是为了更好地表达作者的意志，保护作品完整权主要是从维护作者的尊严和人格出发，防止他人对作品进行歪曲性处理。因此，修改权设立的目的是维护作者的意志不受到不当阻碍，保护作品完整权设立的目的是维护作者的声誉不受到不当影响。修改权所规范的修改行为应当是对作品的一种有意的改动，不包括非故意而造成的改变。同时，修改权分别具有主动性权利和防御性权利的内容，就是作者有权自己改动或授权改动，同时有权禁止他人改变作品的外在表现形式。而保护作品完整权属于防御性的权利，即在他人实施的改动改变了作品的内在表达后，作者有权予以禁止，无论这种改动是否是经过合法授权的。因为，法律规定即便是经过合法授权的改动，也不得歪曲、篡改原作品，除非得到了作者对改动结果的认可。只有在未经授权对作品的内容或者形式进行了改动，并在改动作品过程中对作品内容进行了歪曲或者篡改的时候才会同时侵犯修改权和保护作品完整权。

出版者应当与作者在出版合同中就对作品进行修改的事宜作出明确约定。在编辑校对过程中，应当谨慎修改作者作品，将尺度控制在最小必要范围内，如有确需修改之处，出版者应当与作者积极沟通，取得授权，并留存沟通记录，防止日后引发诉讼。国家对出版物的规范性要求主要是指出版图书的内容不得含有违反《出版管理条例》和其他法律、法规以及国家规定禁止的内容。在具体个案中，出版社被诉侵犯修改权时，需要举证证明其修改的地方属于违反《出版管理条例》和其他法律、法规以及国家规定禁止的内容。此外，依据由中国出版工作者协会发布的《图书校对工作基本规程》可知，图书出版前的编辑和校对主要是以下工作内容：发现并改正常见错别字；发现并改正违反语言文字、标点符号、数字、量和单位等使用的国家规范标准的错误；发现并改正事实性、知识性和政治性错误。上述即行业内通常理解的文字性修改。故在个案中，出版社若将方言、口语、生僻字、生造词、同义词、注释等替换或者删除，是否属于符合国家对于出版物的规范性要求而作的文字性修改，需要举证予以证明。图书出版社无论是对作品的实质性修改，还是对作品作文字性删改，均应得到作者的最终确认。按照我国行政规章和行业惯例，出版社在出版图书前，应当将正式出版前的清样交由作者修改审定，并请作者签字确认，这可以从根本上解决因修改产生的矛盾。

如果侵犯著作人身权成立，应当判决被告停止侵权、赔礼道歉、消除影响。消除影响的方式、范围与侵权行为造成的影响基本匹配。如果原告因此遭受经济损失和精神损害，也应当予以赔偿。对于停止侵权的执行措施，可以是停止发行侵权图书、销毁侵权图书，法院根据实际情况决定是否支持原告要求出版社重新发行图书的请求。

第二节　图书出版领域的署名权侵权

在著作人身权纠纷中，数量最多的署名权纠纷。对于署名权侵权，法院会先认定作者的身份。署名权是表明作者身份，在作品上署名的权利。署名权是作者的一项重要著作人身权，作者有权署真名、笔名或不署名。确定作者，方可确定署名权的归属。

《著作权法》第11条规定，著作权属于作者，本法另有规定的除外。创作作品的自然人是作者。由法人或者非法人组织主持，代表法人或者非法人组织意志创作，并由法人或者非法人组织承担责任的作品，法人或者非法人组织视为作者。《著作权法》第12条规定，在作品上署名的自然人、法人或者非法人组织为作者，且该作品上存在相应权利，但有相反证明的除外。因此，自然人、法人、非法人组织都有可能成为作品的作者，享有署名权。

除独立创作之外，翻译改编创作、合作创作、汇编创作、职务创作、委托创作都是图书出版领域常见的创作形式，不同的创作形式中，署名权归属的认定规则又有所不同。《著作权法》第13—15、18、20条规定了上述创作形式下署名权的归属规则。《著作权法》第 13 条规定，改编、翻译、注释、整理已有作品而产生的作品，其著作权由改编、翻译、注释、整理人享有。《著作权法》第 14 条规定，两人以上合作创作的作品，著作权由合作作者共同享有。没有参加创作的人，不能成为合作作者。《著作权法》第 15 条规定，汇编若干作品、作品的片段或者不构成作品的数据或者其他材料，对其内容的选择或者编排体现独创性的作品，为汇编作品，其著作权由汇编人享有，但行使著作权时，不得侵犯原作品的著作权。

《著作权法》第 18 条规定，自然人为完成法人或者非法人组织工作任务所创作的作品是职务作品，除本条第 2 款的规定以外，著作权由作者享有……有下列情形之一的职务作品，作者享有署名权，著作权的其他权利由法人或者非法人组织享有，法人或者非法人组织可以给予作者奖励：主要是利用法人或者非法人组织的物质技术条件创作，并由法人或者非法人组织承担责任的工程设计图、产品设计图、地图、示意图、计算机软件等职务作品；报社、期刊社、通讯社、广播电台、电视台的工作人员创作的职务作品；法律、行政法规规定或者合同约定著作权由法人或者非法人组织享有的职务作品。

《著作权法》第 19 条规定，受委托创作的作品，著作权的归属由委托人和受托人通过合同约定。合同未作明确约定或者没有订立合同的，著作权属于受托人。此外，《最高人民法院关于审理著作权民事纠纷案件适用法律若干问题的解释》第 14 条规定了自传体作品的署名权归属特殊规则，当事人合意以特定人物经历为题材完成的自传体作品，当事人对著作权权属有约定的，依其约定；没有约定的，著作权归该特定人物享有，执笔人或整理人对作品完成付出劳动的，著作权人可以向其支付适当的报酬。而"没有参加创作，为谋取个人名利，在他人作品上署名的"行为则属于《著作权法》第 52 条第 3 项规定的署名权侵权行为。

本节精选 6 个案例，提炼基本案情，梳理法院的裁判逻辑。从合作创作、合作翻译、委托翻译等创作形式下的事实关系展开，阐述图书出版领域中常见的署名权侵权问题，分析图书出版过程中涉及署名权的法律风险，帮助图书出版行业的工作者应对相关法律问题，避免产生不必要的法律纠纷。

一、侵犯合作作者署名权的行为认定

【基本案情】

2001年12月7日,覃某某与刘某某签订图书出版协议书,双方约定由覃某某出资出版,刘某某负责基础材料的提供,刘某某担任主审,刘某某同意将其与其他三人已经合著完成的《瑶药传统应用》稿件交给覃某某,作为出版《中国瑶药学》的基础资料。覃某某依据图书出版协议书的约定支付《瑶药传统应用》合编稿的资料费45 000元给刘某某等四人。

《中国瑶药学》于2002年11月26日由民族出版社出版发行,署名的作者为覃某某,该书在"前言""后记"及作者简介中均未提及《瑶药传统应用》及刘某某。2004年10月刘某某去世。

2006年11月,刘某某妻子及子女等6人起诉覃某某以及民族出版社侵犯署名权。

【争议焦点】

刘某某是否为涉案作品《中国瑶药学》的合作作者。

【裁判推理】

根据图书出版协议书和著作权许可使用合同,双方合作创作《中国瑶药学》,并共同拥有该作品的专有使用权。(2007)桂民三终字第63号生效判决已确定涉案图书出版合同协议书的性质为合法有效的合作创作作品及著作权许可使用合同,在该协议中刘某某约定在以4.5万元稿费许可覃某某使用基础材料《瑶药传统应用》合编稿的同时,还约定了双方合作创作《中国瑶药学》。该协议书第3条约定"经双方协商,双方共同拥有在国内外以汉文(或英文)以图书(各种版式、开本、装帧、列入丛书或文集)及多媒体形式(在互联网上公布)出版发行上诉作品的专有使用权"。刘某某在该协议书中并没有放弃对《中国瑶药学》所享有的著作权。

尽管刘某某没有参加《中国瑶药学》的校对工作,但是《中国瑶药学》一书的绝大部分内容来自于其提供的《瑶药传统应用》合编稿。各论部分中包括的968种药物的别名、来源、形态分布、生态分布、采集加工、性味功能、传统应用、用法用量、方例内容上均以《瑶药传统应用》合编稿的相关内容为基础；且各论部分从该书的第 37 页开始一直到第 1138 页，占据了《中国瑶药学》的绝大部分篇幅。从内容和篇幅上《瑶药传统应用》合编稿在《中国瑶药学》一书中占据基础性的主导地位。因此刘某某等编著人员对《中国瑶药学》的编写有着决定性的贡献。刘某某是《中国瑶药学》的合作作者，应当对《中国瑶药学》享有署名权。

《中国瑶药学》一书的作者简介中并没有介绍刘某某，且《中国瑶药学》在前言中还这样表述："本书在编写过程中，得到了许多瑶族同志的热情支持和帮助。本书荣幸地聘请到著名老瑶医、瑶医副主任医师刘某某进行指导和审定，给予学术指导，严把学术关……"在《中国瑶药学》后记中记载："《中国瑶医学》刚刚付梓出版，覃某某又怀着高度的责任感和使命感，立即成立了《中国瑶药学》编写办公室……"均没有对刘某某的作者身份、贡献及《瑶药传统应用》合编稿的基础作用作任何评价。《中国瑶药学》作者简介、前言和后记部分这样的表达方式没有反映出刘某某的作者身份和刘某某对《中国瑶药学》的贡献，反而会导致读者误认为刘某某仅是为《中国瑶药学》提供指导的业内专家，并不是《中国瑶药学》的作者，该作者简介、"前言"和"后记"的表达方式也与涉案图书出版协议书约定的刘某某享有的对《中国瑶药学》专有使用权相背离，侵害了刘某某对《中国瑶药学》的署名权。

最终，法院要求覃某某再版《中国瑶药学》一书时，应在该书的作者简介、"前言"和"后记"部分如实介绍刘某某的作者身份及刘某某对《中国瑶药学》作出的贡献。

【裁判要旨】

我国对于合作作品的作者认定采取"二要素说"，即需要同时具备合意和合作创作的事实。首先，合作作者需要有共同创作的意图，其次，作者需要对作品的完成有直接的、实质性的贡献。满足以上两个要件的作者，对合作作品享有著作权。

【案号】

（2013）桂民三终字第 65 号

二、合作译者的署名权保护

【基本案情】

原告郝某某与北京 SPIN 翻译组的负责人王某订立了合作翻译合同，王某负责联系出版事宜。郝某某与该翻译组的詹某某合作翻译了美国作家的著作《电子政务》。

机械工业出版社于 2003 年 7 月出版了《电子政务》一书，译者署名为詹某某、李某某、曹某三人，未有任何地方表明原告郝某某的译者身份。原告郝某某以侵犯署名权为由将王某、李某某、曹某三人以及机械工业出版社诉至法院。

【争议焦点】

四被告的涉案行为是否侵犯原告的署名权。

【裁判推理】

作者的署名权是表明作者身份、并在作品上署名的权利，该权利原则上基于作品的创作而产生。郝某某作为译文作者之一，对中文版《电子政务》一书的形成付出了创作性的劳动，应当依法享有对翻译作品署名的权利。同时，有权制止未参加创作的人在该作品上进行署名。

王某作为 SPIN 翻译组的负责人，负责联系出版事宜，在明知真正译者的前提下，仍然向机械工业出版社隐瞒了真实情况，主观过错明显；机械工业出版社作为图书专门出版商，有义务对著作权人的署名进行审查，但其仅凭王某个人的托付进行了错误的署名，同样具有主观上的过错。

翻译是指从一种语言文字转换成另一种语言文字的创作性的智力劳动，曹某和李某某为证明自己参加了翻译而提供的书证以及陈述，只能说明其从事的是管理性的工作，并不具有创作性，不属于著作权法意义上的翻译，在其明知未参加翻译却以翻译者身份署名于《电子政务》的情况下，亦具有主观上的过错。

四被告的过错导致了在公开出版物《电子政务》上错误的署名，构成对原告郝某某译者署名权的侵犯，应当承担连带侵权责任。

【裁判要旨】

在作品翻译过程中仅参与管理性工作的人员因未付出创造性劳动，不属于翻译者，不享有署名权。出版社在出版翻译作品时应当对译者进行核实，否则可能侵犯译者的署名权。

【案号】

(2004) 一中民初字第 4892 号

三、委托创作译作的署名权

【基本案情】

2015 年 8 月 16 日，原告及某（笔名烨伊）与被告签订翻译合同，合同规定由原告翻译《1 个苹果也是 100 个苹果》一书的所有内容，由原告享有署名权。

在原告不知情的情况下，北京科学技术出版社在其 2015 年出版的《1 个苹果也是 100 个苹果》封面、扉页、版权页上增加了另一名"译者"张某某。原告认为，北京科技出版社作为出版者，侵害了原告译者的署名权，故诉至法院。

【争议焦点】

被告涉案出版物的出版行为是否侵犯原告的署名权。

【裁判推理】

受委托创作的作品，著作权的归属由委托人和受托人通过合同约定。合同未作明确约定或者没有订立合同的，著作权属于受托人。我国著作权法所称的创作，是指直接产生文学、艺术和科学作品的智力活动。为他人创作进行组织工作，提供咨询意见、物质条件，或者进行图书编辑等其他辅助工作，均不视为著作权法意义上的"创作"，编辑等行为人不具有作者的主体地位。

译者对翻译作品享有署名权，该项权利为著作人享有的人身权利，不得转让。本案中，根据原告、被告签订的翻译合同的约定，原告对涉案翻译作品享有译者的署名权。虽然被告根据涉案翻译合同的明确约定，取得了涉案翻译作品的著作财产权，但其并未取得涉案翻译作品的人身权利，其不得违反合同约定及法律规定，随意处分译者享有的署名权。

被告出版社称张某某在编辑该图书途中负责核对译稿准确与否，并与原著作者沟通，被告认为张某某对该书的翻译工作做出了实质性贡献，故将其列为译者。但经原告将自己的翻译文稿与出版稿比对，二者仅有细微差别，并无实质不同。被告将案外人张某某以与原告联合署名的方式，在涉案图书上进行署名的行为，侵犯了原告的署名权。

【裁判要旨】

直接对作品进行创作的人为作者，其他为他人创作进行组织工作，提供咨询意见、物质条件，或者提供图书编辑等其他辅助工作的人不具有作者的主体地位。

【案号】

（2019）京 0102 民初 4065 号

四、重印图书时更改署名构成侵权

【基本案情】

1999 年，原告高某某主持并参与编写了《简明工程化学》一书，2000 年 3 月由天津科学技术出版社出版发行。原告为主编，并为序言、第 3—6 章的作者，且编制了该书的附录。该书出版发行后一直作为天津理工大学教材使用。2015 年，天津理工大学教材科重印涉案图书。

涉案图书重新出版前，由谢某最终确定主编及各章节的署名。2015 年 7 月，天津大学出版社出版《简明工程化学》一书，谢某为主编并在序言中注明谢某编写了序言、第 3—6 章，编制了附录。

原告认为，自己编写的序言、第 3—6 章及附录在重印时，被谢某照搬，侵犯了自己的署名权，故提起诉讼。

【争议焦点】

谢某是否侵害了原告的署名权。

【裁判推理】

著作权属于作者，作者享有署名权。本案中由天津大学出版社出版、署名谢某主编的《简明工程化学》一书，曾于 2000 年 3 月由天津科学技术出版社出版发行。在编者序言中注明了高某某为主编，并编写了序言、第 3—6 章、编制了附录。根据《最高人民法院关于审理著作权民事纠纷案件适用法律若干问题的解释》："当事人提供的涉及著作权的底稿、原件、合法出版物、著作权登记证书、认证机构出具的证明、取得权利的合同等，可以作为证据。在作品或者制品上署名的自然人、法人或者其他组织视为著作权、与著作权有关权益的权利人，但有相反证明的除外。"由此可以认定高某某为天津科学技术出版社出版的《简明工程化学》一书序言、第3—6章的作者，并编制了附录。

各方当事人认可天津大学出版社出版的《简明工程化学》一书中的序言、第3—6章及附录内容与天津科学技术出版社出版的《简明工程化学》一书的相关内容一致。谢某亦主张其并未参加天津大学出版社出版的《简明工程化学》一书的编写工作，只是根据领导要求负责重新出版《简明工程化学》工作。故此，可以认定高某某应为天津大学出版社出版的《简明工程化学》一书序言、第3—6章的作者，并编制了附录。

谢某未从事该书的创作，依法不应成为该书的作者，但其在负责涉案图书重新出版过程中将自己确定为主编，并在序言中注明参加编写了相关章节，违反了我国著作权法对著作权属于作者的规定，构成了对高某某署名权的侵害。谢某虽主张涉案图书的署名是其所在单位的安排，但未提供证据证明学院或相关领导对署名权有明确的说明。即使领导指示其署名，作为高校教师对自己没有参与编写的作品能否署名也应该有明确的认知，其抗辩理由不能成立。

【裁判要旨】

未参与创作的人，依法不应成为作品的作者，不得在作品上署名。

【案号】

（2018）津01民初850号

五、不当署名侵犯作者署名权

【基本案情】

2013年7月，周国平在《黄河文学》杂志上发表了《阅读与人生》一文。2015年5月，百花洲文艺出版社出版发行了《孤独是生命的礼物》一书，该书收录了已经公开发表的 29 篇散文,且在每篇散文中均有相应的作者署名。该书的代序全文使用了《阅读与人生》一文,并在文末署名"周国平"。该书封面左上方使用较大加粗字体注明"周国平余秋雨陈忠实/等著",中部使用较小不加粗字体注明"周明王宗仁——主编"。涉案图书在当当网上销售。

原告周国平认为被告百花洲文艺出版社侵害了其署名权,故提起诉讼。

【争议焦点】

被告涉案行为是否侵犯原告的署名权。

【裁判推理】

涉案图书为汇编作品,在未经原告授权的情况下,该书中收录了原告的一篇文章作为代序,但根据通常理解,图书本身与图书代序应属于两个相对独立的作品。在原告既未参与涉案图书本身的汇编创作,又未参与涉案图书中被汇编各文章的创作的情况下,百花洲文艺出版社出版发行的涉案图书左上角以较大加粗字体署名"周国平余秋雨陈忠实/等著",该种署名方式会使读者认为原告周国平是该书的主要作者,对该书的创作做出了突出贡献,上述署名所传递的信息割裂了作者署名与作品实际作者之间的联系,属于假冒周国平署名的情况。

此假冒署名的目的显然在于借助原告的声誉促销涉案图书,据此获取更多利益,且会对原告自己作品的销售造成不利影响。被告作为专业出版机构,对此并未尽到合理注意义务,应当为此承担停止侵害、赔礼道歉、赔偿损失的法律责任。

【裁判要旨】

假冒他人署名所传递的信息割裂了作者署名与作品实际作者之间的联系,违反著作权法的规定。

【案号】

(2016)京 73 民终 1031 号

六、遗失孤稿导致著作权侵权

【基本案情】

高某于 2004 年 2 月将自己所写的《大话日本动漫史》(上部)手稿投给

戏剧出版社，该手稿由戏剧出版社的社长助理刘某负责整理，其间刘某让高某压缩修改个别章节，并提出交付《大话日本动漫史》（下部）稿件的要求。

高某又于2004年2月19日将《大话日本动漫史》（下部）手稿交给出版社的社长助理刘某，此时高某的手里已经没有任何备份手稿，该情况刘某和戏剧出版社的发行部主任亦知晓。

刘某于2004年5月中旬告知高某投给戏剧出版社的手稿已经丢失。此后高某多次与出版社进行交涉无果，故诉至法院，要求出版社归还其手稿，赔礼道歉，并赔偿经济损失和精神损失。

【争议焦点】

出版社的涉案行为是否侵害作者的著作权。

【裁判推理】

在出版关系中，为了保证出版活动的顺利进行，作者在转移其依法享有的著作权中的作品复制权的同时，有时需要将书稿暂时转移给出版社。书稿作为作品的物质载体，除非作者明确表示放弃其原件所有权，否则作者仍是作品书稿的所有权人。

1992年9月13日新闻出版署、国家档案局发布的《出版社书稿档案管理办法》第2条规定，书稿档案是图书编辑出版过程的历史记录，是国家档案的组成部分。第5条规定，书稿档案的立卷归档文件、材料包括"著（译、画）作原稿或复制件（原稿退还作者后应有原稿退还签收单）"。第9条规定，作品出版以后原稿（手迹）归作者所有，除双方合同约定外，一般原稿保存二三年后，退还作者，并办理清退手续。原稿退还签收单应归档。可见出版社负有妥善保管作者原稿的义务，且由于原稿灭失可能导致相关书稿不能出版，这一义务事关重大。虽然高某与戏剧出版社尚未签订书面出版合同，但基于诚实信用原则的要求，戏剧出版社仍负有妥善保管高某交付的原稿的义务。

戏剧出版社未尽妥善保管义务，致使高某的手写稿件原稿在出版前丢失，高某作品所依附的物质载体部分灭失。由于著作权的客体——作品是具有独创性并能以某种有形形式复制的智力创作成果，故著作权的成立和行使在作品出版前完全有赖于作品的有形存在。若作品在出版前原稿灭失，就会使得本来可以依法享有并使用的著作权不复存在或在实现方面遭遇较大的困难。

戏剧出版社丢失书稿的行为，不仅侵犯了高某对原稿的财产所有权，也侵犯了高某本来有可能顺利实现、并给其带来收益的著作权，包括发表权、署名权等人身权以及复制权、发行权等财产权，戏剧出版社对此应承担相应的责任。

因戏剧出版社的行为侵害了高某的发表权、署名权等著作人身权，故对高某要求戏剧出版社赔礼道歉的诉讼请求，法院予以支持。法院考虑戏剧出版社丢失动漫史下部稿件的字数、该丢失稿件重新写作的可能性和难易程度、该种书籍的稿酬标准以及出版发行的前景，并考虑高某补救该稿件今后出版的较大可能性，将高某的经济损失酌定为19 200元。对于高某的精神损失，考虑戏剧出版社丢失书稿行为的性质、其后不断拖延的情节以及对高某造成的精神痛苦的程度，酌定为3000元。

【裁判要旨】

出版社丢失唯一书稿的行为，不仅侵犯了著作权人对原稿的财产所有权，也侵犯了其本来有可能顺利实现、并给其带来收益的著作权，出版社对此应承担相应的责任。

【案号】

（2004）海民初字第19271号

七、法理分析

署名权是作者享有的权利，作为创作者的作者有权在其智力成果上表明自己的身份。根据《著作权法》第11条和第12条的规定，作者分为以下三类：第一，创作作品的自然人；第二，法人作品中的法人；第三，作品署名主体，即在作品上署名的主体，推定其为作者。

署名权是人身性质的权利，人身权不得转让，转让人身权的约定一般是无效的。但因著作权法及相关规定存在模糊之处，学界对此有一些争议。《著作权法》第19条规定了委托创作作品的著作权归属，受委托创作的作品，著作权由合同约定，未订立合同或合同未明确约定的，著作权属于受托人。对于该条的著作权是否包括署名权这类人身权，学界有著作权整体约定说、著作权限制约定说的争议。著作权整体约定说认为，该条规定中的著作权可以理解为既包括经济权利又包括精神权利，①委托作品的投资者可以依据合同获得包括署名权在内的全部著作权。著作权限制约定说认为，署名权这类人身权利不得通过合同约定归属，应当由创作者享有，而著作财产权的归属可以通过合同进行约定。②类似地，《最高人民法院关于审理著作权民事纠纷案件适用法律若干问题的解释》第14条规定了以特定人物经历为题材完成的自传体作品的权利归属，允许当事人约定著作权权属，但未说明该著作权是否包括署名权等著作人身权。该等条款下著作权的含义还有待明确。

"作者署名权的价值或曰创设目的既有保护作者精神利益的私法属性，也有维持作者与作品之间的精神纽带关系的社会属性"。③署名权是一种决定是否署名、署何种名以及署名顺序的自由，在司法实践过程中，署名权侵权行为因侵犯了作者的精神利益，割裂了作者与作品之间的精神纽带而具有可责性。署名权侵权行为的具体表现为：第一，应当署名而未予署名的情形。第二，署名不当的情形，如署名顺序、署名形式不当。在这两种情况下，侵权人需要承担停止侵害、消除影响、赔礼道歉等民事责任。第三，冒充他人署名的情形。在自己的作品上冒充他人署名，既是一种对他人姓名权的侵犯，也构成我国著作权法规定的侵权违法行为。根据《著作权法》第53条规定，制作、出售假冒他人署名的作品的，应当根据情况，承担民事责任；侵权行为同时损害公共利益的，由主管著作权的部门责令停止侵权行为，予以警告，没收违法所得，没收、无害化销毁处理侵权复制品以及主要用于制作侵权复制品的材料、工具、设备等，违法经营额5万元以上的，可以并处违法经营额一倍以上五倍以下的罚款；没有违法经营额、违法经营额难以计算或者不足5万元的，可以并处25万元以下的罚款；构成犯罪的，依法追究刑事责任。

除了上述三种署名权纠纷之外，他人遗失作者手稿也会造成对作者署名权、发表权以及著作财产权的侵犯。因为出版社的过失导致作者手稿遗失，既涉及了财产权的灭失，也可能导致作者的著作权无法实现。尤其是在丢失的手

---

① 杨延超：《作品精神权利论》，法律出版社2007年版，第305页。
② 李明德：《著作权主体略论》，载《法商研究》2012年第4期，第9页；李扬：《著作权法基本原理》，知识产权出版社2019年版，第134页。
③ 张玲：《署名权主体规则的困惑及思考》，载《中国法学》2017年第2期，第120页。

稿是孤稿的情形下，作者的利益会遭到损害。所谓"孤稿"，即除该手稿外，作者再无其他形式的作品的复制件、修改稿或者电子稿件。因该唯一稿件的丢失，著作权人再无可能实现其著作权，作者创作的作品的价值无法实现，无法凭借其作品获得精神上的激励和物质上的回报。因此，唯一手稿的遗失会造成对作者著作权的侵犯。此外，鉴于作者对手稿亦享有物权，所以，作者也可以向法院主张其物权受到侵害。作者也可以通过主张出版社一方违反缔约过失责任、违约责任等寻求合同法上的救济。

为减少因出现署名权纠纷而造成的损失，结合本节案例反映的署名权侵权风险点，作品的作者和出版单位可以通过以下途径降低图书出版活动中的法律风险。作者应重点关注创作合同以及著作权权属登记中的署名信息，并在图书创作出版的过程中关注图书的署名情况。出版单位则应严格履行署名审查义务，一方面根据不同的创作形式审查作者资格，如审查相应的授权文件、授权链条，确保不存在署名权的权利瑕疵的情况，另一方面审查作者对作品的创造性贡献情况，如通过签订承诺书的方式最大限度地保证所获取的作者贡献信息真实。此外，实践中，出版机构应当对于图书中的图片、摄影作品等进行来源审核。否则，出版社未尽合理注意义务，需要与侵权图书的作者一起承担连带责任。

第二章 图书行业抄袭剽窃的认定

作品是人类的智力成果，凝结了创作者的情感与智慧，应受到法律的保护。著作权法中规定了9种文学、艺术和科学领域的作品类型，其中，文字作品是最为典型的作品形态。著作权法律制度最初起源于对文字作品的保护。图书是作者智力劳动成果的载体，作者通过与出版社签订出版合同，将其作品以书籍的形式刊印出来，进行出版发行。图书的出版有利于作者行使其著作财产权。作者通过作品的销售、传播获取经济利益，激励其继续创作。

图书行业中的抄袭剽窃行为是严重的侵犯著作权的行为。抄袭剽窃是指将他人作品或作品中的部分要素占为己有，让人误以为是自己的创作结果。抄袭剽窃行为以复制、改编为手段，混淆了作品或作品要素的出处，改变了作者与作品、作品要素之间的关系，① 是一种典型的侵犯权利人著作权的行为。1999年国家版权局版权管理司在《关于如何认定抄袭行为给××市版权局的答复》中指出，著作权法所称抄袭、剽窃，是同一概念（以下统称抄袭），指将他人作品或者作品的片段窃为己有。

由于抄袭物通常需发表才产生侵权后果，即有损害的客观事实，所以通常在认定抄袭时都指经发表的抄袭物。因此，更准确的说法应是，抄袭或者剽窃是指将他人作品或者作品的片段窃为己有发表。

《著作权法》第52条规定，剽窃他人作品的，应当根据情况，承担停止侵害、消除影响、赔礼道歉、赔偿损失等民事责任。抄袭不仅限于传统上认知的原封不动复制他人作品的行为。对抄袭的认定，也不以是否使用他人作品的全部还是部分、是否得到外界的好评、是否构成抄袭物的主要或者实质部分为

---

① 王坤：《剽窃概念的界定及其私法责任研究》，载《知识产权》2012年第8期，第49页。

转移。

在审查被诉侵权行为是否构成著作权侵权时，法院一般会按照"接触+实质性相似"的裁判逻辑进行判断，即如果权利人能够举证证明侵权人具备了接触权利作品的机会或已经实际接触权利作品的情况，同时该被控侵权作品又与原告作品存在内容上的实质性相似，除非有合理使用等法定抗辩理由，否则即可认定其为侵权作品。①

所谓接触，是指被诉侵权人有机会接触到、了解到或者感受到权利人享有著作权的作品。接触可以是一种推定，不限于以直接证据证明实际获得他人作品内容。权利人的作品通过刊登、展览、广播、表演、放映等方式公开，也可以视为将作品公之于众进行了发表，被诉侵权人依据社会通常情况具有获知权利人作品的机会和可能，可以被推定为接触。所以，司法机关通过证据判断被告是否有接触到原告作品的高度盖然性。在实质性判断环节，首先，分辨权利人要求保护的部分是否属于具备独创性的表达。需要运用思想表达二分法，剔除不受著作权法保护的内容。其次，进行实质性相似判定，判定创作在后的作品是否使用了在先作品的独创性表达。最后，判定是否存在合理使用等抗辩事由。

本章围绕图书行业抄袭剽窃展开介绍，结合对法律规定及其司法适用的分析，通过案例展示在司法裁判过程中认定图书抄袭剽窃的标准，具体设计的知识点是独创性表达的认定、抄袭认定中的思想表达二分法、图书抄袭认定中的实质性相似以及图书中对他人作品的合理使用。

第一节　图书中独创性表达的认定

我国著作权法所保护的是作品中作者具有独创性的表达，所谓独创性表达必须是能够凸显作者个性化智力投入的元素。根据《著作权法》第5条规定，单纯事实消息、历法、通用数表、通用表格和公式等不受著作权法排他

---

① 王迁：《知识产权法教程（第六版）》，中国人民大学出版社2019年版，第41页。

性的保护，因为这类内容表达方式极其有限，不具有独创性，属于公有领域的内容。此外，超过了著作权法保护期限的作品即使具有独创性也进入了公有领域。

著作权法赋予了著作权人一段时期的专有权利，禁止他人未经许可实施其著作权控制的行为。创立著作权制度的初衷是通过给予创作者专有权利以激励作者从事创作。当这项专有权利期间届止，作品便进入公有领域。公有领域的内容无须经过许可就能被公众免费使用，任何人无权阻止他人对公有领域作品的使用。如果被控侵权内容属于公有领域的内容，则不构成著作权侵权。因此，判断被控侵权作品内容是否进入了公有领域显得尤为重要。

在认定受保护作品内容的范围时，需要剔除一些进入公有领域的部分和有限表达的部分。例如：描写同一时期的纪实文学作品，不同作者描写相同的历史事件时，其内容不可避免地会出现相同或者相似之处，事实和史实不属于作品受保护的范畴；选材和构思反映的是作者创作过程中的理性思维活动而非最终的文字表达，不能纳入著作权法受保护的范围；句式的起承转合结构在汉语言文学中属于思想的范畴，即使包含了作者创造性的劳动，也不能认定为作品。

如果权利人主张保护的作品包含公有领域的内容，则还应当考察创作者对内容的选择、编排、表达方式等是否有自己的取舍和思考，能否反映出作者具有独创性的表达。例如，词典中的词语、成语属于公有领域的内容，但词典词语的释义、例句或成语的分级分类汇编的表现形式能够成为著作权法所保护的客体；单纯的表格属于事实元素，但历史纪年表、民族分布表这些表格能够成为有独创性的作品；食物食材名称、分类属于公有领域内容，但根据食物的食法、食忌、性味、功效等内容的介绍、说明、分类和编排能够体现独创性；民间神话故事、历史事件本身属于公有领域的内容，但以民间神话故事为基本情节，或是汇编某一朝代历史能够构成著作权法意义上的作品；古籍属于超过著作权法保护期限的作品，进入了公有领域，但点校古籍或改编、收集、整理、汇编古籍仍有可能受到著作权保护。

一、图书附表受著作权保护的条件

【基本案情】

1979年,由辞海编辑委员会主编、上海辞书出版社出版发行的《辞海》一书中附有《中国历史纪年表》和《中国少数民族分布简表》。1990年,由王某某主编、三环出版社出版发行的《语言大典》中直接影印了《辞海》上述两附表。后双方因著作权纠纷进行了诉讼。

【争议焦点】

《中国历史纪年表》和《中国少数民族分布简表》是否构成受著作权法保护的作品。

【裁判推理】

类似历史纪年表、民族分布表等表格,其描述的是有关的事实,这类表格的独创性通常表现在根据特定的要求对有关事实进行判断、选择和编排上,其反映的事实不受著作权保护。

《中国历史纪年表》的作者根据其编纂的出发点及该表的用途,对《中国历史纪年表》应反映的历史事实进行了选择,并以特有的表格形式表现了其选择的历史事实;《中国少数民族分布简表》也以一定的思想为指导,对各少数民族分布地区作了选取,并按一定的顺序对各少数民族及其分布地区作了排列;《中国历史纪年表》《中国少数民族分布简表》的创作体现了独创性,符合作品的构成要件。

《中国历史纪年表》除排列了公元纪年、干支纪年及中国历史纪年外,还按照时间的先后罗列了历史事实,纪年表是反映历史的体裁之一,并非只是用年、月、日计算时间的方法,王某某、海南出版社提出的《中国历史纪年表》是简明的历法的理由不能成立。

王某某、海南出版社未经许可使用《中国历史纪年表》和《中国少数民族分布简表》,其行为构成侵权,应承担侵权的民事责任。

【裁判要旨】

历史纪年表、民族分布表等表格其内容本身属于事实范畴,不具有独创性。但其所采用的编纂形式、表现方式等具体表达体现了独创性,符合作品的构成要件。

【案号】

（1997）高知终字第21号

二、对公有知识的选择编排可以构成作品

【基本案情】

王某某所著《中华食物养生大全》由广东旅游出版社于2006年出版。《补肾食疗便典》于2009年1月第一次出版，版权页写明"出版发行广东世界图书出版公司"。原告王某某认为，《中华食物养生大全》出版在先，《补肾食疗便典》在很多方面与其构成相似，侵犯了其著作权，故提起诉讼。

【争议焦点】

对中药食材的选取以及对食材特性的描述是否具有独创性。

【裁判推理】

原告在本案主张保护的作品为《中华食物养生大全》一书的第四篇。从整体上看，其主要是针对不同病症选取相应的食材，并对每种食材的性味、归经、功效、成分、食法、食忌、配伍、按语等内容进行了介绍和说明，同时将各种食材按照一定的体例进行分类和编排。

虽然其中所选食材多为生活中常见的食材，对食材进行分类亦属同类作品通常的编排方式，但任何创作都是在生活素材和知识积累的基础上完成的，针对不同病症选取何种食材能够发挥最佳治疗功效，体现了作者在食材上的取舍和思考，因此该篇在食材的选取上具有一定的独创性。

从表达内容看，即便其中某些内容的表达如食材的性味、归经、功效、成分等内容取自公共领域，但除此之外又针对每种食材增加了食养、食忌、配伍、按语等独立创作完成的内容，这部分内容系作者的个人智力成果，具有独创性。故王某某在本案主张保护该部分内容具有独创性和可复制性，属于著作权法所保护的作品。

《补肾食疗便典》在上述内容上与原告的作品构成实质性相似，因此侵犯了原告的著作权。

【裁判要旨】

按照一定体例进行分类和编排的公有知识具有独创性,是著作权法上保护的作品,作者享有著作权。

【案号】

(2017)津民终87号

三、以民间文学为基础的作品的独创性

【基本案情】

1993年8月,马某某编著了《盘古之神》并由上海文艺出版社出版发行。该书较为系统地反映了中原盘古神话及神话群,盘古神话古籍会考及各地各民族神话与民俗的现状、盘古神话的源流、原始盘古神话、盘古神话传说、典籍中的盘古神话、神话胜迹等内容。2006年6月,张某、王某某编著了《盘古神话》,由中州古籍出版社出版。

马某某认为《盘古神话》中的内容侵犯其著作权,故起诉中州古籍出版社。

【争议焦点】

根据民间文学作品进行再加工所形成的作品的保护范围。

【裁判推理】

盘古神话是人们在长期生产、生活中形成并广泛流传的,反映一定区域群体的历史渊源、生活习俗、生产方式、心理特征、宗教信仰且不断被人们演绎、加工、完善的民间文化表现形式,属民间文学作品,在主流和基调上存在一定的传承性。

马某某将流传于民间的不完整的盘古神话民间故事进行收集、整理,编著了《盘古之神》一书,该书分"盘古神话诸形态考察与研究""原始盘古神话的遗物""盘古神话的遗存"三篇,反映了中原盘古神话及神话群,盘古神话古籍会考及各地各民族神话与民俗的现状、盘古神话的源流、原始盘古神话、盘古神话传说、典籍中的盘古神话、神话胜迹等内容,该书在每篇文章后面注明了讲述人、时间、地点和搜集、整理人。作者运用了自己的构思、技巧,根据自己的理解进行加工、整理,付出了创造性劳动,具有文字作品所要求的独

创性,《盘古之神》构成著作权法所规定的作品。

被告编著的《盘古神话》中的《盘古开天辟地》《滚磨成亲》等八篇文章内容与《盘古之神》中的相应内容完全相同,部分文章在结尾注明上增加了流传地区为泌阳县,删掉了采集人马某某的名字。根据查明事实,《盘古之神》形成早于《盘古神话》,且被告不能提交证据证明《盘古神话》一书中部分内容与《盘古之神》相关内容相同是经过马某某许可使用,被告的行为侵犯了马某某《盘古之神》一书相关章节的著作权。

关于《猴子做媒》等六篇故事是否构成侵权问题,该部分内容与马某某《盘古之神》相应内容比较,有的故事情节相同,有的故事情节有差异,但在语言风格及文字表达上各不相同。该部分内容是作者根据自己的理解进行加工、整理而成,在表现形式上区别于马某某的《盘古之神》,因《盘古之神》与《盘古神话》均取材于民间流传的盘古神话,二者故事情节等基本内容存在相同或近似,这六篇故事不构成对马某某著作权的侵犯。

【裁判要旨】

对传统民间神话文学作品进行再加工时,作者运用了自己的构思、技巧,根据自己的理解进行加工、整理,付出了创造性劳动,因此应认定具有文字作品所要求的独创性,构成受著作权法保护的作品。在进一步确定民间神话文学作品的保护范围时,因这些作品均取材于民间流传的神话故事,故事情节等基本内容属于公有领域内容,但若进行加工后所形成的具体的文字表达实质性相似,则构成抄袭。

【案号】

(2007)豫法民三终字第 49 号

四、史学论著中的独创性表达

【基本案情】

原告周某某于 2004 年 4 月完成博士研究生学位论文《晚清留日学生与云南近代化》的撰写,该著作于 2011 年由云南大学出版社出版。被告王某某于 2013 年撰写完成《留学生与云南近代化》一书,该书 2013 年 10 月由云南人民出版社出版发行。

原告认为,《留学生与云南近代化》与其创作的《晚清留日学生与云南近代化》在注释引用其他著作中的内容以及对引文的汇编等存在大量相同、相似之处。原告认为被告行为构成抄袭,故提起诉讼。

【争议焦点】

被告使用的原告论文中的部分内容是否系原告的独创性表达。

【裁判推理】

我国著作权法所保护的是作品中作者具有独创性的表达,所谓的独创性表达必须是能够凸显作者个性化智力投入的元素,因此,创意、素材、公有领域内的信息等都不能受到著作权法上的排他性保护。

史料文献要么浩如烟海,要么稀少分散,加之接触受限、语言古旧等困难,不同研究者因努力程度和学识能力高低有别,所能搜集到的史料文献素材在丰富度和价值度上常高下有异,学术观点和见解又因可依据的素材不同而走向各异。在撰写学术论著时,研究者会根据形成的思想观点筛选拟引用的史料文献,按论证其观点和见解的需要选取特定内容。在研究和创作的过程中,研究者个性化色彩表现得愈来愈明显,最终在引用史料文献的表述中呈现出来,产生独特的学术价值且充满了独创性元素。

虽然著作权法未对独创性的程度设置门槛,但是为了不阻滞正常的学术研究活动,对客观上公之于众的史料文献而言,对其引用之表述须达到相当的独创性方能受到著作权的保护。具体来说,若仅是原样使用某条史料文献内容,虽然选取本身有一定的个性化,但表述上个性化色彩较淡,独创性程度不高,若给予著作排他权保护会造成不当垄断,阻碍学术发展。因此须增加更能凸显个性化智力投入的表达元素才能达到标准,授予著作排他权保护才能切实起到支持独立研究和独立创作的制度功能。例如,多条史料文献内容有意地组合排列使用;用现代语言转译旧文言;附加解读、评述;将原有内容打散重组并附加串联语句;归纳内容、重述史实等。引用史料文献内容时附加更多的个性化表达元素将显著提升其中之学术思想内涵,更能凸显研究者的学术能力和学术成果的价值。引用史料文献内容之表达的独创性为外在形式标准和内在实质标准的统一,形式标准以表达的个性化程度衡量,实质标准则以学术价值为据。

就本案而言,原告作品中对史实的汇编个性化程度较高,足以达到独创性的形式标准,同时还彰显出独立研究和独立创作的学术价值,亦满足独创性的实质标准,应当得到著作权的保护。被告创作的作品撰写完成时间晚于原告创作的作品,且在一些章节与原告作品内容实质性相似,因此,构成侵权。

【裁判要旨】

作者在编写史学论文过程中,需要对史料文献进行查找、选取、编排、转译等独立研究和独立创作,在此过程中产生独特的学术价值,满足实质性的价值标准,应当得到著作权法的保护。

【案号】

(2015)昆知民初字第 117 号

五、古籍点校的著作权保护

【基本案情】

2008 年 9 月 18 日,葛某某与李某某协商共同点校民国版《寿光县志》一书。2010 年 7 月 16 日,《寿光县志》已基本完稿。葛某某于 7 月 19 日去李某某处取回稿件进行校对,双方针对校对事项发生严重分歧,于 2010 年 9 月 27 日终止合作。

2011 年 4 月 29 日,中国诗词楹联出版社正式出版民国版《寿光县志》点校本,封面署名为葛某某点校。李某某认为,葛某某出版的民国版《寿光县志》点校本中的点校部分,与其创作在先的民国版《寿光县志》校注本相同之处达 85%,不同之处有 15%,葛某某的行为侵害其署名权和发行权,因此诉至法院。

【争议焦点】

涉案民国版《寿光县志》点校本是否构成著作权法意义上的作品。

【裁判推理】

第一,涉案民国版《寿光县志》点校本属于智力劳动成果。涉案点校本系对民国版《寿光县志》的首次点校,需要点校者具备一定的历史、人文、文学等素养,且需要投入人力物力进行调查研究,该点校过程属于智力劳动。

第二,涉案民国版《寿光县志》点校本构成对客观事实的表达。涉案点校行为可被视为具有独创性思维的表达。一方面,对一篇文学作品而言,通过对民国版《寿光县志》进行标点符号添加、段落层次划分,已加入了点校者对民国版《寿光县志》原意的理解；另一方面，对点校者而言，在面对无标点无分段，甚至部分文字残损的原本时，尽管其目的是探寻原意，但均是依照点校者的理解对原本含义进行推敲，句读、分段客观上形成了一种特殊形式的表达。

第三，涉案民国版《寿光县志》点校本的表达方式并非唯一或极为有限。首先，点校者并非民国版《寿光县志》作者本人，其出于还原民国版《寿光县志》的初衷进行点校，但还原的成果也只是其主观理解上的"原著"，针对同一文本，不同点校人点校完成的版本通常不会完全一致；其次，不同点校者的认知水平、史学功底、专业技巧、点校经验存在差别，其对点校素材历史背景、相关事件、前因后果等的了解程度亦有所不同，最终的点校成果与原本贴近的关联度亦有差异；再次，点校行为受点校人多种主观因素的影响，不可避免地会融入点校者的个性选择。基于上述原因，点校者在对民国版《寿光县志》进行句读、分段的过程中存在一定的选择空间，存在形成不同表达的可能。

因此，涉案作品构成著作权法意义上的作品。根据本案查明的事实，葛某某出版的《寿光县志》点校本至少有85%的点校部分应由葛某某与李某某共同享有著作权。葛某某未经李某某同意，单独将其发表，构成对李某某著作权的侵犯。

【裁判要旨】

古籍点校通常会受点校人知识水平、文学功底、表达习惯及客观条件等多方面因素的影响，就同一古籍，不同的点校人会创作出不同的点校作品，所以，古籍点校凝聚了点校人的创造性劳动，古籍点校作品具有独创性，构成著作权法意义上的作品，应受到著作权法的保护。

【案号】

(2016)最高法民再175号

六、外语教学类图书中的独创性表达

【基本案情】

2002年9月27日，黄某某与上海外语教育出版社订立图书出版合同，由上海外语教育出版社为其出版《法语交际口语手册》一书，第一版出版时间为 2002 年 11 月。该书分功能表达法与情景表达法两部分，收录的是基本的言语功能和生活场景的表达方法，全书内容全部采用句型的形式。

内蒙古大学出版社出版的刘某某所编《实用法语会话 900 句》一书，第一版时间为 2007 年 11 月。黄某某认为，《实用法语会话 900 句》与《法语交际口语手册》一书相比，有 200 句句子完全一致，构成抄袭，故提起诉讼。

【争议焦点】

被告出版的图书是否侵犯了黄某某的著作权。

【裁判推理】

将被告出版的图书与黄某某编著的图书对比，除了部分主题内容和场景的选择完全一致外，所使用的句子有 200 句完全相同，在量上占被告出版的作品的近四分之一。不仅法语相同，中文翻译也相同；在相同的句子中，除了一些日常用语的表达外，反映作者精心设计的句子的细节如钱物的数字、球队的名称、比赛的比分、电影和歌星的名字等也完全相同、甚至黄某某作品的错漏与特殊表达也完全一致。如黄某某指出，Je vais prendre un demi（我要一杯啤酒），黄某某认为该翻译有点问题，但被告出版的作品也完全一致；又如 Gardez la monnaie（留着这零钱作小费吧）！黄某某认为该句子直译只是留下零钱的意思，并无小费的意思，为了使读者好理解，翻译成"留着这零钱作小费吧"，但被告出版的作品也完全一样。

因黄某某的作品早于被告作品公开出版，且抄袭侵权行为的认定不在于所抄袭的部分是否可构成一个独立的作品，而在于抄袭的部分是否属于他人享有著作权的作品中的内容。因此，被告图书抄袭的内容中虽然既有日常用语的一般表达，也有作者精心设计的主题和句子，但都是属于黄某某享有著作权的《法语交际口语手册》的部分内容，可以认定被告出版的图书对黄某某编著图书的部分内容进行了抄袭，侵犯其著作权。

【裁判要旨】

抄袭可以是对他人作品全部内容的抄袭，也可以是对他人作品部分内容的抄袭。抄袭侵权行为的认定不在于所抄袭的部分是否可构成一个独立的作品，而在于抄袭的部分是否属于他人享有著作权的作品中的内容。

【案号】

(2009) 桂民三终字第 48 号

七、法理分析

作品是指文学、艺术和科学领域内具有独创性并能以一定形式表现的智力成果。作品应当具备独创性,即一部作品的完成是作者独立创作产生的,是作者独立判断、选择、取舍、设计的结果。《著作权法》第 13 条规定,改编、翻译、注释、整理已有作品而产生的作品,其著作权由改编、翻译、注释、整理人享有。

公有领域的智力成果不受著作权法的保护。版权法上公共领域是人类自由文化创造的源泉。① 在图书出版领域,首先,类似于历法、公式、事实等内容,因作者独立创作的空间较小,不具有独创性,因此属于公有领域的内容。其次,我国著作权法规定,公民作品的权利保护期为作者终生及死亡后 50 年;法人或者其他组织作品的权利保护期为首次发表后的 50 年,但作品自创作完成后 50 年内没有发表的,不再受著作权法的保护。因此,古籍作品因超过著作权保护的期限,进入公有领域不受著作权法的保护。实务中判断原告主张的内容是否属于公有领域,应当结合内容是否具备独创性、是否仍在著作财产权保护期等情况予以认定。

著作权法只保护具有独创性的作品的表达形式。所谓独创性表达是指作者将某种创作思想内容传递给他人所具体采用的外在形式,即作者通过具体的表达形式使欣赏、使用作品的人感受、了解自己所试图传达的某种创作思想内容。文字作品的表达形式系借助文字本身向读者进行某种创作思想内容的传递。

作品的著作权保护不能延及任何思想、过程、方法、系统、概念、原则、原理或发现。抽象的思想观念、程序、工艺、操作方法等不属于著作权法的保护对象;仅对某一思想观念的简略表达或唯一、有限表达,不满足独创性中

---

① 黄汇:《版权法上公共领域的衰落与兴起》,载《现代法学》2010 年第 4 期,第 30 页。

"创"的要求,也不受著作权法的保护。历史纪年表、民族分布表等表格内容本身虽属于事实范畴不具备独创性,但是如果其所采用的编纂形式、表现方式等具体表达体现了独创性,则符合作品的构成要件而受著作权法保护。民间故事、历史事实本身不属于著作权法保护的客体,但是具有独创性的加工、整理所形成的演绎创作,受著作权法保护。

对于古籍整理、注释、点校而言,从事这项工作的人员必须具备相当丰富的文史知识,了解和掌握相关古籍的历史背景、有关历史事件的前因后果等情况,并具备较丰富的古籍整理经验,故不同的人对于相同的古籍文字内容可能会有不同的判断和选择,形成不同的表达方式。判断针对古籍进行整理、注释而形成的文字是否属于作品时,应当结合具体案例进行分析。若对于内容完整的古籍简单地进行标点,则形成的文字作品因不具有独创性,未凝结校对者的智力成果,不属于著作权法保护的作品。但若整理的古籍属于资料稀少的作品,此时,需要作者具备相当丰富的文史知识,了解和掌握相关古籍的历史背景、有关历史事件的前因后果等情况,并具备较丰富的古籍整理经验。不同的人对于相同的古籍文字内容可能会有不同的判断和选择,形成不同的表达方式,此时形成的文字则属于作品的范畴。

创意、素材或公有领域的信息、创作形式、必要场景或表达唯一或有限均被排除在著作权法的保护范围之外。"必要场景",指选择某一类主题进行创作时,不可避免而必须采取某些事件、角色、布局、场景,这种表现特定主题不可或缺的表达方式不受著作权法保护。"表达唯一或有限",指一种思想只有唯一的一种或有限的表达形式,这些表达视为思想,也不给予著作权保护。

著作权法不保护事实本身。一方面,事实属于客观存在的事物,并非由作者所独创,不符合著作权法有关独创性的要求;另一方面,如果将处于公共领域内的事实垄断起来,将会不合理地限制他人对公共资源的合理利用,妨碍市场竞争,妨碍思想文化的传播。需要注意的是,历史题材在文学作品创作中占有很重要的一席之地。因历史题材创作中会涉及历史事件、历史人物等属于公有领域的信息,如何避免公有素材被个人垄断和独占,如何平衡著作权人的利益和社会公共利益之间的关系成为该类型作品关注的重点。因此,应注意相同历史题材作品的判断规则,即明确保护范围排除公有领域和"必要场景"要素,在文学作品著作权保护的案件中,对于根据相同历史题材创作作品中的题材主线、史实脉络等，这些素材或资料属于思想范畴，不能为某人独占。因此，在相同历史题材作品的侵权判断中，排除思想和"必要场景"要素，在作品的比对方面应着重审查是否使用了在先作品在描述相关历史时的独创性表达。

第二节　思想表达二分法在图书著作权保护中的应用

　　著作权的客体是作品，但并非作品中的任何要素都受到著作权法的保护，"思想与表达二分法"是区分作品中受保护的要素和不受保护的要素的基本原则，其内涵是著作权法保护思想的表达而不保护思想本身。对作品的保护，保护的不是作品所体现的主题、思想、情感以及科学原理等，而是作者对这些主题、思想、情感或科学原理的表达。若被诉侵权作品与权利人的作品构成实质性相似，应当是表达构成实质性相似。表达是由文字、色彩、线条、画面等元素体现出的最终形式。

　　著作权法保护的是作品中作者具有独创性的表达，即思想或情感的表现形式，不包括作品所反映的思想或情感本身。这里指的思想，包括对物质存在、客观事实、人类情感、思维方法的认识，是被描述、被表现的对象，属于主观范畴。思想者借助物质媒介，将构思诉诸形式表现出来，将意象转化为形象、将抽象转化为具体、将主观转化为客观、将无形转化为有形、为他人感知的过程即为创作。创作形成的有独创性的表达属于受著作权法保护的作品。著作权法之所以不保护思想，是考虑到著作权法保护思想自由表达、鼓励创作的宗旨，任何属于思想层面的内容均不应被垄断而禁锢后来者的创作空间，任何人均有权自由使用或借鉴前人思想独立创作新的作品，只要其表达具有独创性即可。在思想向表达的转化过程中，作者的取舍、选择、安排、设计即为创作，当其具备了独创性，即可形成独创性的表达，从而成为受著作权法保护的作品。

　　本节精选了6个案件，分别分析了当两部作品题材与结构、素材与史实、人物设计与场景、内部标题与构思的相似问题，厘清抄袭比对时的具体比对要素。

一、题材和故事结构的相似问题

【基本案情】

2006年7月,李某以"龙一"为笔名,将小说《潜伏》发表在2006年第7期《人民文学》上。2007年1月,作家出版社出版了石某某所著的《地下,地上》一书。李某认为石某某作品《地下,地上》抄袭了自己的作品,以侵害著作权为由提起诉讼。

【争议焦点】

故事背景和故事结构相似的两部作品,在后发表的作品是否构成对在前发表的作品的抄袭。

【裁判推理】

判断文学作品之间的表达是否实质性相似,要区分作品的思想与表达,从而准确地确定作品受著作权法保护的范围。

首先,关于故事背景相似的问题,虽然涉案两部作品都采用了"军统局"作为故事发生的时代背景和情节设置的主要环境,但该要素属于公有领域的范畴,不为某个文学创作人员所独占,亦不属于我国著作权法所保护的范围。

其次,关于本案故事结构的相同部分的问题。李某主张,《潜伏》突破了在此以前军旅题材中关于夫妻关系和谐这种格局,其用客观存在的夫妻关系不和谐的真实背景,塑造了《潜伏》这一故事。法院认为,情节发展的基本脉络只有具体到一定程度,能够表现出作者构思的独特个性时,才受著作权法的保护。李某主张的上述情节架构由于过于抽象,仍属于与创作主题相关的"思想"范畴,不能够受到我国著作权法的保护。

经过比对,法院认定,石某某创作的作品《地下,地上》与李某创作的作品《潜伏》在表达上不构成实质相同或近似。因此,作品《地下,地上》不构成对作品《潜伏》的剽窃或改编。

【裁判要旨】

在认定涉案两部作品是否构成实质性相似时,要区分作品的思想与表达,从而准确地确定作品受到著作权法保护的范围。过于抽象的情节架构属于思想的范畴,题材和背景属于公有领域的范畴。因此,两部作品仅仅题材与故事结构相似不能认定抄袭。

【案号】

（2008）二中民终字第02232号

二、素材和史实的相似问题

【基本案情】

时某所著《保卫毛主席访苏》一书分别于1990年1月、1992年6月、1992年7月由山东文艺出版社出版，是一部反映共和国初期我国公安战线反间谍的纪实文学作品。该书分为两个部分，分别讲述了"保卫毛主席访苏"和"炮击天安门阴谋的破灭"两个历史事件。

龚某某以笔名"南石"编著的《拂晓》一书于2000年1月由中央文献出版社出版发行，是一部反映新中国剿匪与镇压反革命的纪实作品。时某主张《拂晓》一书对自己作品构成抄袭，故诉至法院。

【争议焦点】

纪实文学作品中的素材和史实相同，是否构成抄袭。

【裁判推理】

纪实文学作品作为文学作品的一种形式，所描写的历史事件中的基本情节及主要人物是真实发生、存在过的历史事实，不同作者以此为素材以纪实文学的方式描写相同的历史事件时，在内容上不可避免地会有相同或雷同之处，每部纪实文学作品受著作权法保护的部分应为作者各自独创性的表达。

龚某某编著的纪实文学作品《拂晓》一书，部分章节使用了与《保卫毛主席访苏》一书相同的历史题材，涉及相同的史实。但两书以此为基础所进行的描写存在根本不同。经对比，两书内容相同部分数量极少、在各自作品中所占比例极低；表达相同的部分有地名如"草山别墅""哈尔滨""鸭绿江"，人名如"布莱德上校""李克农"，"东北技术纵队"等，有一些情节，如用电侦机破案、无国籍飞机偷越边界、发委任状、特务被捕时腿软了等，属于一般性的细节描写，常见于反特题材的作品中，且两书对这些情节的描写亦基本不同。

故涉案两书是两作者分别独立创作完成的不同风格的作品，《拂晓》一书的作者并未剽窃、抄袭《保卫毛主席访苏》一书。

【裁判要旨】

史实部分并不属于著作权保护的范畴。根据"场景原则"和"混合原则",当可选择的表达方式过于少时,即意味着一种"思想"仅有极为有限的表达。此时即使表达十分相似也不能认为是抄袭。

【案号】

(2003)高民终字第 505 号

三、惯用人物设计和场景的相似问题

【基本案情】

编剧张某某于 2008 年创作完成了《博弈图》剧本。2010 年 10 月 18 日,孙某某创作完成了电影文学剧本《富春山居图》。2011 年 1 月 5 日,孙某某出具授权书,授权派格太合公司使用《富春山居图》剧本进行创作、改编并以摄制电影的方式拍摄成电影。2013 年 6 月,电影《富春山居图》上映。

张某某认为剧本《富春山居图》抄袭其剧本《博弈图》。2013 年 6 月,张某某的委托代理人向孙某某发出律师函,称其发现电影《富春山居图》故事基本框架与《博弈图》剧本存在一定程度相似,涉嫌侵犯著作权。张某某要求孙某某三日内与代理律师取得联系,并就此事作出积极回应,孙某某未予回复。张某某提起诉讼。

【争议焦点】

两部作品在故事梗概中所用词汇、部分人物设计、部分场景存在相似,是否构成抄袭。

【裁判推理】

张某某主张《富春山居图》故事梗概部分存在"博弈"和"临危受命"词汇与其剧本中相同,法院认为该词汇属于通用词汇,不能被任何个人所独享,因此,在表达相同情景时使用该词汇并不必然导致侵权。

关于人物设计中都存在一个中性人物的问题,在存在正反人物的角色设计时出现中性人物的设计亦属于惯常的思路,并不能因为存在中性人物就认定侵权,还应该具体比对该人物的设计、由于该人物存在引发的具体情节以及人物性格等因素。但经比对,《富春山居图》剧本与《博弈图》剧本关于中性人物的设计、情节和性格均不同。

张某某主张《富春山居图》剧本与其《博弈图》剧本存在44处相同场景,并且故事展开的节奏相同,但是,法院经审理认为,其主张的两剧本相同场景均非具体的语言表述相同,而是指均同为场景介绍、人物与动作的描写、人物形象描写等内容。两部作品对具体场景的表达和设置存在明显的不同,不构成实质性相似。

【裁判要旨】

著作权法对作品的保护是作者对场景、人物设定的具体表达。因此,应当具体比对该人物的设计、由于该人物存在引发的具体情节以及人物性格、对具体场景的表达和设置等因素。

【案号】

(2014)三中民终字第13101号

四、作品内部标题和构思的相似问题

【基本案情】

从2006年2月上旬至3月上旬,许某某和李某一同或分别独立对枣阳籍航天英雄聂海胜少年时期的乡邻、老师、同学、亲朋进行采访,收集创作素材。同时,徐某某、李某根据各自掌握的素材分别进行了作品创作,许某某完成了《航天英雄聂海胜青少年时期的故事》,李某完成了《少年聂海胜》。李某授权湖北少年儿童出版社出版发行《少年聂海胜》一书。

徐某某以李某、湖北少年儿童出版社涉嫌抄袭、侵犯其著作权为由向法院提起诉讼。

【争议焦点】

作品的内部标题、构思、选材相似是否构成抄袭。

【裁判推理】

首先,徐某某主张其作品中小标题《数学王》《海胜想当兵》《同学们选出的班长》《检讨该由我来写》《田径场上的明星》等,在李某作品中变成了《绰号"数学王"》《长大想当兵》《做个好班长》《检讨我重写》《跑出来的冠军》等，认为构成雷同。法院认为，作品的标题是作品内容的高度浓缩，是作者思想的集中体现。由于对应作品在素材的选取上可能具有相关性，作品内容也有相似性，故根据作品内容浓缩提炼出的作品标题不可避免地会出现相同的词语，如"数学王""当兵""检讨""班长"等，但两部作品中小标题的表达依然体现了不同作者对叙述角度的取舍、选择、安排和设计，在此基础上体现了作品的个性特色，因此上述作品中的小标题不构成实质性相似。

第二，关于构思的相似，是指作者在孕育和创作作品的过程中所进行的思维活动，这种思维活动是在作者想象中形成的、贯穿着一定思想的关于作品的内容和形式的总观念。作品的创意、构思、主题均属于思想的范畴，根据著作权法的立法宗旨与基本原则，著作权法保护的对象仅及于表达，并不包括思想。徐某某关于作品构思相同构成侵权的主张不能成立。

第三，关于选材的相似，徐某某主张李某的许多作品均是从其作品中套改而来，徐某某作品《大鱼送给老师吃》被改为《特殊的学费》，作品《煤油灯》被改为《秘密武器》，作品《掰手腕第一》被改为《不打不成交》，作品《跑出来的明星》被改为《跑出来的冠军》。法院认为，《少年聂海胜》与《航天英雄聂海胜青少年时期的故事》均为基于采访创作的文学作品，两部作品的主人公是同一特定人物，所描写的历史事件中基本情节和主要人物是真实发生、存在过的客观事实，任何人对于上述客观事实本身并不享有独占权，而仅对针对上述客观事实的独创性表达享有著作权，即徐某某仅有权禁止他人使用《航天英雄聂海胜青少年时期的故事》一书中针对上述客观事实的表达，而无权禁止他人对《航天英雄聂海胜青少年时期的故事》一书中所涉事实素材的使用。

综上，对于文字作品的实质性相似的判断，需要重点考量的是两者文字的具体表达形式，而非构思、素材、标题上的相似。

【裁判要旨】

作品的标题是作品内容的高度浓缩，是作者思想的集中体现。一般来说，作品标题由于无法构成独立的表达单元，无法独立于作品获得著作权保护。仅凭两部作品的标题或者次级标题相似，不足以认定抄袭。

【案号】

（2015）民申字第765号

五、词典编写方法不受版权保护

【基本案情】

蔡某某、孙某合作编著《成语分类应用词典》,并于 2000 年 1 月由大众文艺出版社出版发行。《成语分类应用词典》采用三级分类,第一级分类包括"写人""叙事""状物"三编,第二级是在第一级的三编项下按照词义类别分为 49 辑,第三级是在第二级的 49 辑项下按照词义进一步细分为 523 个小类。在每个小类项下收录词义符合小类要求的成语及熟语。该词典总计收录成语及熟语 13 000 余条。

2003 年 1 月,商务印书馆出版发行了主编为付某的《成语描写词典》。该词典采用四级分类,第一级分为四编,包括"人物描写""场面描写""景物描写""事物描写",在每一编项下分为三级子目录,第一级目录有 20 个类别,第二级子目录有 121 个类别,第三级子目录有 500 多个类别。每个子目录项下收录符合该子目录要求的成语及熟语。部分二级子目录项下没有三级子目录。《成语描写词典》共收录成语及熟语 5000 余条。

蔡某某、孙某认为其对上述作品的分级分类编写方法享有著作权,故以《成语描写词典》侵害著作权为由提起诉讼。

【争议焦点】

原告对于《成语分类应用词典》的分级类目选择和编排的表现形式是否享有著作权。

【裁判推理】

词典的编写方法很多,以客观存在为基础的编辑方法本身属于方法及原则的范畴,不属于著作权法保护的对象。按照词义分级分类编纂是实践中词典编纂普遍采用的一种方法,这种方法不属于著作权法保护的客体。

原告编著的《成语分类应用词典》采用三级分类的结构本身是编写词典的一种方法,虽然原告在选择采用分几级分类编写《成语分类应用词典》时包含创造性劳动,原告并不能以此禁止他人在编写词典时根据需要将词典的内容分级分类。《成语分类应用词典》与《成语描写词典》的编写方法和目的虽然一样,但是编写方式属于方法、原则的范畴,不是著作权法保护的对象。原告无权禁止他人采用相同的方法编写词典。《成语分类应用词典》采用的划分为三编并采用三级分类的方法，本身属于词典编写过程中的方法，不属于著作权法保护的范畴。不能因两词典采用的编排方式相近似就认定被告出版的《成语描写词典》侵犯了原告的著作权。

【裁判要旨】

分级分类编写是编写词典的一种方法，这种方法不是著作权法保护的对象。

【案号】

（2008）民申字第 74 号

六、抄袭比对的具体元素

【基本案情】

陈某（笔名：琼瑶）于 1992 年至 1993 年间创作完成了电视剧剧本及同名小说《梅花烙》。2012 年至 2013 年间，余某创作电视剧剧本《宫锁连城》，湖南经视公司、东阳欢娱公司、万达公司、东阳星瑞公司共同摄制了电视剧《宫锁连城》。陈某认为余某涉案作品全部核心人物关系与故事情节与陈某作品《梅花烙》几乎完全相同，严重侵害了其依法享有的著作权，故提起诉讼。

【争议焦点】

余某所著《宫锁连城》剧本是否侵犯陈某的改编权。

【裁判推理】

判断被诉行为是否侵犯权利人的改编权，通常需要满足接触和实质性相似两个要件。根据剧本《梅花烙》拍摄的电视剧《梅花烙》早已在中国大陆地区公开播放，且两者高度一致，公众通过观看电视剧《梅花烙》即可获知剧本《梅花烙》的内容。同时余某微博中的表述清楚表明其观看过电视剧《梅花烙》，据此可推定余某接触了剧本《梅花烙》。

判断是否构成实质性相似时，需首先判断权利人主张的作品要素是否属于著作权法保护的表达。剧本和小说均属于文学作品，文学作品中思想与表达界限的划分较为复杂。文学作品的表达既不能仅仅局限为对白台词、修辞造句，也不能将文学作品中的主题、题材、普通人物关系认定为著作权法保护的表达。文学作品的表达,不仅表现为文字性的表达,也包括文字所表述的故事内容,但人物设置及其相互关系,以及由具体事件的发生、发展和先后顺序等构成的情节,只有具体到一定程度,即文学作品的情节选择、结构安排、情节推进设计反映出作者独特的选择、判断、取舍,才能成为著作权法保护的表达。确定文学作品保护的表达是不断抽象过滤的过程。

对于两部作品的具体情节,法院对于双方有争议的几个具体情节进行了一一比对。以情节1"偷龙转凤"为例:法院认为,对某一情节,进行不断的抽象概括寻找思想和表达的分界线的方法无疑是正确的,如果该情节概括到了"偷龙转凤"这一标题时,显然已经属于思想;如果该情节概括到了"福晋无子,侧房施压,为保住地位偷龙转凤",这仍然是文学作品中属于思想的部分;但对于包含时间、地点、人物、事件起因、经过、结果等细节的情节,则可以成为著作权法保护的表达,且不属于唯一或有限表达以及公知领域的素材。陈某对于情节1中的设计足够具体,可以认定为著作权法保护的表达,该情节设计实现了男女主人公身份的调换,为男女主人公长大后的相识进行了铺垫,同时该情节也是整个故事情节发展脉络的起因,上述细节的设计已经体现了独创性的选择、安排。剧本《宫锁连城》的相应情节与其构成实质性相似。

对于人物关系和人物设置,应对人物与情节的相互结合互动形成的表达进行比对。如果事件次序和人物互动均来源于在先权利作品,则构成实质性相似。原审法院对于人物设置和人物关系的相关认定,均系结合人物与情节的互动及情节的推进来进行比对的,并进而在构成表达的层面对两部作品进行比对。经比对,剧本《宫锁连城》中对于男女主人公的角色设置与情节互动、情节推进,均包含了剧本《梅花烙》的相同要素,故二者构成实质性相似。

文学作品中,情节的前后衔接、逻辑顺序将全部情节紧密贯穿为完整的个性化表达,这种足够具体的人物设置、情节结构、内在逻辑关系的有机结合体可以成为著作权法保护的表达。如果被诉侵权作品中包含足够具体的表达,且这种紧密贯穿的情节设置在被诉侵权作品中达到一定数量、比例,可以认定为构成实质性相似;或者被诉侵权作品中包含的紧密贯穿的情节设置已经占到了权利作品足够的比例,即使其在被诉侵权作品中所占比例不大,也足以使受众感知到来源于特定作品时，可以认定为构成实质性相似。

此外，需要明确的是，即使作品中的部分具体情节属于公共领域或者有限、唯一的表达，但是并不代表上述具体情节与其他情节的有机联合整体不具有独创性，不构成著作权法保护的表达。部分情节不构成实质性相似，并不代表整体不构成实质性相似。

陈某主张的剧本《梅花烙》的21个情节（小说《梅花烙》的17个情节），前后串联构建起整个故事的情节推演，在前后衔接、逻辑顺序上已经紧密贯穿为完整的个性化表达。剧本《宫锁连城》虽然在故事线索上更为复杂，但是陈某主张的上述情节的前后衔接、逻辑顺序均可映射在剧本《宫锁连城》的情节推演中，即使存在部分情节的细微差别，但是并不影响剧本《宫锁连城》与涉案作品在情节内在逻辑推演上的一致性。陈某主张的上述情节，如果以剧本《宫锁连城》中的所有情节来计算，所占比例不高，但是由于其基本包含了涉案作品故事内容架构，也就是说其包含的情节设置已经占到了涉案作品的足够充分的比例，以致受众足以感知到来源于涉案作品，且上述情节是《梅花烙》的绝大部分内容。因此，剧本《宫锁连城》与涉案作品在整体上仍然构成实质性相似。

综上所述，剧本《宫锁连城》侵犯了陈某对《梅花烙》享有的改编权。

【裁判要旨】

文学作品的实质性相似比对，要看两部作品的具体情节、人物设定及人物关系以及整部作品情节间的逻辑推演。

【案号】

(2015) 高民（知）终字第1039号

七、法理分析

"思想表达二分法"是著作权法的基石，是区分著作权保护和公有领域的"分水岭"[①] 根据"思想表达二分法"的原则，著作权仅及于思想观念的表达，

---

① 赵锐：《版权法中思想表达二分法的反思与认知》，载《东岳论丛》2017年第9期，第47页。

而不及于思想观念本身。文字作品的表达形式系借助于文字本身（包括文字间的排列组合）向读者进行某种创作思想内容的传递。因此，著作权法中的剽窃，应当是对他人思想观念表达的剽窃，而非剽窃思想观念本身。著作权法之所以不保护思想，一方面是因为思想不应被任何人所垄断，另一方面是因为思想内化于心，无法被外人所明确感知。

由于著作权法保护的相似是表达方面的相似，而非思想观念的相似，故认定相似的过程，应当是将权利作品与被诉侵权作品中的具体相似之处进行逐一比对，区分二者是在思想层面的相似，还是在表达层面的相似。对于文学作品而言，"思想"与"表达"在很多情况下难以明确区分，特别是人物、情节、场景这些非字面的创作元素，往往处于纯粹的思想与纯粹的表达之间，兼具两者的特点。因此，有些可能因流于一般而被归入思想的范畴，也有些可能因独具特色而被视为表达。一般而言，越抽象越接近于"思想"，越富有独创性越接近于"表达"。在比对时，先通过"金字塔式"抽象测试法，提炼出作品的主题思想、剧情梗概、主要情节、角色、人物关系等较抽象内容；再通过整体比较法将各主要情节、人物关系进行逻辑与常识层面的对比，如果出现必然发生的情节或者发生概率过高的情节，则可以认定为非表达。①

对于如何判定文学作品中处于模糊区的创作元素是否属于著作权法的保护范围，应以抽象性和独创性为判断标准对其进行具体衡量。文学作品中的情节，既可以被总结为相对抽象的情节概括，也可以细化至相对具体的情节展现。当对作品的故事情节概括抽象到一定程度时，其已脱离表达范畴，属于作品的思想，不受著作权法保护。对于独创性的把握要突出创作元素的个性特征。在文学作品比对过程中，题材、构思、结构、词典编写方法属于思想的范畴；素材、史实属于事实的范畴；惯用人物设计、通用场景属于公有领域的范畴。这些均不在著作权法的保护范围之内。著作权法保护的是具有独创性的思想观念的表述，而不保护思想观念本身。如果某个词语或句子只是对某个思想观念的简略表达，而且是唯一或者是有限的表达，不满足独创性中"创"的要求，则不受著作权法的保护。

---

① 冯晓青：《著作权法中思想与表达二分法之合并原则及其实证分析》，载《法学论坛》2009年第2期，第63-67页。

第三节　图书抄袭认定中的实质性相似

随着全社会著作权意识的增强,剽窃抄袭行为受到公众和同行的谴责。司法实践中,一般将剽窃认定为是未经作者许可且未标明来源,通过复制、改编等形式将他人的作品或者作品的片段作为自己作品或者自己作品的部分进行发表。

司法实践中认定被控侵权作品是否构成对原作品的剽窃,分为以下几个步骤。首先,判定作者主张被剽窃的内容是否落入著作权法保护的范围。作品仅就其独创性表达受到著作权法的保护,针对文字作品而言,其表达形式借助文字本身向读者传递某种思想内容。但是,创意、素材或公有领域的信息、创作形式、必要场景和唯一或有限表达则被排除在著作权法的保护范围之外。在剔除了不受著作权法保护的内容后,应当运用接触加实质性相似规则认定被控侵权作品是否构成剽窃。在确定被控侵权人是否"接触"了原作者的作品时,依据通常情况,如果其具有合理机会或者合理可能性获取、阅读或者听闻原作品,即可构成接触。判定两部作品是否构成实质性相似是能否认定为剽窃的关键性环节。在这个环节中不能简单地把两部作品其中一部分语句或者素材单独比对,而应当以普通读者的欣赏角度,将作品的情节、人物设定、情节推进的方式、各个情节之间的逻辑关系设置等进行综合判断,整体认定。情节是一部作品的灵魂和精华所在,直接影响着读者的欣赏和体验,也决定了作品之间的质的差别,人物的性格体现在情节更迭之中,人物的关系依赖于情节的推进及情节之间的逻辑关系,因此抄袭可以体现在具体的情节和语句的相互印证,构成相同或者近似。此外,在认定抄袭时还要综合考虑抄袭部分的量和质。从量的角度,如果抄袭部分占整个作品内容的一定比例,则对权利人权益造成了实质性的影响;从质的角度,如果抄袭部分占整个作品内容比例不高,但是该部分属于整个作品的核心或者精华内容,则该部分应当作为单独的作品予以保护。

最后，在文学艺术创作的过程中难免会引用前人的创作成果。如果情节和人物的相似设计属于文学创作中的惯常思路，具体到人物的形象、性格和故事情节等不同，则属于思想的范畴；如果关键性情节和人物的性格、形象描写构成相似，逾越了巧合可以解释的程度，则可认定为抄袭了原作者的表达。在判定是否构成抄袭的过程中，既要考虑保护作者的智力劳动成果，也要避免社会大众在从事文学艺术创作时"动辄得咎"，对作者影响甚微的借鉴行为则不宜认定为抄袭，应该根据具体案情综合把控思想和表达的界限，从而更好地促进文学作品的创新。

本节介绍了6个案例，涉及两部作品中的情节、语句等的比对，抄袭认定中"质"与"量"的考察。在法理分析部分，重点介绍抽象过滤比对法和整体观感法两种实质性相似的判断方法。

一、一般情节与语句的比对

【基本案情】

2002年8月14日，庄某以"许愿的猪"为笔名将小说《圈里圈外》在天涯社区网站发表。2003年2月，《圈里圈外》由中国文联出版社出版，作品署名"庄羽"。《圈里圈外》以主人公初晓与现男朋友高源及前男朋友张小北的感情经历为主线，描写了初晓与张小北之间的感情纠葛、初晓的朋友李穹与张小北的婚姻生活、张小北与情人张萌萌的婚外情、高源与张萌萌的两性关系及合作拍戏等。

2003年8月19日，郭某某作为甲方与作为乙方的春风出版社就《梦里花落知多少》一书订立图书出版合同。2003年11月，春风出版社出版了郭某某的《梦里花落知多少》一书。该书以主人公林岚与现男朋友陆叙及前男朋友顾小北的感情经历为主线，在描写林岚与陆叙的爱情生活及矛盾冲突的同时，交替描写了林岚与顾小北的感情纠葛，顾小北与现女友姚姗姗的感情经历，林岚、闻婧、微微及火柴之间的友情以及她们和李茉莉的冲突等。

庄某以郭某某的《梦里花落知多少》（下文简称《梦》）抄袭自己作品《圈里圈外》（下文简称《圈》）为由提起诉讼。

【争议焦点】

两部作品在一般情节、语句上相似,是否构成抄袭。

【裁判推理】

小说是典型的叙事性文学体裁,长篇小说又是小说中叙事性最强、叙事最复杂的一种类型。同时,文学创作是一种独立的智力创造过程,更离不开作者独特的生命体验。因此,即使以同一时代为背景,甚至以相同的题材、事件为创作对象,尽管两部作品中可能出现个别情节和一些语句上的巧合,但不同作者创作的作品不可能雷同。

本案中,涉案两部作品都是以现实生活中青年人的感情纠葛为题材的长篇小说,从构成相似的主要情节和一般情节、语句的数量来看,已经远远超出了可以用"巧合"来解释的程度。

原告庄某指控了57处"一般情节侵权和语句"抄袭。在这57处中,部分内容明显相似,例如:《圈》中有"怕什么来什么,怕什么来什么,真的是怕什么来什么",《梦》中有"怕什么来什么,怕什么来什么,真是怕什么来什么啊!"再如:《圈》中有"我特了解李穹,她其实是个纸老虎,充其量也就是个塑料的",《梦》中有"像我和闻婧这种看上去特二五八万的,其实也就嘴上贫,绝对纸老虎,撑死一硬塑料的"。

郭某某虽然辩称上述情节、语句是一般文学作品中的常见描写,但未提供充分证据予以证明,法院对其主张不予支持。结合郭某某在创作《梦》之前已经接触过《圈》的事实,应当可以推定《梦》中的这些情节和语句并非郭某某独立创作的结果,其来源于庄某的作品《圈》。

同时,对被控侵权的上述情节和语句是否构成抄袭,应进行整体认定和综合判断。对于一些不是明显相似或者来源于生活中的一些素材,如果分别独立进行对比很难直接得出准确结论,但将这些情节和语句作为整体进行对比就会发现,具体情节和语句的相同或近似是整体抄袭的体现,具体情节和语句的抄袭可以相互之间得到印证。如果在两部作品中相似的情节和语句普遍存在,则应当可以认定被控侵权的情节构成了抄袭。

【裁判要旨】

对于情节和语句相同是否构成抄袭,应进行整体认定和综合判断。对于一些不是明显相似或者来源于生活中的一些素材,不应孤立地分别进行对比,而应当将这些情节和语句作为整体进行对比。如果从双方构成相似的情节和语句数量来看超出了巧合可以解释的程度，一般构成抄袭。

【案号】

（2005）高民终字第 539 号

二、作品中具体表达的相似比对

【基本案情】

2004 年 12 月，黄某某以萧如瑟为笔名在《科幻世界（奇幻版）》杂志上开始连载发表《斛珠夫人》，至 2005 年初连载完毕，共计约 10 万字。2006 年 1 月，长篇小说《斛珠夫人》由新世界出版社出版发行。2016 年 5 月，《斛珠夫人》由四川文艺出版社再次出版发行并加上"番外篇"内容。

2009 年，赵某开始在潇湘书院网站连载穿越时空小说《11 处》（后更名为《楚乔传》），后由凤凰文艺出版社出版，由世纪卓越公司销售。2017 年 6 月，由赵某担任编剧、以小说《楚乔传》为基础改编拍摄而成的同名电视剧在湖南卫视播出，并获得了较高的收视率。

黄某某认为《楚乔传》中存在 17 处与《斛珠夫人》相同或实质性相似的内容，构成著作权侵权，故黄某某提起诉讼。

【争议焦点】

（1）赵某的被诉行为是否构成著作权侵权。

（2）凤凰文艺出版社是否尽到合理注意义务。

【裁判推理】

基于思想表达二分法的区分原则，结合整体认定和综合判断的比对方法，法院认为，被告作品中有 11 处内容虽然在个别用词、段落分布位置等方面进行了部分调整，但在具体描述中仍使用了与原告《斛珠夫人》中基本一致的具有独创性的表达方式，故构成实质性相似，构成对原告作品《斛珠夫人》的剽窃。

例如，对挥刀动作的描写可以有很多种方式，但被告赵某却使用了与原告黄某某独创的"强悍凌厉的弧光""朝着命运的咽喉"等极为近似的细节描写，同时考虑到诸葛玥的人物设定与该处所描写其使用的兵器不相符这一细节,法院认为被告赵某此处构成剽窃。又如,将命运比喻成冰碗或冰盏本身属于思想范畴,但是原告黄某某在此处使用特定的词汇进行了较为详细的描写,"她喜欢那凉滑的冰盏,总是捧着不肯放手,可是捧得越紧,化得越快,不过一刻工夫,全融成涓涓雪水从指缝里漏走了,刺骨寒痛。她的半生,不过是这样一只冰盏。父母、兄弟、挚友、恋人,所有她要挽留的人们,为着这样那样的缘由,都远离了她。每迈出一步,脚下都有无穷无尽的歧途,各往各的方向去了,到头来,每个人都孤身前行。"赵某此段描写与黄某某在句式的起承转合、具体词汇的选取、情感的描写方面均极为近似,对此其未能提出合理解释。法院认定此处构成抄袭。

此外,对于原告主张的另外3处,虽然被诉侵权内容与权利内容之间在句式的起承转合方面有相似之处,但具体表达中的词汇、内容、细节并不相同或实质性相似。有些词语过于短小,难以获得版权保护。例如,"风萧萧穿城而过",由于其过于短小,尚不能体现出作者思想的完整表述和著作权法对于作品独创性的最低要求,故不能受到著作权法的保护。

凤凰文艺出版社系《楚乔传》图书的出版发行单位,是否就本案中的抄袭内容承担赔偿责任取决于其对作品的审查是否尽到了合理注意义务。本案中,被诉侵权作品属于长篇小说,被诉侵权内容所占侵权作品比重不到0.1%,在《斛珠夫人》所占比重也仅约0.5%,比例极小,且赵某侵权使用《斛珠夫人》的部分内容的文字并非完全相同,作为出版者并不容易发现存在侵权内容。故法院认定,凤凰文艺出版社作为出版者尽到了合理注意义务,本案中凤凰文艺出版社应承担停止出版《楚乔传》的法律责任,不需承担赔偿责任。

【裁判要旨】

在判断被诉侵权的某一处具体内容是否构成剽窃时,应当首先判断原告主张权利的内容是否超过思想范畴,已经构成了有独创性的表达,属于著作权法保护的客体;再基于著作权侵权中"接触+实质性相似"的判断规则,对被诉侵权的具体内容是否构成剽窃进行具体分析。

【案号】

(2019)京73民终2071号

三、词典释义和例句的抄袭

【基本案情】

《现代汉语词典》是由原告中国社科院语言研究所编纂、商务印书馆1978年出版的一部词典。被告王某某、海南出版社未经原告同意,在其主编、1992年出版发行的《新现代汉语词典》和《现代汉语大辞典》中,以照抄、略加改动或增删个别字等方式,使用了原告《现代汉语词典》的大量内容。原告认为两被告的行为构成抄袭,故提起诉讼。

【争议焦点】

(1) 词典中词语的释义、例句是否构成著作权法保护的作品。

(2) 被告是否抄袭了原告的作品。

【裁判推理】

词典的释义是词典的核心部分。要对所收词目做出正确的解释,必须对词语的词义进行分析、归纳,理清词义的内涵、外延,并选用恰当的词语准确地进行表述;尽管人们对词义有共同的认识,但完全可以从不同的角度、用不同的方法、不同的措辞表达词义。因此,释义的创作过程充分体现了作者的创造性劳动,释义符合作品的构成要件。词典的例句要配合释义,把对词义和词的用法的符合规范的解释告诉读者。例句要做到简练精当,突出鲜明,语句规范,要有文采。因此,例句的创作过程亦充分体现了作者的创造性劳动,例句符合作品的构成要件。因此,《现代汉语词典》的释义、例句是原告在收集大量材料的基础上,经过创作产生的,符合作品的构成要件,原告依法对具有独创性的释义、例句享有著作权,商务印书馆享有专有出版权。

判断词典释义是否抄袭应着眼于它的具体文字表达形式是否相同。但是所谓"具体文字表达形式"相同,并非指最终的文字表现必须完全相同,如果个别字不同或有增减字但这种不同不能产生性质上的变化的,也应认为是抄袭。同时,词典的释义、例句本身是独立的作品,不论是注、例皆同,还是仅仅注同或者仅仅例同,都可构成抄袭。

词典中有些释义是经过长期实践形成的历史积淀,如同义释义、用对释语素义方式释义。用来释义的同义词,在长期使用过程中已形成趋于固定的对应关系，不能轻易调换。某些时间词、称谓词、词义较为简单的词及专业词的释义用语的选择范围也非常有限，对这部分释义不应给予著作权法保护。故在比对时，需要将这部分释义从抄袭中予以排除。

经比对，被诉侵权作品《新现汉汉语词典》《现代汉语大词典》的大量释义、例句与《现代汉语词典》的释义、例句相同，甚至与后者中存在的错误纰漏也相同。《现代汉语词典》中有一些反映编纂所处时代的特点的具体表达，被告的侵权作品中也包含这些表达。被告的行为已构成对原告中国社科院语言研究所的著作权、商务印书馆的专有出版权的侵害，应承担侵权的民事责任。

【裁判要旨】

所谓"具体文字表达形式"相同，并非指最终的文字表现必须完全相同，如果个别字不同或有增减字但这种不同不能产生性质上的变化的，也应认为是抄袭。

【案号】

（1997）高知终字第25号

四、编著教材的相似性判断

【基本案情】

2008年初，山东大学出版社组织幼儿园教师共73人编写《山东省幼儿园幼儿用书》（以下简称教材一），由袁某某担任主编。2008年9月，该教材公开出版发行。因该套教材未通过山东省教材审定委员会的审定，山东大学出版社于2009年8月再次组织人员编写幼儿教材，编写组成员与第一套教材大体相同，并聘请丁某某担任主编。因袁某某与山东大学出版社之间就稿酬、编写理念等问题存在分歧，未再参与该套教材的编写。2011年1月，《幼儿园主题活动课程幼儿用书》（以下简称教材二）开始公开出版发行。

2011年7月，袁某某以山东大学出版社出版的丁某某主编的教材二侵犯其主编的教材一的著作权为由，提起诉讼。

【争议焦点】

教材二是否构成对教材一的抄袭。

【裁判推理】

首先,由于幼儿教材须围绕《幼儿园教育指导纲要(试行)》规定的健康、语言、社会、科学、艺术五个领域的要求进行编写,并遵循编写惯例,在具体内容、结构体例等方面存在相对固定的要求,同时存在大量公用领域及他人享有著作权的在先作品内容,因此该类教材所包含的原创内容较少,其独创性主要体现在对内容的选择、编排所体现的独特表达方式上。

通过对比两套教材,两套教材的教师用书在名称、前言、教育目标、目录、版式及语言风格上均存在明显的区别,幼儿用书在结构上分别采取了单元与主题的形式,且数目不同,相同栏目项下的活动采用的文字设计不同,相同来源插图的布局及形状、色彩均有明显区别。两套教材在体例编排及具体结构上存在明显差异,使两套教材产生了不同的表达效果。丁某某担任主编的编写组所编写的教材二具有其独创性特点,是一套独立的作品。

其次,对于两套教材的部分内容及幼儿用书的目录、栏目名称等方面之所以存在相似之处,缘于教材一的编写组大部分成员参与了教材二的编写,编写中有权使用其自行创作或选择的作品内容。

根据法院查明的事实,袁某某作为主编未从事教材中具体内容的选择或编写,其对教材的付出主要体现在教材体例及编排顺序的确定方面,而教材一与教材二在这些方面存在明显不同。并且教材一的主编有两名,副主编、单元负责人有多名,他们对于教材体例、内容的选取与编排均付出了劳动,袁某某提供的证据无法证明两套教材中的相似内容系其独立创作,因此原告对于被告侵权的主张,缺乏事实和法律依据。

【裁判要旨】

统编教材须围绕指导纲要的要求进行编写,并遵循编写惯例,在具体内容、结构体例等方面存在相对固定的要求,同时存在大量公用领域及他人享有著作权的在先作品内容,因此该类教材所包含的原创内容较少,其独创性主要体现在对内容的选择、编排所体现的独特表达方式上。

【案号】

(2013)民申字第363号

五、抄袭认定时"质"与"量"的双重考量

【基本案情】

樊某先后于 2010 年 8 月 1 日、2011 年 1 月 16 日、2011 年 5 月 8 日、2012 年 5 月 6 日在《姑苏晚报》发表了《晚清巨富盛康、盛宣怀父子轶事》《顾文彬与冯桂芬的患难之交》《顾文彬与胡雪岩的故事》《瓦砾场上建造怡园》四篇文章，字数分别为 8771 字、9275 字、4659 字、8049 字。

袁某某、徐某撰写了《园疑——与苏州园林有关的金钱、政治、欲望》（以下简称《园疑》）一书，并由中国建筑出版社于 2013 年 9 月出版。

经查，《园疑》版面字数 110 千字，含插图 74 幅，文字部分约 6 万字。书分上下两辑，上下两辑又分不同章节。袁小雷执笔的上辑《与苏州园林有关的金钱政治》中的第一章"苏州园林能卖几个钱——从留园的转让看晚清苏州的上层社会关系"与樊某文章相比，或完全相同、或仅有个别字句调整。其中，有 8 段合计 1439 字的文字涉嫌抄袭《晚清巨富盛康、盛宣怀父子轶事》，有连续的 11 段合计 1900 字的文字涉嫌抄袭《顾文彬与胡雪岩的故事》，有 1 段 332 字的文字涉嫌抄袭《瓦砾场上建造怡园》，有 1 段 130 余字的文字涉嫌抄袭《顾文彬与冯桂芬的患难之交》。

樊某认为该书的出版发行行为侵犯其作品署名权、复制权及发行权，遂提起诉讼。

【争议焦点】

《园疑》一书是否侵犯樊某对于涉案四篇文章的著作权。

【裁判推理】

尽管作品以整体具有独创性而受法律保护，但并不意味着作品中的部分内容不受法律保护。文学艺术领域的创作不可避免地需要借鉴前人的创作成果，为避免社会大众在从事文学艺术创作活动时"动辄得咎"，进而阻碍文学艺术领域的创新，对于少量的、对著作权人权益影响甚微的借鉴行为，不宜作为侵权行为处理。具体判定时，应当围绕被诉侵权行为是否实质性影响著作权人权益这一核心准则，从量与质两个方面进行判定。从量的角度来看，当被抄袭部分占到整个作品内容的一定比例以上，能够起到某种程度的替代作用，则应当

认为对权利人的权益造成实质性影响，进而构成侵权；从质的角度来看，若被抄袭部分虽然占整个作品内容的比例很低，但该部分系体现整个作品独创性的核心部分或者被抄袭部分本身具有相应独创性，可以单独作为一个作品予以保护，亦应认为对权利人权益有实质性影响，同样构成侵权。

本案中，《园疑》一书涉嫌抄袭《晚清巨富盛康、盛宣怀父子轶事》的内容占原告樊某原作品的比例超过 15%，涉嫌抄袭《顾文彬与胡雪岩的故事》的内容占原作品的比例超过 20%，其抄袭比例已经实际起到部分替代作用，足以对原作品市场价值产生实质性影响，同时在未加任何注释的情况下也不当获取了原作者通过其独创性文字产生的学术声誉，应当认定为侵权行为。故法院认定被告的行为侵害了樊某就《晚清巨富盛康、盛宣怀父子轶事》《顾文彬与胡雪岩的故事》两部作品享有的复制权和署名权。《园疑》一书涉嫌抄袭《瓦砾场上建造怡园》《顾文彬与冯桂芬的患难之交》部分字数占原作品比例均不足 0.4%，且抄袭内容不构成原作品的核心部分，不认定为侵权。

【裁判要旨】

在文学艺术创作过程中，判断借鉴前人创作成果的行为是否构成抄袭，应当围绕被诉侵权行为是否实质性影响著作权人权益这一核心准则，从质和量两个角度进行考量。

【案号】

（2017）苏 05 民终 10293 号

六、以使用同一在先表达作为抗辩事由

【基本案情】

高某某将《交际中的冷热水效应》一文发表于《演讲与口才》2001 年第 6 期。2012 年 3 月高某某发现天津科技出版社出版的《为人处世要懂心计学》一书中第 239—241 页刊登了《先把最坏结果说出来》一文。经比对，发现该文部分内容与高某某的《交际中的冷热水效应》一文中均包含"飞机晚点事例"。高某某认为该书使用了其作品中的内容，构成抄袭，故提起诉讼。

【争议焦点】

高某某对其作品中"飞机晚点事例"的表达是否享有著作权。

【裁判推理】

本案中，被告辩称："冷热水效应"是心理学界的术语，并非高某某独创。文中的飞机晚点事例是抄袭其他书籍，不具有独创性，高某某对该文章不享有著作权。

经查，涉案作品中"飞机晚点事例"的表达与发表于1992年11月的《社会心理效应的哲理启示》一书中"飞机晚点事例"的表达构成实质性相似。

高某某虽主张其在1991年就在其他作品中对"飞机晚点事例"进行过阐述，但其并未提交相应证据予以证明，故高某某涉案作品《交际中的冷热水效应》中的"飞机晚点事例"内容不具有独创性，不应受到著作权法的保护。

【裁判要旨】

若主张著作权保护的内容的基本表达与先前他人的作品构成实质性相似，说明其不满足独创性中"独"的要求，不构成作品，无法受到著作权法的保护。

【案号】

（2016）最高法民申1647号

七、法理分析

图书抄袭一般涉及的是对著作权人复制权和改编权的侵犯。改编权所控制的改编行为是一种将他人作品用于自己作品的行为，但这种使用行为不同于复制行为。全国人大常委会法律工作委员会对该条的释义为"所谓改变作品，是指在不改变作品内容的前提下，将作品由一种形式变为另一种形式"。改编行为与复制行为的区别在于，改编是在原作品基础上进行的再创作，改编是对原作品的改变，但这种再创作受制于原作品，改编形成的新作品不是完全独立于原作品的新作品，而是使用了原作品的表达；改编的形式不以作品体裁、类型的变化为要件，既可以在原作品的基础上对作品进行同一文学、艺术形式范畴内的再创作，也可以采用不同的文学、艺术形式进行再创作，只要在利用原作品表达的基础上创作出不同于原作品的新作品，且这种改动体现了改编者的独创性，均属于改编行为。

对于文字作品与文字作品之间的改编，可以体现为将作品内容进行独创性的扩写、缩写、改写。对于内容的改变包含三种程度：第一种，原作的内容没有变化，仅对部分词句、标点进行修改或对表达作同义替换，这落入了原作者复制权控制的范围；第二种，内容发生了变化，在原作基本表达的基础上加入了新的独创性部分，这落入了原作者改编权控制的范围；第三，完全没有留下原作的基本表达，这就产生了与原作品无关的新作品。

抄袭通常不是原封不动地照搬，而多以改编为主要样态。《著作权法》第10条第1款第14项规定，改编权即改变作品，创作出具有独创性的新作品的权利。根据上述规定，改编权所直接控制的行为是改编行为，即改变作品，创作出具有独创性的新作品的行为，新作品应当保留原作品的基本表达，否则仅仅根据原作品的思想创作出来的新作品不受改编权的控制。除法律另有规定外，未经许可利用他人的原作品实施改编行为，构成对原作品著作权人改编权的侵犯。

在司法实践中，法院会运用"接触加实质性相似"的判断步骤，运用抽象过滤比对法、整体观感法来认定个案是否构成抄袭。接触是指被诉侵权人有机会接触到、了解到或者感受到权利人享有著作权的作品。接触可以是一种推定。权利人的作品通过刊登、展览、广播、表演、放映等方式公开，也可以视为将作品公之于众，被诉侵权人依据社会通常情况具有获知权利人作品的机会和可能，可以被推定为接触。

实质性相似是判断著作权侵权的主要考量因素，此处的"实质性"强调对作品"独创性"的保护，其关注作品中具有独创性的表达；"相似"则体现出对比判断，即两部作品表达上的"同一性"。在侵权认定中，需要剔除公有领域的内容。文学作品是否构成著作权法意义上的剽窃，不能简单地根据词句、部分场景、素材、情节等内容是否相似判断是否构成剽窃，而应当对两部作品进行整体比对和综合判断。在理论上，对于实质性相似的具体判断方式有"抽象过滤比对法"和"整体观感法"。实质性相似的判断应协调思想表达二分法等原则，依据作品的独创性和作品属性选择测试方法；比对的范围仅限于原告作品的独创性部分，相似程度的高低与独创性高低成反比。①

整体观感法指的是，通过普通观察者对作品整体的内在感受确定在后作品是否利用了在先作品的核心和精华，以此确定两作品是否构成实质性相似。整

---

① 梁志文：《版权法上实质性相似的判断》，载《法学家》2015年第6期，第37页。

体观感法有其优点所在。首先，整体观感法适用时较为简单，不需要层层抽象、剥离出作品的内容，只需要以普通观察者的视角对两作品进行判断即可确定是否构成侵权；其次，整体观感法将普通观察者纳为主体，重视普通观察者的市场地位，凸显了读者语境，能够较好地平衡作者与使用者之间的利益。但整体观感法亦有弊端。第一，其强调"观感"，因此具有一定程度的主观性；第二，因为其不将作品中的各元素进行过滤与区分，故很有可能将作品背后的思想或公有领域的素材囊括在内。当法官仅凭主观感受作出是否构成著作权侵权的判断时，这些不受著作权法保护的内容有可能会被纳入考虑范围，从而导致著作权的保护范围被扩大，不符合著作权法的立法目的。

运用"抽象过滤比对法"进行实质性相似的判断时，首先要将抽象的思想从表达中剥离出来，确定两部作品中的具体表达；其次进行过滤，针对两作品的相似部分，将不具独创性、不受著作权法保护的内容予以剔除，如公有领域素材、必要场景等，以此筛选出相似部分的独创性表达；最后要考察被诉侵权作品的剩余部分的独创性表达是否构成原有作品的基本表达。可以看出，与整体观感法不同，三步检验法有前置的抽象、过滤环节，因此可以将不受著作权法保护的要素予以剔除，进而更加精准地识别独创性的具体表达，符合著作权法的立法目的。但是，三步检验法也存在不足，在抽象、过滤的过程中，有可能将整体构成独创性的表达排除在外，忽略了某些元素进行有机组合后仍有可能具备独创性，因此仅对单独元素进行对比，从而得出不构成侵权的结论。也即，三步检验法有可能不当缩小了著作权法的保护范围。

对于文字作品之间的抄袭纠纷，应当以抽象过滤比对法为主，以整体观感法为辅，充分发挥两种判定方法的优势，同时规避两者自身的缺陷，促进著作权制度在时代语境下的发展。具体来说，首先应当进行作品要素的抽象，将思想从作品中概括出来，同时提炼出具体的表达，如人物关系、主要情节等，方便下一步的过滤环节。随后，进行作品要素的过滤，将属于公有领域、有限表达、必要场景等不属于著作权保护对象的素材排除。同时，应当在这一步骤中适用整体观感法，即当某些结合起来的要素可以构成独创性表达时，不能将其过滤，而应与其他表达一起纳入第三步"要素对比"的范围内。在进行关键的对比步骤时，应当对人物设置、人物关系、情节安排等能体现独创性的部分进行对比，在注重个别要素对比的同时，也要将各元素串联起来进行整体对比，防止不当缩小保护范围。

在赔偿额的确定上，如果著作权人未举证证明其因被告侵权行为所造成的损失或者被告的侵权获利，法院将综合考虑涉案作品的独创性程度、知名度以及被告的过错程度、侵权情节、传播方式和使用字数等因素，同时参考国家相关稿酬支付标准，对经济损失数额予以酌定。对于原告主张的诉讼合理支出，比如公证费，法院将结合其公证证据保全的作品数量，根据必要性、合理性、相关性的原则酌定予以支持。

第四节 图书中对他人作品合理使用的认定

著作权法赋予著作权人一定专有性质的权利，同时考虑到对使用者利益的保护，又规定了合理使用制度，《著作权法》第24条列举了13种法定合理使用情形限制著作权人的专有权。具体而言，包括以下情形：为个人学习、研究或者欣赏，使用他人已经发表的作品；为介绍、评论某一作品或者说明某一问题，在作品中适当引用他人已经发表的作品；为报道新闻，在报纸、期刊、广播电台、电视台等媒体中不可避免地再现或者引用已经发表的作品；报纸、期刊、广播电台、电视台等媒体刊登或者播放其他报纸、期刊、广播电台、电视台等媒体已经发表的关于政治、经济、宗教问题的时事性文章，但著作权人声明不许刊登、播放的除外；报纸、期刊、广播电台、电视台等媒体刊登或者播放在公众集会上发表的讲话，但作者声明不许刊登、播放的除外；为学校课堂教学或者科学研究，改编、汇编、播放或者少量复制已经发表的作品，供教学或者科研人员使用，但不得出版发行；国家机关为执行公务在合理范围内使用已经发表的作品；图书馆、档案馆、纪念馆、博物馆、文化馆等为陈列或者保存版本的需要，复制本馆收藏的作品；免费表演已经发表的作品，该表演未向公众收取费用，也未向表演者支付报酬且不以营利为目的；对设置或者陈列在公共场所的艺术作品进行临摹、绘画、摄影、录像；将中国公民、法人或者非法人组织已经发表的以国家通用语言文字创作的作品翻译成少数民族语言文字作品在国内出版发行；以阅读障碍者能够感知的无障碍方式向其提供已经发表的作品；法律、行政法规规定的其他情形。如果使用他人作品满足著作权法规定的上述情形之一，即使该使用行为落入了著作权人专有权控制的行为，也无须经过著作权人的许可，无须向其支付报酬，但应当指明作者姓名或者名称、作品名称，并且不得影响该作品的正常使用，也不得不合理地损害著作权人的合法权益。

在图书领域的著作权侵权案件中，常见的纠纷源于被告使用了已发表作品，所以被控侵权人最常援引合理使用抗辩是"为介绍、评论某一作品或者说明某一问题，在作品中适当引用他人已经发表的作品"。司法实践的难点在于如何判断引用的适当性。

本节选取了6个案例，案情分别涉及引用他人观点、年画图书引用他人作品、在图书的附录中引用他人作品、教辅用书引用教材内容等情形。

一、适当引用的目的性判断

【基本案情】

杨某某出生于山东潍坊杨家埠木版年画世家，是杨家埠"同顺德"画店的第十九代传人。杨某某的主要作品有《水浒全集木版年画集》《西游记木版年画集》《红楼梦木版年画集》等。2006年10月11日由山东省版权局对上述作品进行了登记。

中国画报出版社于2006年1月出版《杨家埠年画之旅》一书，在该书第七章"年画神话杨某某"一章中，未经杨某某许可使用了署名"杨某某"的年画共计8幅，署名"同顺德"画店的年画共计8幅。杨某某认为上述行为侵犯了其著作权，故诉至法院。

【争议焦点】

《杨家埠年画之旅》中使用杨某某作品的行为是否超出适当引用限度。

【裁判推理】

被告在其出版发行的《杨家埠年画之旅》一书第七章中使用杨某某的16幅年画是否构成合理使用，应从以下几个方面进行判断：

第一，从《杨家埠年画之旅》一书的整体内容分析，该书通篇内容并非对年画本身的具体介绍或评论。其中"年画神话杨某某"一章，虽然涉及了对杨某某年画作品的简单介绍,但篇幅极少,更多篇幅文字与具体作品的评价、介绍相去甚远,整体体现为对杨家埠年画制作人物、事件及作者游历的叙述、介绍。因此,从内容分析本案中对涉案作品的使用并非对年画作品本身的评价、介绍。

第二,从作品使用的章节及数量看,该16篇作品所具体出现的位置,与该章节中对杨某某年画作品的简单介绍联系性不强,同时选用作品的数量也超出了简单介绍的幅度。因此,从作品使用的章节及数量分析,本案中对涉案作品的使用也超出了对年画作品本身的评价、介绍。

第三,从上述16幅作品的使用效果看,上述年画作品的使用增强了《杨家埠年画之旅》一书的欣赏性、收藏性。从使用效果分析,本案中上述作品的使用客观上阻碍了年画作品作者独立行使上述作品复制权并获得报酬的权利。

综合本案中《杨家埠年画之旅》一书对他人作品的使用情节,该书使用上述16篇涉案作品不属于对某一作品的具体介绍或评价,超出了著作权法规定的对作品的合理使用范畴。《杨家埠年画之旅》一书中使用了杨某某的年画作品,被告作为该书的出版发行者,在明知该年画作品作者与《杨家埠年画之旅》一书作者不一致的情况下,未审查该16幅年画是否得到原作者授权使用,应视为未尽到合理注意义务,被告构成对杨某某对其涉案16幅作品所享有复制权的侵犯。

【裁判要旨】

如果使用作品不属于对该作品进行具体介绍或评价的情形,使用效果客观上阻碍了原告作品作者独立行使著作权,使用作品的数量和比例超出了简单介绍的幅度,那么,不构成合理使用。

【案号】

(2005)鲁民三终字第94号

二、具有市场替代效果的使用构成侵权

【基本案情】

原告依遗嘱继承和法定继承,享有《热爱生命》《怀想》《失恋使我们深

刻》等涉案诗歌作品的著作权。彭某创作的《真个汪国真》（涉案侵权图书）一书附录一和附录二使用了《热爱生命》等63首涉案权利作品。被告人民出版社于2016年6月出版发行了该书，共印刷了4000册。原告认为被告构成侵权，故提起诉讼。

【争议焦点】

（1）《真个汪国真》在附录中使用63首汪国真诗作，是否构成合理使用。

（2）被告是否尽到合理的注意义务。

【裁判推理】

以介绍、鉴赏或评论为目的，在诗词评论文章中，全文引用诗人具有代表性的个别诗作，可以属于合理使用的范畴，如《真个汪国真》一书前半部分在介绍汪国真生平时引用了其《笑着活》《我喜欢出发》《白雪情思》等作品。但是，在本案中，《真个汪国真》的附录独立于全书的正文。该附录虽然对读者了解汪国真的作品有所帮助，但其作为全书的一个独立部分，存在与否并不影响读者对《真个汪国真》前半部分的阅读理解，也不影响《真个汪国真》前半部分作为独立作品的完整性；即便附录一是《真个汪国真》一书不可分割的部分、对读者了解汪国真的创作特点有所助益，引用59首全诗的方式也已超出了介绍、评论诗人及其创作特点的必要，尤其是这59首汪国真诗作包含了汪国真的多首经典作品，将对汪国真诗作产生替代作用。因此对于汪国真作品的引用不具有必要性。

其次，著作权法鼓励新作品的创作，但是创作不能以牺牲他人合法权益为代价。虽然附录一中不仅有汪国真的诗作，还有本书作者彭某创作的大量文字，但是，附录一中包含彭某创作的文字作品并不影响其大量引用汪国真诗作的行为的性质；此外，诗歌作品本身具有短小精炼的形式特点，不能仅从诗作占附录字数比例判断引用是否合理，即便评论、赏析文字数十倍、甚至百倍于附录一的涉案59首诗作，也不是大量、完整使用涉案作品的合理理由。

至于附录二诗人年谱中引用的4首汪国真完整诗作，法院认为并非年谱介绍、评论的对象，亦非上下文叙述的必要基础，故不具有引用的必要性和适当性。

总之，附录一、二包含了汪国真的63首完整诗作，其中不乏经典诗作。对这63首诗作的完整使用，必然会增强《真个汪国真》一书的丰富性和欣赏性,同时客观上阻碍了这 63 首诗作著作权人独立行使著作权并获得报酬的权利。对于读者而言,《真个汪国真》也在一定程度上成为其他汪国真诗作合法出版物的替代选择,其内容、售价、宣传、发行等因素或多或少将对其他汪国真作品的价值产生影响。因此,涉案行为不属于合理使用,侵犯了原告的著作权。

鉴于被告对汪国真作品及其著作权人的状况是知晓的,有条件在出版《真个汪国真》一书前向汪国真作品著作权人核实其中使用到的汪国真诗作是否经过授权,其存在未履行合理注意义务的情况。被告对《真个汪国真》一书进行过选题申报、发稿、审读、复审等审查,但主要是针对作品内容、作者背景、错别字等方面的审查。选题申报表和发稿单中并未明确提及附录一、二,也没有明确指出其中涉及多首汪国真完整作品,甚至没有设置著作权审查栏目;审读意见和复审意见提到了书中包含评析汪国真作品的内容,但没有提到相关著作权核实情况。因此,现有证据不足以证明被告对其出版《真个汪国真》中未经许可使用的 63 首汪国真诗作尽到合理的注意义务。

针对被告所称其已与彭某签订了图书出版合同,约定由彭某保证其著作权无瑕疵并承担相应的责任的主张,法院认为,合同效力只及于合同各方,不得以此对抗善意第三人,出版社可以另行向彭某主张权利,但合同的签订不代表其已对于图书的著作权情况尽到了法定审查义务。故出版社主观上存在过错,应当与彭某共同承担侵权责任。

【裁判要旨】

确认是否属于"适当引用",需要考虑该种引用的目的、被引用作品的性质、被引用作品的数量及占作者整体作品的实质程度、引用行为对被引用作品潜在市场和价值的影响等因素。

【案号】

(2019)京 73 民终 1263 号

三、超出合理使用限度的引用构成侵权

【基本案情】

玄霆公司经营的起点中文网载有类别为奇幻修真的小说《星辰变》,作者

朱某某笔名为"我吃西红柿",更新时间为 2008 年 6 月 7 日。经过签订授权协议及委托创作协议,朱某某将其《星辰变》作品的信息网络传播权授权玄霆公司独家行使。

书生公司经营电子书门户网站读吧网,向用户提供电子书。2009 年 4 月 20 日,玄霆公司以书生公司未经其许可,在其经营的网站上将《星辰变》作品的完整目录进行传播,并提供《星辰变》作品的搜索和深层链接,侵犯了其信息网络传播权为由,向法院提起诉讼。

【争议焦点】

读吧网上将《星辰变》作品的完整目录进行传播是否属于合理使用。

【裁判推理】

《星辰变》作品的完整目录篇幅较长且具有独创性,可构成作品,应受著作权法的保护。书生公司在其网站上提供《星辰变》作品的完整目录,侵犯了玄霆公司拥有的《星辰变》作品完整目录的信息网络传播权。

书生公司称《星辰变》作品的完整目录并不是其提供,且属合理使用。对此,法院认为,在书生公司网页上即可获得《星辰变》作品的完整目录。根据著作权法的规定,为介绍、评论某一作品或者说明某一问题,在作品中适当引用他人已经发表的作品,可以不经著作权人许可。而"引用"必须是出于"为介绍、评论或说明目的",且引用者必须增添自己的介绍、评论或说明的内容。本案中,虽然书生公司有对《星辰变》作品的介绍,但该介绍只有短短几行,而引用的完整目录篇幅较长,与其介绍内容的比例明显失当,并不属于合理使用。

【裁判要旨】

为介绍、评论某一作品或者说明某一问题,在作品中适当引用他人已经发表的作品,可以不经著作权人许可。此处的"引用"必须是出于"为介绍、评论或说明目的",引用者应当增添自己的介绍、评论或说明的内容。若作者自己所添加的介绍、评论或者说明的内容篇幅与引用篇幅相比比重较小,则难以构成合理使用。

【案号】

(2010)浙知终字第 200 号

四、教辅图书中对教材内容的合理使用

【基本案情】

长春出版社根据教育部颁行的课程标准组织编写了长春版语文教科书《义务教育课程标准试验教科书语文（五年级上册）》。随后，吉林大学出版社出版了《名师解教材（五年级语文上）》教辅用书。原告长春出版社认为被告吉林大学出版社出版的教辅用书抄袭了上述教材，侵犯了其著作权，故诉至法院。

【争议焦点】

（1）被告的涉案行为否属于合理使用。

（2）被告是否侵害了原告对汇编作品的著作权。

【裁判推理】

首先，被告认为涉案教材为"公共产品"，其编写相应教辅图书必然要参照涉案教材，因此属于合理使用的观点不能成立。"公共产品"并非著作权法意义上的概念，涉案长春版语文教科书尽管是按照教育部颁行的相关课程标准编写，并且作为义务教育课程标准教科书具有特殊性，但其内容的选择和编排均体现出独创性，不能否认涉案教材整体作为汇编作品的属性，长春出版社享有该汇编作品的著作权，他人未经其许可不得无偿行使。被告未经许可编写、出版、发行与涉案教材相对应的教辅图书的行为不属于合理使用。

其次，义务教育为公民的基本权利和义务，但并非与义务教育相关的全部产业均为公益性事业。教材市场系开放的市场，任何具备资质、符合条件的出版者均可参与到市场竞争之中，亦可凭借其经营成果而获取利益。这种市场竞争方式能够鼓励更多的出版者加大对教材的投入，对于提高教材质量，服务义务教育是有益的。原告出版的涉案教材系经全国中小学教材审定委员会审定通过，其为取得这一成果付出了大量的劳动，也必然有其独立的经济诉求，任何人均无权借义务教育之名，擅自使用他人享有著作权的作品，侵害他人合法权益。

汇编权是指将作品或者作品的片段通过选择或者编排，汇集成新作品而形成的权利。被告出版的教辅材料中，对作品的选择和编排与涉案教材完全一

致，该行为已经明显侵害了原告对汇编作品的著作权。其虽新添加了部分内容，并与教材内容一并进行了编排，但此种添加和编排并未改变涉案教材的作品选择和编排结构，其实质是在完全覆盖他人汇编作品的基础上加入新的内容，该行为并不能阻却其未经许可使用他人汇编作品的违法性。涉案教材系汇编作品，原告作为著作权人的合法权益应予保护。被告出版涉案教辅图书的行为侵害了长春出版社的著作权，应承担侵权责任。

【裁判要旨】

他人未经著作权人同意而使用其汇编作品，虽然添加了新的内容并进行了编排，但并未改变作品选择和编排结构，实质是在完全覆盖他人汇编作品的基础上加入新的内容，属于未经许可使用他人汇编作品的行为，应认定构成著作权侵权。

【案号】

（2015）吉民三知终字第 68 号

五、对他人观点的适当引用

【基本案情】

1994 年 3 月 5 日，郭某于《江苏中医》1994 年第 15 卷第 3 期"临床研究"栏目发表论文《"血友汤"临床研究》。

2006 年 7 月 4 日，郭某在书店购买了上海科学技术出版社 2005 年 5 月出版的黄某某等人编写的《实用中医血液病学》一书，认为《实用中医血液病学》一书第 570 页和第 578—579 页有关血友汤的叙述共计近 200 字，侵犯了其发表的上述论文的著作权，故提起诉讼。

【争议焦点】

被告是否侵犯了原告郭某的著作权。

【裁判推理】

郭某《"血友汤"临床研究》一文是其本人在研究以我国传统中医药知识治疗血友病的科学领域内的智力成果，该文根据其多年临床经验，运用临床资料、典型病例，介绍其自拟中医药方药"血友汤"治疗血友病的方法和结果，并在此基础上进行了理论探讨，具有独创性，构成我国著作权法所称之作品，应受著作权法的保护。

只保护对于思想观念的表达,不保护思想观念本身是著作权法的基本原则。不同作者根据同一题材或者研究成果创作作品,如作品的表达系独立完成并且具有创作性的,应当认定作者各自享有独立著作权。被告出版的图书中关于"血友汤"的内容与郭某论文中关于"血友汤"的内容表达方式不同,应认定黄某某等人对其编写的图书享有著作权。

《实用中医血液病学》一书在引用郭某论文的内容时注明了出处,引用的内容只有100多字,目的在于介绍和说明关于血友病中医药临床治疗方面的进展情况。上述引用目的正当,引用程度和方式适当,且不会对郭某的利益造成损害,符合我国著作权法规定的合理使用的条件,不侵犯郭某的著作权。

【裁判要旨】

在个案中,就引用他人作品是否构成合理使用的判定中,应当综合考察引用目的、引用程度和方式是否正当和适当。

【案号】

(2010)民申字第980号

六、合理使用他人作品应符合法定目的

【基本案情】

2004年7月和9月,原告徐某某拍摄了"当阳玉泉寺""夷陵广场"风景照片,该照片作为宣传宜昌著名旅游景点的图片在宜昌市旅游局编制发行的《中国·宜昌新三峡旅游精品景区》画册上公开发表。

2005年,宜昌市测绘大队编制《宜昌市交通旅游图》,由湖南地图出版社出版发行。

原告徐某某认为,被告宜昌市测绘大队在未经其许可的情况下在编制的《宜昌市交通旅游图》中使用其拍摄的两张照片,侵犯其著作权,故提起诉讼。

【争议焦点】

被告的涉案行为是否构成侵权。

【裁判推理】

被告认为地图上的图片只有美观和辅助作用，且图片在整个地图中只占很少一部分，其没有侵权的故意，使用原告的图片属于合理使用。

对此抗辩，法院认为：首先，原告对其摄影作品"当阳玉泉寺""夷陵广场"依法享有著作权，该作品已被相关单位和媒体采用，具有较高的宣传价值。被告未经原告许可将其作品使用在《宜昌市交通旅游图》上，不属于著作权法规定的合理使用情形。使用他人摄影作品用以起到美观和辅助作用，这并不属于我国著作权法规定的"为介绍、评论某一作品或者说明某一问题，在作品中适当引用他人已经发表的作品"。

虽然被告编制《宜昌市交通旅游图》在很大程度上履行的是政府职能，是一种公益事业，但这并不属于国家机关为执行公务在合理范围内使用已经发表的作品。因此，在无法定抗辩事由的情况下，涉案行为属侵权行为。

【裁判要旨】

在图书中使用他人摄影作品或者美术作品，用以起到美观和辅助作用，不属于合理使用。

【案号】

（2006）宜中民三初字第 00030 号

七、法理分析

合理使用制度的价值在于平衡著作权人与使用者的利益。著作权法鼓励作品的创作和传播，促进文化、艺术和科学事业的发展与繁荣，这不仅需要对内容的生产者与传播者提供保护，而且还需要对使用者自由使用作品的合理空间进行保护。根据我国加入的《伯尔尼公约》《与贸易有关的知识产权协定》和《世界知识产权组织版权条约》，合理使用应当限制在某些特殊情形、不得与作品正常使用相抵触、不得损害作者的合法利益。我国著作权法及相关法律法规吸收了上述规定，《著作权法》第 24 条列举了 13 种合理使用的特殊情形，在这些情形下，使用可以不经著作权人许可的已经发表的作品的，不得影响该作品的正常使用，也不得不合理地损害著作权人的合法利益。这一判断过程被称为"三步检验法"。

《最高人民法院关于充分发挥知识产权审判职能作用推动社会主义文化大发展大繁荣和促进经济自主协调发展若干问题的意见》中指出：在促进技术创新和商业发展确有必要的特殊情形下，考虑作品的使用行为的性质和目的、被使用作品的性质、被使用部分的数量和质量、使用对作品潜在市场或价值的影响等因素。如果该使用行为既不与作品的正常使用相冲突，也不至于不合理地损害作者的正当利益，可以认为合理使用。

依据我国《著作权法》第24条规定，在图书中引用他人作品是否属于适当引用，应当在个案中进行分析。首先，从使用目的上看，需要满足"介绍、评论某一作品或者说明某一问题"这种特定情况；其次，引用的程度和规模适当；最后，在使用结果上，不得与作品正常利用相冲突，不得不合理地损害权利人的合法权益。在评判过程中，要围绕使用数量与作品整体的对比等因素考虑使用行为对作品价值的影响、对作品潜在市场的影响。如果被告作品的发行产生了对原告作品的市场替代效果，那显然不属于合理使用。

对于合理使用，美国有四因素说。第一，使用的目的与特性，包括该使用具有商业性质还是为了非营利的教学目的；第二，被使用的作品的性质；第三，所使用部分的质与量与版权作品作为一个整体的关系；第四，该使用对版权作品之潜在市场或价值所产生的影响。我国司法实践中也曾有参考四要素说的判决。此外，在理论上，还有"转换性使用"学说。转换性使用理论发源于美国，最初由勒瓦尔法官发表在1990年的《哈佛法律评论》上，之后通过坎贝尔案得到确立，坎贝尔案指出转换性使用是"以进一步的目的或不同性质增加了某些新的东西，以新的表达、含义或信息改变了前作品"[①]。被告使用原告作品是否构成转换性使用关键在于两个要件：第一，是一种新的表达；第二，是新的目的。内容转换比例的高低不是转换性使用成立的关键。只要具有新的表达即属于转换性使用的内容转换，至于最终是否构成转换性使用则要

---

① Campbell v. Acuff-Rose Music, Inc., 510 U.S. 569, 579 (1994).

以目的转换为根本标准。具体在文字作品领域，转换性使用理论在戏仿作品上有适用价值。但是，从法律解释的角度出发，转换性使用和"合理引用"并不具备相同的法律内涵以及事实构成要件。[①] 我国司法实践中，对于涉案行为是否属于合理使用，依然应当在现行法规定的框架内，运用"三步检验法"进行判断。

[①] 孙松：《著作权转换性使用的本土路径重塑》，载《电子知识产权》2020年第2期，第23页。

第三章　出版单位出版图书的注意义务

注意义务，是指行为人为避免造成损害而加以合理注意，谨慎小心行为而不使自己的行为（作为或不作为）给他人造成损害的义务。注意义务不是法律上明文规定的具体义务，而是基于习惯和伦理道德，行为人对他人具有的义务。注意义务不仅存在于因侵权所生之债的关系中，而且也会基于合同关系而产生。

在知识产权侵权案件中，出版社对于侵权内容的注意义务是司法机关考察的重点。在图书出版中，有可能涉及著作权人、译者、编者、出版机构、文化公司等多个法律主体，在存在多重许可或转授权时，出版机构应对授权链上的各项权利是否合法取得尽到审慎注意义务。出版机构审查稿件来源时，应就稿件所有人与作品著作权人是否同一进行审查，如存在不一致，则应进一步审查稿件所有人处分行为是否征得著作权人同意。对于图书中的配图、图书内容是否构成抄袭等问题，出版社应引起重视。出版社注意义务的法律依据是《最高人民法院关于审理著作权民事纠纷案件适用法律若干问题的解释》第19条和第20条。对于已故作者的作品，应当审慎审查著作权人都有哪些。对于演绎作品，应当取得原作品的著作权授权。

本章的内容围绕出版单位的注意义务展开，内容涉及了出版社注意义务的程度和范围的确定、特殊类型作品著作权人身份的审核、出版已故作者的作品应注意的法律问题以及出版翻译、汇编等演绎作品时的审核义务。

第一节　出版者合理注意义务的认定

在因图书出版引发的著作权侵权纠纷中，出版单位经常会被作为共同被告参加诉讼。在民法上,共同实施侵权行为造成他人损害的,或者教唆、帮助他人实施侵权行为的,应当承担连带责任。那么,具体到出版领域,出版单位是否就起出版行为与侵权图书著作权人一起承担连带责任,则取决于出版单位是否履行了其应尽的注意义务。《最高人民法院关于审理著作权民事纠纷案件适用法律若干问题的解释》第 19 条和第 20 条规定了出版社的注意义务。

根据该司法解释第 19 条,出版者应当对其出版有合法授权承担举证责任。举证不能的,依据《著作权法》第 52 条、第 53 条的相应规定承担法律责任。根据第 20 条第 1 款,出版物侵犯他人著作权的,出版者应当根据其过错、侵权程度及损害后果等承担民事赔偿责任,这确定了出版社对其出版的作品具有注意义务。根据第 20 条第 2 款,出版者对其出版行为的授权、稿件来源和署名、所编辑出版物的内容等未尽到合理注意义务的,依据《著作权法》第 54 条的规定承担赔偿责任。所以,出版社具有审校作品内容的注意义务。第 3 款规定"出版者应对其已尽合理注意义务承担举证责任",可以看出,和著作权直接侵权不以侵权人主观过错为要件的原理相同,出版社即使尽到注意义务也只能免除其赔偿责任,其仍然需要承担停止侵权行为的民事责任。所尽合理注意义务情况,由出版者承担举证责任,出版社需要证明自己已经尽到合理注意义务才能免于侵权赔偿。

出版物侵犯他人著作权的,出版者应当根据其过错、侵权程度及损害后果等承担民事赔偿责任。出版者若尽到合理注意义务,仅须承担停止侵权、返还其侵权所得利润的民事责任。当侵权内容占比较小且不易于被发现时,可适当降低出版社的注意义务标准。出版社与图书作者之间签订的图书出版合同中关于权利的担保条款,其效力仅及于合同双方,不得以此对抗善意第三人,因此合同的签订不代表其已对于图书的著作权情况尽到了法定审查义务。

本节选取了关于图书出版过程中出版者合理注意义务问题的 6 个案例,主要涉及图书中未经授权使用他人美术作品、出版社对于侵权图书的审查义务、图书总策划的合理注意义务、出版社未核实出版合同签约主体身份引发的责任、出版机构难以审查的内容等。

一、图书配图的版权审查义务

【基本案情】

2009 年 1 月 16 日，重庆晚报数字报发表《清洗低俗网站抵制视觉污染》一文，配图美术作品一幅，署名作者为王某某。

2013 年 3 月，东北师范大学出版社在出版的王某某主编的《解题题典·初中思想品德解题题典》第 57 页中，使用了王某某创作的该漫画作品作为配图。

王某某认为未经其许可，擅自将其享有著作权的漫画作品作为商业性使用，该行为已严重侵犯了其署名权、获得报酬权，故将被告东北师范大学出版社起诉至法院。

【争议焦点】

（1）涉案行为是否侵犯王某某署名权。

（2）被告东北师范大学出版社是否尽到注意义务。

【裁判推理】

《解题题典·初中思想品德解题题典》第 57 页的试题中使用了《清洗低俗网站·抵制视觉污染》配图美术作品，但未署作者王某某姓名，侵犯了王某某的署名权、复制权、获得报酬权。

出版社没有提供证据证明涉案的漫画系涉案图书作者本人提供的配图，而非该出版社编辑过程中添加的配图。无论作品是否由作者本人提供，图书出版者对其所出版的图书的侵权行为均应承担相应的民事责任。涉案《解题题典·初中思想品德解题题典》作者虽为王某某，但出版社作为出版单位，仍应对出版图书中部分内容侵犯他人著作权的行为负责，其与作者之间在出版合同中的责任分配约定不能成为免责的法定事由。

因此原告王某某请求出版社停止侵权、赔偿损失、赔礼道歉的理由成立。赔礼道歉应当在侵权行为影响的范围内进行，为恰当地消除出版社因侵权行为对王某某造成的影响，致歉声明应在全国范围出版发行的《大河报》上刊登。

【裁判要旨】

出版社出版图书中使用的配图，应当经过图片著作权人的同意，否则侵犯署名权、复制权。

【案号】

(2015) 豫法知民终字第 00240 号

二、图书总策划的连带责任

【基本案情】

霍某某系《高中英语语法表解大全》一书的主编。其发现华艺出版社出版的《高中英语语法经典》一书存在大规模抄袭《高中英语语法表解大全》的情况。后霍某某将华艺出版社及涉侵权图书总策划左某某诉至法院。

【争议焦点】

图书总策划是否就侵权图书承担连带责任。

【裁判推理】

首先,判断左某某是否侵害涉案图书的著作权需要厘清总策划的一般含义。策划,指统筹谋划。顾名思义,总策划是指对某个事件或者某项工作进行总体统筹谋划的单位或个人。就图书出版而言,因图书出版体制等因素的影响,总策划并不具有十分明确的含义。通常认为,图书总策划是指对图书出版发行全过程进行统筹谋划,并对图书盈亏可能承担一定责任的单位或者个人。其次,判断左某某是否侵害了涉案图书的著作权,不能仅仅依据图书出版行业有关图书总策划的一般含义认定,而应审查左某某具体从事了何种行为,该行为是否侵害了涉案图书的著作权。

本案中,左某某在被诉侵权图书上署名总策划,应当对其具体职责承担举证责任。在左某某未提交证据证明其既非作者亦非出版者,亦未提交证据证明其作为总策划的具体职责的情形下,法院以左某某对被诉侵权图书的内容未尽到合理注意义务为由,认定左某某侵害涉案图书的著作权并承担连带责任。

【裁判要旨】

图书总策划作为对图书出版发行全过程进行统筹谋划的单位或个人,应当对图书盈亏承担一定责任。同时,如果图书总策划对自己组织出版图书的内容未尽到合理注意义务,侵犯了他人著作权益的,应当承担连带责任。

【案号】

(2016) 最高法民申 2094 号

三、审查签约主体身份的义务

【基本案情】

2004年8月，田某以韩寒的代理人的身份与古吴轩出版社签订出版合同，约定出版绘本图书《小镇生活》（后改名为《纸上的青春》）。2005年3月17日，田某自行在授权委托书中签上韩寒的名字后，传真给古吴轩出版社，内容为韩寒授权田某作为《小镇生活》的漫画改编权代理人，全权负责与出版机构洽谈该作品的出版发行。

2005年5月，古吴轩出版社出版了绘本《纸上的青春》，将韩寒的《小镇生活》和《早已离开》两篇小说连在一起，分成25个部分。该书署名"韩寒著"。该书前勒口上为田某撰写的韩寒第一人称的自述，落款为韩寒。该书结尾是田某撰写的《写在后面的话》，该文中有"《纸上的青春》由韩寒的短篇小说《小镇生活》改编而来"的内容。原告韩寒以被告古吴轩出版社侵犯著作权为由提起诉讼。

【争议焦点】

(1) 被告是否就作品授权情况尽到了合理的注意义务。

(2) 对两部作品的拼凑行为是否侵犯作者的修改权和保护作品完整权。

【裁判推理】

被告在与田某签订《纸上的青春》一书的图书出版合同时，应该核实韩寒的授权是否真实，现被告仅凭田某发出的一个授权书的传真件，未做任何核实工作就出版了该书。而且田某给被告出具的授权书传真件中明确其仅有《小镇生活》一部作品的出版授权，但被告出版的绘本《纸上的青春》一书却使用了《小镇生活》和《早已离开》两篇小说。综上，被告就使用韩寒的涉案作品出版《纸上的青春》未尽到合理的注意义务。被告主观上存在过错，其出版涉案图书的行为侵犯了韩寒的复制权、发行权。

《纸上的青春》前勒口处的韩寒自述，不是韩寒撰写，也没有经过韩寒的认可，属于假冒他人署名的行为，侵犯了韩寒的署名权。被告将《小镇生活》

和《早已离开》两部作品作为一个故事直接拼在一起，并命名为《纸上的青春》，这种拼凑行为，就其使用的每一部作品而言都产生了改变，即对作品的扩充，改变了韩寒的作品名称和作品形式，从而侵犯了韩寒对作品享有的修改权。并且这种拼凑行为使原每一部作品的主旨、内容的整体性予以改变，因此也侵犯了韩寒对涉案作品所享有的保护作品完整权。

【裁判要旨】

出版社与作者的代理人签订出版合同时，应当核实作者的授权是否真实、核实授权的作品范围。

【案号】

（2005）朝民初字第 16789 号

四、出版社对侵权内容的知晓程度

【基本案情】

《中学体育与健康教材教学教案》一书主编为原告何某，绘图为何某，于 2006 年 7 月由人民体育出版社出版。《足球指南》由春晓中学、宁波江东区外国语实验小学组织编写，由徐某某主编，于 2014 年 4 月 1 日由宁波出版社出版。

原告认为，被告宁波出版社发行的《足球指南》中未经其许可大量使用了原告图书的内容，侵犯了原告对涉案作品的署名权、复制权、发行权，故提起诉讼。

【争议焦点】

被告是否应当承担侵权赔偿责任。

【裁判推理】

经比对，在被控侵权图书中，文字部分标题及内容除个别稍作改动外，内容高度重合；图形部分无论从人物性别、衣着神态、制图顺序、图片中的人物数量、排列方位，还是个体人物除下肢外的其他肢体角度，均基本一致。故该图书构成侵权。

原告主编的《中学体育与健康教材教学教案》与被控侵权图书出版时间相隔近 8 年，两书的出版社不同，《中学体育与健康教材教学教案》发行量不大，原告亦未对《中学体育与健康教材教学教案》的销售范围、知名度进一步举证，且被告在另一个关联案件的判决生效后，主动通知合作企业下架《足球指南》，不存在明知侵权事实仍然出版发行被控侵权图书的故意，应视为已尽合理注意义务，不应承担侵权赔偿责任。

【裁判要旨】

考察出版社对于图书中侵权内容的知晓程度，应该考虑各种因素，作出最符合事实的判断。

【案号】

（2019）浙0203民初3805号

五、出版者合理注意义务的合理限度

【基本案情】

1994年7月，原告刘某某主编的《教师口语——表述与训练》一书由华东师范大学出版社出版，字数430 000字，其中包含《"8"的深思》一文。

2012年3月，李某某等主编的《演讲与口才教程》（以下简称被控侵权图书）由华东师范大学出版社出版。该书中有少部分内容与《"8"的深思》一文相同或相似。原告提出被告华东师范大学出版社在被诉侵权作品的出版过程中，未尽到理应承担的"三审三校"义务，应当在本案中承担连带赔偿责任，故提起诉讼。

【争议焦点】

被告是否与李某某构成共同侵犯著作权。

【裁判推理】

本案中，包含被诉侵权作品《"8"的深思》一文的《演讲与口才教程》一书由华东师范大学出版社于2012年3月出版，全书共计365千字。《演讲与口才教程》一书中构成对原告刘某某主张权利作品著作权侵害的内容约420字。由此可见，被诉侵权作品在《演讲与口才教程》一书中所占比例较小，其与《教师口语——表述与训练》一书虽均由同一出版社出版，但二者出版时间相隔较长，刘某某亦未在本案中提供证据证明被告与李某某具有共同实施侵权行为的过错，或者对李某某的侵权行为实施了教唆或帮助行为。在此情况下，被告在本案侵权行为实施过程中不存在过错、未构成共同侵权行为。

【裁判要旨】

被诉侵权作品在已发表作品中所占比重较小，出版社在出版被诉侵权作品时很难审查出该侵权内容，故不存在过错，无需承担连带赔偿责任。

【案号】

（2015）民申字第 24 号

六、注意义务大小与审查难易程度有关

【基本案情】

付某某在《安徽史学》2006 年第 3 期发表了《李鸿章与淮军昭忠祠》一文；在中国人民大学主办的《中国近代史》2006 年第 9 期发表了《李鸿章与淮军昭忠祠》一文；在《河北师范大学学报（哲学社会科学版）》2006 年第 6 期中发表了《李鸿章与保定淮军昭忠祠公所》一文；在中国社会科学出版社出版《近代史资料》总 83 号中，发表了《淮军昭忠祠公所善后章程十六条》一文。

《保定淮军公所》一书由河北大学出版社于 2013 年 1 月出版发行，该书封面载明主编王某某。付某某认为该书籍中存在未经其许可使用上述论文作品的情形，故将被告河北大学出版社诉至法院。

【争议焦点】

被告是否履行了其注意义务。

【裁判推理】

本案中涉案侵权书籍与涉案论文已经构成高度相似，超出了正常的范围，属于抄袭，构成著作权侵权。关于被告是否需要承担侵权责任，该问题的关键在于被告在出版涉案侵权书籍时是否尽到了合理注意义务，上述合理注意义务的举证责任在出版社，被告关于该问题的证据仅有图书出版合同，主张在该合同中约定了保定市文物管理局应保证其为著作权人，否则由其承担相关责任。该合同仅是就出版事宜的约定，不能证明被告尽到了合理的注意义务。

本案中，涉案侵权书籍涉及的领域较窄，且涉案论文属于该领域为数不多的研究成果，也就是说，出版单位进行内容抄袭审查时更为容易。涉案侵权书

籍和涉案论文存在大范围文字重合，在此情况下被告显然并未尽到合理的注意义务。

【裁判要旨】

出版社在出版涉及领域较窄的书籍时，法院若要判断其是否尽到了合理的注意义务，首先要看该领域的研究成果的数量。若该领域的研究成果较少，且被诉侵权书籍与现有的研究成果存在大范围的重合，则推定出版社未尽到合理的注意义务。

【案号】

(2017) 冀民终190号

七、法理分析

著作权侵权案件中权利人往往会将出版社作为共同被告进行维权，虽然在一般情况下，出版社不会构成直接侵权，但是若出版社没有尽到审校出版物内容的注意义务，仍难以免除赔偿责任。关于出版社是否承担连带责任，注意义务问题是解决过失侵权案件的枢纽与关键。[①] 注意义务的有无是限制或扩张过失侵权责任范围的一个简单解决方案，注意义务对于行为人主观过错的判断起着基础性的作用，是法官手中的控制器。多数注意义务均为司法裁判者通过自由裁量在审判中确定。在司法判决中，对注意义务有多种表述，比如审慎的注意义务、必要的审查注意义务、合理的审查注意义务、最大注意义务、高度谨慎的注意义务、相关公众的一般注意义务。

在考虑出版社主观上是否具有过错时，应当从"已知"和"应知"两个角度出发；对于具有较高知名度人物或涉及领域较窄的出版物，出版社更容易对已发表作品进行收集和检索，进行侵权比对，所以，对稿件的内容具有更高的注意义务，如果未尽到此义务，则推定其主观上具有"应知"的过错。如果被控侵权内容在已发表作品中所占比重很小，或侵权内容不容易被发现时，可以适当降低出版者的注意义务。

如果出版社没有证据证明自己已经尽到注意义务，则应当承担未尽到注意

[①] 晏宗武：《论民法上的注意义务》，载《法学杂志》2006年第4期，第144页。

义务的不利后果。对于在社会公众中知名度较高的作品和作者，出版社应当谨慎核实著作权人身份，如果出版社没有和作者直接签订出版合同，而是和作者的代理人签订出版合同时，则应当核实作者的授权是否真实及授权的作品范围等，不应未做任何核实工作就出版图书。另外，如果作者有在报刊等公开媒介上刊登声明要求侵权盗版者停止侵权行为，出版社是否采取了停止出版作品等有效措施也是判断出版社是否具有主观过错的参考因素。如果存在出版社自身无法避免的认知错误或者无法知悉涉案内容的侵权性质，可认定其主观上没有侵权故意，客观上尽到了合理的注意和审查义务，虽然不需要就损害赔偿承担连带责任，但是仍须承担停止侵权的法律责任。

在个案中，出版者对于图书中的侵权内容的预见能力和判断能力是法院重点考虑的因素，出版者应履行与其审查能力相匹配的注意义务。法院对于出版者的注意义务范围进行裁判时，考量的因素还包括出版者所举证据的完整性、文责自负条款的效力、对同领域特定作品是否尽到审查义务等。出版者要防止自身举证不能或者未能尽合理注意义务而承担无谓的赔偿责任，既需要提高证据意识，还要完善来稿登记制度、强化对署名的审查以及完善审稿制度，确保有效履行合理注意义务。①

第二节 特殊类型作品著作权人身份的审核

出版社在出版合作作品、职务作品、法人作品以及委托作品时，应当审查交付出版的人是否是著作权人，避免因为作品的类型判断不准确、著作权归属不明晰等原因而侵犯权利人的著作权。我国著作权法对职务作品、法人作品、合作作品及委托作品的著作权归属和行使做了特殊的规定，当出版作品涉及上述类型时，需要谨慎认定著作权人以及行使著作权的范围。

《著作权法》第 18 条将职务作品分为两类：一般职务作品著作权由作者

---

① 张惠彬、侯仰瑶：《重新认识出版者的合理注意义务——基于 428 个著作权侵权案例的实证分析》，载《科技与出版》2021 年第 9 期，第 73 页。

享有，法人或者其他组织有权在其业务范围内优先使用。作品完成两年内，未经单位同意，作者不得许可第三人以与单位使用的相同方式使用该作品。特殊职务作品，作者享有署名权，著作权的其他权利由法人或者其他组织享有，法人或者非法人组织可以给予作者奖励。特殊职务作品包括三种情形。第一，主要是利用法人或者非法人组织的物质技术条件创作，并由法人或者非法人组织承担责任的工程设计图、产品设计图、地图、示意图、计算机软件等职务作品；第二，报社、期刊社、通讯社、广播电台、电视台的工作人员创作的职务作品；第三，法律、行政法规规定或者合同约定著作权由法人或者非法人组织享有的职务作品。

《著作权法》第11条规定了法人作品的含义及归属规则：由法人或者非法人组织主持，代表法人或者非法人组织意志创作，并由法人或者非法人组织承担责任的作品，法人或者非法人组织视为作者。此时，由于法人视为作者，所以参与创作的自然人没有任何权利。不同于职务作品，法人作品中，作品创作的创意通常来源于法人。职务作品和法人作品之间有很多相似之处，但是有关著作权的归属和行使问题由完全不同的规则调整。在实践中，法人作品与特殊职务作品会出现难以区分的情况，需要结合案件中的事实准确认定。

《著作权法》第14条规定了合作作品的含义及归属规则：合作作品是两人以上合作创作的作品，合作作品可以分割使用的，作者对各自创作的部分可以单独享有著作权。客观上，要求合作作者实际参与了作品创作，为作品贡献了具有独创性的智力劳动成果。主观上，合作作者要有合作的意图，合作各方都有意将各自的创作结合成一个作品。

《著作权法》第19条确定了委托作品著作权归属的判定：委托创作的作品，著作权的归属由委托人和受托人通过合同约定。合同未作明确约定或者没有订立合同的，著作权属于受托人。《最高人民法院关于审理著作权民事纠纷案件适用法律若干问题的解释》对委托作品著作权归属作了细化补充：按照著作权法规定委托作品著作权属于受托人的情形，委托人在约定的使用范围内享有使用作品的权利；双方没有约定使用作品范围的，委托人可以在委托创作的特定目的范围内免费使用该作品。

本节选取了相关的6个案例，介绍了职务作品与法人作品的认定、合作作品与委托作品的竞合等问题。实务中涉及上述作品的侵权纠纷时，首先要认定著作权的归属及权利人行使著作权的范围,再对是否侵权等问题进行判定。

一、教师编写教材的权利归属

【基本案情】

郑某某的工作单位为杭州市教育委员会教研室,担任中学高级教师,负责本学科的学科竞赛、资料编写等工作。浙江科学技术出版社先后出版由郑某某主编的《小学信息技术》及《中学信息技术》,两本书的封面分别署名《小学信息技术》编写组编、《中学信息技术》编写组编。

郑某某认为,其利用业余时间自己组织管理并承担费用,组织他人编写了《小学信息技术》《中学信息技术》,其应为著作权人,该作品不属于法人作品,故于2011年提起诉讼,请求法院确认涉案作品的著作权归属。

【争议焦点】

涉案《小学信息技术》和《中学信息技术》的著作权归属问题。

【裁判推理】

《著作权法》第11条规定:"由法人或者其他组织主持,代表法人或者其他组织意志创作,并由法人或者其他组织承担责任的作品,法人或者其他组织视为作者。"只有在法人或其他组织自己组织编写的情形之下,才可能构成法人作品。本案中,研究室既没有举出充分有效的证据证实其组织人员编写涉案作品《小学信息技术》和《中学信息技术》,也没举出证据证实其为创作涉案作品提供物质技术支持。因此,不能认定涉案作品为法人作品。

根据著作权法有关著作权属于作者,创作作品的公民是作者,在作品上署名的公民为作者,及有关两人以上合作创作的作品著作权由合作作者共同享有之规定,涉案《小学信息技术》和《中学信息技术》为个人合作作品,著作权由包括郑某某在内的编审委员会的成员共同享有。

【裁判要旨】

法人作品是由法人或者非法人组织主持,代表法人或者非法人组织意志创作,并由法人或者非法人组织承担责任的作品,在个案中,上述三点需要有证据证明。

【案号】
(2009) 浙知终字第 105 号

二、出版社工作人员创作作品的性质

【基本案情】

陈某某于 1997 年 11 月 1 日至 2007 年 12 月 25 日在金盾出版社担任编辑。金盾出版社分别于 2000 年 1 月、2000 年 12 月以及 2002—2008 年组织汇编并出版发行《跨世纪实用万年历》《袖珍实用万年历》以及 8 本《工作效率手册》。以上图书由金盾出版社策划选题，安排第一编辑室代表单位组织汇编，陈某某作为责任编辑参与以上图书的搜集整理工作。除 2003—2008 年的《工作效率手册》上署名为陈某某，其他涉案图书署名为靳一石编。陈某某以金盾出版社出版涉案图书未向其支付稿酬，侵犯其著作权为由，起诉至法院。

【争议焦点】

涉案九本书是否属于陈某某的个人作品。

【裁判推理】

著作权法规定，如无相反证明，在作品上署名的自然人、法人或者其他组织为作者。本案中，《跨世纪万年历》《袖珍实用万年历》和《2002 工作效率手册》上均署名靳一石编著或者靳一石编，陈某某虽然主张靳一石是其笔名，但并没有提供证据证明。相反，金盾出版社称各编辑室按其序号分别署名靳一石、靳五石等，并提交了佐证，并且，《2002 工作效率手册》上署名编著者为靳一石，责任编辑陈某某。从双方提交的证据看，金盾出版社提交的证据的证明力优于陈某某，现有证据不足以证明靳一石为陈某某的笔名，因此《跨世纪万年历》《袖珍实用万年历》和《2002 工作效率手册》不属于陈某某的个人作品。

另外，关于 2003—2008 年的《工作效率手册》上署名为陈某某的问题，首先，在涉案的九部作品创作期间，陈某某系金盾出版社的编辑；其次，与《2002 工作效率手册》相比，2003—2008 年的《工作效率手册》的编辑体例除具体所涉年度的历书外基本相同，效率手册的编辑出版已经成为金盾出版社每年的一项相对固定的出版选题，应当属于相关责任编辑完成其相对固定的工作任务。而且，陈某某也只是在《2002工作效率手册》的内容基础上作了简单改动，这种改动不属于我国著作权法意义上的独创性劳动，因此，仅以陈某某的署名认定2003—2008年的《工作效率手册》为陈某某的个人作品缺乏事实依据。综上，《2003工作效率手册》到《2008工作效率手册》属于陈某某为完成金盾出版社的工作任务而创作的作品。

【裁判要旨】

一般情况下，如无相反证明，在作品上署名的自然人、法人或者其他组织为作者。但是，在特殊情况下，即使在作品上署名，还应当考虑其是否对该作品付出独创性劳动、该作品是否为职务作品等因素。

【案号】

(2009) 民监字第361号

三、企业高管主持创作作品的归属

【基本案情】

晏某某和潘某原系夫妻，两人于2010年3月12日成立基石公司，两人分别持有公司40%和60%的股权，晏某某担任执行董事、总经理职务且是公司的法定代表人。该公司设立的目的就是汇编字帖《好字行天下》，并将该字帖作为出版、经营的唯一商品从事营利活动。后来，晏某某和潘某因该作品著作权权属产生争议，诉至法院。

【争议焦点】

涉案作品是否属于法人作品。

【裁判推理】

《好字行天下》字帖是一套多达70余本的系列丛书，是基石公司向案外人张某某购买字库使用权后，由晏某某和基石公司的工作人员分别根据人教版、北师版、苏教版、语文出版社以及鄂教版的教材的生字顺序编排并选配相应的字格、插图及短文等形成的汇编作品。在编辑过程中，编辑人员要听从晏某某的安排和指导，编辑的内容最后要经过晏某某的审定。

涉案作品的署名方式是"主编：晏某某，书写：张某某，策划：基石文化"，早期版本上还载有"《书法报硬笔书法》编辑部组编"，可见涉案作品的署名方式并不明确,特别是早期版本上"《书法报硬笔书法》编辑部组编"的署名仅仅是为了商业宣传并不反映实际创作情况。因此,涉案作品的署名方式有一定的随意性,对该作品的著作权归属应结合客观的创作证据进行判断。

晏某某是基石公司的股东和法定代表人,晏某某主导并组织基石公司的工作人员汇编《好字行天下》字帖丛书的行为究竟是作为基石公司的管理者代表法人意志行使职责的行为,还是基于作者自由意志的创作行为,应当通过当时晏某某的行为内容确定其内心意思。

从基石公司购买案外人张某某字库的许可使用权并支付报酬的行为看,晏某某知道使用他人作品要与作者签订作品使用许可合同并支付报酬,但晏某某编辑《好字行天下》作品并未单独领取过稿酬,而是与其他股东潘某一样领取工资和股东分红,晏某某没有将自己作为汇编作品的作者与基石公司签订作品许可使用合同或领取稿酬,说明晏某某在进行上述行为时的内心意思是将其行为定性为代表基石公司主持汇编《好字行天下》作品的职务行为,体现了基石公司意志,而不是个人从事创作的行为。

基石公司与案外人张某某签订作品许可使用合同获得汇编其字库的权利,是基石公司承担作品责任的体现。否则,将晏某某个人视为《好字行天下》丛书的作者,其未获授权汇编他人作品将构成侵犯他人权利行为。故《好字行天下》系法人作品,其著作权归基石公司享有。

【裁判要旨】

对于法人的管理者的创作行为,是代表法人意志行使职责的行为还是基于作者自由意志的创作行为,应当通过当时该管理者的行为内容确定其内心意思。

【案号】

(2016)鄂 0192 民初 461 号

四、法人作品与特殊职务作品的区分

【基本案情】

1986—2000 年,陈某某系原工艺美校校长,吴某某系该校教师。1986 年,人民大会堂福建厅装修,该校承接福建厅大型漆画的设计、制作。工艺美校组织学校包括吴某某在内的多名师生参与创作漆壁画作品《武夷之春》作为福建厅的主画。吴某某去世后，其继承人李某某就陈某某展出画展的行为，提起侵犯著作权诉讼。

【争议焦点】

《武夷之春》是法人作品还是特殊职务作品。

【裁判推理】

讼争作品系美术作品，本质上属于高度个性化的创作行为，创作者在有关部门提出的创作主题和原则性要求下，仍可自由发挥主观能动性和个人创造力，在作品上充分注入个人的思想和情感。讼争作品系工艺美校承接人民大会堂福建厅翻新工程任务而创作，其中的法人意志因素亦主要来自上级有关部门和领导原则性、概括性的要求。讼争作品在构图布局、设计元素、材料选择上都彰显了创作者的匠心独运和绘画技巧，较大程度地体现了创作者个人思想、情感和艺术造诣。因此，讼争作品更多地体现了创作人的思想意志。综合本案情况，讼争作品为职务作品，而非法人作品。

涉案漆画作品规格尺寸巨大，实非个人能够独立完成。工艺美校为确保作品顺利完成，协调安排吴某某等人前往武夷山采风，抽调部分师生参与作品创作，上级有关部门亦专门下拨创作经费。讼争作品的创作主要是利用了工艺美校和有关部门的物质技术条件，故为特殊的职务作品。因此，吴某某作为合作者之一，享有讼争作品的署名权，工艺美校享有除署名权之外的著作权。

【裁判要旨】

美术作品属于高度个性化的创作行为，在构图布局、设计元素、材料选择上都彰显了创作者的匠心独运和绘画技巧，较大程度地体现了创作者个人思想、情感和艺术造诣。一般情况下是自然人作品，而不是法人作品。

【案号】

（2019）闽民申 1368 号

五、地方志的著作权归属

【基本案情】

为庆祝中国共产党 90 华诞、同时为纪念辛亥革命 100 周年，城关区人民政府组织编写史志《大河印——图文魅力城关》。兰州大学出版社于2011年7月印刷出版该书,著作权人署名为"中共兰州市城关区委组织部、中共兰州市城关区委党史办、兰州市城关区地方志办公室",另有编委会成员名单署名。除编委会主任、副主任、编委、编审、编务人员等署名外,主编署名为马某,编辑统筹署名张某。张某认为其应为该书著作权人,故将兰州市城关区人民政府诉至法院。

【争议焦点】

涉案《大河印——图文魅力城关》的著作权归属问题。

【裁判推理】

《大河印》一书从政治、经济、文化等方面记录了兰州市城关区的历史、发展和现状。作品内容来源于历史资料、地方志书、报刊文章以及作者的再创作,作品从形式上属于对已有作品、历史资料和现有资料的编辑、整理,该诉争作品属于汇编作品。

该书编辑之初,城关区党史办负责人与张某就该书的创作意图进行了协商沟通。创作过程中,城关区委党史办为张某提供了办公设施和部分资料,并派摄影人员高某参与图片拍摄工作。本图志以纸上纪录片的形式全景式、多视角、形象化纪录兰州市城关区的发展历程和地域文化。全书收录各种图片或照片近一千幅,配有文字20余万字。

根据国务院《地方志工作条例》的规定:以县级以上行政区域名称冠名的地方志书、地方综合年鉴为职务作品,其著作权由组织编纂的负责地方志工作的机构享有,参与人员享有署名权。《大河印》一书系地方党委和政府部门为庆祝中国共产党建党90周年、纪念辛亥革命100周年而编辑出版的史志,故该书属于法人作品,相关单位享有整体著作权。城关区委党史办在书中署了张某名字,故城关区委党史办出版该书的行为不构成侵权。

【裁判要旨】

地方志书、地方综合年鉴为职务作品,著作权由组织编纂的机构享有,参与人员享有署名权。

【案号】

(2012)甘民三终字第87号

六、合作作品与委托作品的交叉

【基本案情】

杨某某受邀为郭敬明的《幻城》绘制了22幅以人物造型为主的墨线稿。郭敬明收到画稿后，和吴某共同进行了添加、修改、组合等后期创作。2003年1月，春风文艺出版社根据郭敬明的授权，出版发行《幻城》。

原告杨某某认为，被告春风文艺出版社未经其授权使用其墨线稿的行为构成侵权，故提起诉讼。

【争议焦点】

（1）插图作品为合作作品还是委托作品。

（2）郭敬明对春风文艺出版社的授权是否合法。

【裁判推理】

该插图作品既是合作作品也是委托作品。一方面，系争的13幅插图是原告、郭敬明和吴某不同创作行为的最终统一结果，体现共同创作，系合作作品；另一方面，尽管郭敬明未与原告杨某某签订任何合同，但从这些插图的创作过程分析，能够看出原告的创作行为是接受郭敬明的委托而完成的：首先，原告进行系争插图的创作并非起意于自己的创作意图，而是经郭敬明邀请；其次，郭敬明在画风等方面对原告创作的墨线稿是提出要求的，原告并非完全按照自己的意志进行创作活动；再次，郭敬明在邀请原告创作时与其明确了作品报酬，在小说出版后亦向其支付了一定的报酬；最后，原告创作的墨线稿只有被郭敬明所接受，才能形成最终符合要求的插图。因此，原告系接受郭敬明的委托参与了系争插图的创作，该作品亦为委托作品。

根据《最高人民法院关于审理著作权民事纠纷案件适用法律若干问题的解释》的规定，委托人在约定的范围内享有使用作品的权利，该范围未作约定的，委托人可以在委托创作的特定目的范围内免费使用该作品。虽然郭敬明与原告之间未就委托创作事宜订立合同，但原告明知其参与创作的美术作品的用途是作为郭敬明的小说《幻城》的插图，郭敬明有权将合作完成的插图用于其出版的图书《幻城》之中。因此，郭敬明对春风文艺出版社的授权合法。春风文艺出版社使用涉案插图的行为不构成侵权。

【裁判要旨】

可以通过分析创作过程中的创作意图、创作意志、报酬支付、作品达标要求等因素判断是否存在委托创作的事实。委托人在约定的范围内享有使用作品的权利，该范围未作约定的，委托人可以在委托创作的特定目的范围内免费使用该作品。

【案号】

（2004）沪一中民五（知）初第字134号

七、法理分析

著作权纠纷的争议焦点往往在于涉案作品著作权的归属。出版者的权属审查义务，包括对出版行为合法授权的确认、出版作品的合法来源及署名确认等方面。[①]

出版社往往通过签订合同的方式获得专有出版权授权，此时不仅需要审查授权人的意思表示是否真实，更要对授权人是否是真正的著作权人进行审核。交付出版的图书是否属于合作作品、职务作品、法人作品或委托作品等，直接关系到著作权由谁享有，所以要谨慎辨别作品是否符合上述作品的构成要件，再由此进一步判断著作权的归属。

我国对于合作作品的作者认定采取"二要素说"，合作作者首先需要有共同创作的合意，即合作作者在完成作品之前相互有共同完成作品的意思联络；其次，合作作者依合意对作品的完成作出直接的、实质性的贡献。司法实务中认定作品属于合作作品并不排斥其也属于委托作品，此时如果作品兼具合作作品和委托作品的属性，且合作作者同时也具备委托人的身份的情况，可以在约定的范围内享有使用作品的权利。即使双方未签订委托创作合同，通过分析创作过程中的创作意图、创作意志、报酬支付、作品达标要求等因素，也可以判断是否存在委托创作的事实。委托人在约定的范围内享有使用作品的权利，该范围未作约定的，委托人可以在委托创作的特定目的范围内免费使用该作品。

此外，实践中，职务作品常会与法人作品产生混淆。法人作品需要具有三

[①] 施小雪：《论出版者的合理注意义务》，载《中国出版》2018年第11期，第48页。

要素，即由法人主持、代表法人意志创作、由法人承担责任。职务作品是自然人为完成法人或者其他组织工作任务所创作的作品，著作权一般由作者享有，但法人或者其他组织有权在其业务范围内优先使用。由此可见，两者的区别主要在于：首先，作品的创意来源不同，法人作品的灵感和创意主要来源于法人，职务作品的灵感主要来自作者个人，是作者个人的情感与意志的表达；其次，两者反映的意志不同，法人作品主要反映法人的意志，职务作品是作者个人意志的体现；再次，两种作品完成人员的身份不同，法人作品的完成者之间可以不具有隶属性的劳动法律关系，职务作品的完成者与法人或其他组织具有劳动法律关系；最后，责任承担不同，法人作品的著作权由法人享有，责任由法人承担，职务作品的著作权在没有特殊约定的情况下属于作者，责任应当由作者承担。区分职务作品与法人作品对于著作权归属一类的纠纷至关重要。

　　综上，合作作品出版中应审查授权人是否已征得其他合作作者的同意；涉及职务作品的则要区分情形，对于一般职务作品，著作权由作者享有，但法人或者其他组织有权在其业务范围内优先使用，作品完成两年内，未经单位同意，作者不得许可第三人以与单位使用的相同方式使用该作品，所以，出版机构需审查作者的授权是否仍受到单位约束；对于特殊职务作品，作者享有署名权，著作权的其他权利由法人或者其他组织享有，法人或者其他组织可以给予作者奖励，作者实际上不具备授权资格，但出版图书时应给予作者署名。

第四章　出版单位的权利保护

对于出版单位而言，其权利保护包含多个方面。首先，对于出版者来说，最重要的权利是其从著作权人处经出版合同获得的出版权，通常来说，出版者会与著作权人签署专有出版权协议。专有出版权是出版者基于其与著作权人之间的出版合同而在一定时间和地域范围内享有的将作品以图书形式进行出版的专有权利。图书出版者对著作权人交付出版的作品，按照合同约定享有的专有出版权受法律保护，他人不得出版该作品。在数字出版方面，出版社还可以与著作权人约定专有的信息网络传播权。

出版单位的第二项重要的权利是其根据《著作权法》第37条第1款规定所享有的版式设计权。出版者有权许可或者禁止他人使用其出版的图书、期刊的版式设计。版式设计体现为对印刷品的版面格式的设计，包括对版心、排式、用字、行距、标点等版面布局因素的安排。出版者对其出版的图书享有版式设计的专有使用权。图书和期刊的出版者对其出版的图书、期刊独立进行智力创作的版式设计应受保护，禁止其他人未经许可擅自原样复制、简单改动复制或变化比例尺复制。

除上述两项权利之外，出版社图书的封面设计、装帧设计在具有独创性时可以构成美术作品。当出版单位制作的图书进入市场之后，其装帧装潢产生了一定的市场影响，能够对相关消费者产生识别来源的作用，那么，就会产生反不正当竞争法所保护的法益。在图书出版市场，当出现著作权人重复授权、盗版图书、仿冒图书、盗用版式设计等情形时，出版单位要运用法律维护自身的权利。

第一节　出版单位的专有出版权

专有出版权的法律依据是《著作权法》第 33 条和《著作权法实施条例》第 28 条。图书出版者对著作权人交付出版的作品享有的专有出版权是由合同约定而产生。在合同已经明确了出版者获得的是专有出版权而非一般出版权的情况下，图书出版者享有在合同有效期限内和在合同约定的地域范围内以同种文字的原版、修订版出版图书的专有权利。专有出版权不属于著作邻接权。在出版行业，由于著作权人将同一作品在多家出版社出版引发的专有出版权纠纷很多。"一女二嫁"要么是内容原封不动的重复授权，要么是采取改变作品题目、微调框架结构、修订作品内容等方式将与一部作品实质性相同的另一版本进行重复授权。在先取得专有出版权的出版机构有权以自己的名义提起诉讼并获得救济。

相比于著作权法中规定的若干项著作财产权，专有出版权的特殊性在于"专有"二字，保护专有出版权的背后逻辑是保护出版者的投资收益。出版者是作品重要的传播者，但出版活动需要人力、物力和财力方面的投入。为了对出版者的出版行为进行激励，使其能够更有效地实现作品传播，就必须对图书出版者的这一独特的传播贡献赋予相应的合法权利。[①] 所以，1990 年制定著作权法时，就规定了图书出版者对著作权人交付出版的作品享有法定的专有出版权。随后出台的著作权法实施条例又将作者自费出书的这种情况考虑进来，由著作权人承担出版经费的，不适用著作权法对法定专有出版权的规定。2001 年修订著作权法时，依然保留了专有出版权制度，不过，将其从法定权利改为约定权利，从而提升了作者在出版关系中的话语权，体现出立法对作者权利的尊重，同时，这也增加了法律适用的灵活性。

出版者之所以要通过合同取得专有出版权，是为了独占某部作品的出版市

[①] 麦买提·乌斯曼：《专有出版权的司法适用规则构建》，载《编辑之友》2021 年第 4 期，第 93 – 99 页。

场从而确保其经济利益、降低市场风险。① 专有出版权的权利价值主要通过对出版市场的占有来体现。② 而且，由于图书出版周期和上市时间较之于其他出版物来说更长，图书领域的盗版空间更大，出版者享有专有出版权，亦更有利于出版者以自己身份进行维权。相应的，获得专有出版权的对价一般要高于非专有出版权。因此，法律有必要保障获得专有出版权的出版者的竞争优势与独占性市场利益，从而实现鼓励出版者对作品进行传播的制度效果。

在著作权法律制度层面，促进文化繁荣和文化产业发展是法律追求的目标。我国著作权法通过专门设计专有出版权条款鼓励出版者与著作权人之间达成专有出版关系，促使各出版者愿意投资开发和推广版权精品，从质上增强出版单位的实力。尤其对于非自费出版的情况，出版者享有专有出版权将更能激励其与作者、图书策划公司等主体开展合作，构建信任。

虽然理论界对于著作权法专门规定专有出版权是否有必要存有争议，但是，在司法机关处理专有出版权纠纷时，仍需要按照现行著作权法的规定进行司法裁判，并结合该制度的功能进行司法上的价值选择。

本节围绕出版单位提起侵犯著作权之诉的主体资格认定、汇编作品专有出版权的权利范围、专有出版权的起算时间、专有出版权的买断、专有出版权的重复授权、盗版图书对专有出版权的侵犯等几个问题选取 7 个具有典型性的案例进行分析。

一、专有出版权侵权的判定

【基本案情】

高等教育出版社于 2015 年取得"基金从业资格考试"统编教材的专有出版权，并于 2015 年 6 月发行了《证券投资基金（上、下册）》等教材。之后，光明日报出版社相继出版了 2015 年版《证券投资基金（上、下册）》、2016 年

---

① 吕凌锐：《专有出版权性质和范围辨析》，载《中国出版》2019 年第 13 期，第 21 - 24 页。

② 谢甄珂：《汇编作品专有出版权问题研究——〈毛泽东自传〉专有出版权侵权案评析》，载《科技与法律》2011 年第 2 期，第 44 - 48 页。

版《证券投资基金（上、下册）》等教材。原告高等教育出版社认为，被告光明日报出版社出版的图书抄袭了其教材，侵犯了其对涉案图书的专有出版权。

【争议焦点】

被告是否侵犯原告的专有出版权。

【裁判推理】

著作权法中专有出版权所保护的应为出版者所出版、发行图书的整体或实质性部分。本案中判断被告教材是否侵犯原告所享有的专有出版权，核心问题在于判断被告教材与原告教材内容相同的部分，是否构成原告教材的实质性部分。

就事实认定而言，被告教材的核心内容分别为知识点精读、知识解读。对于这两部分内容，被告教材在其核心的知识点精读、知识解读两大部分中没有任何新编写或创作的部分，从文字上看完全是在原告教材的基础上删减部分内容而成。被告的两版教材实际使用原告教材字数分别已占到原告教材全部内容比例的55.4%、49.6%。而这些相同部分为该章节内核心部分内容，二者不同部分内容仅为具体详尽阐释或相关背景资料的介绍。

因此，从该相同部分的性质及其占原告教材的比例来看，被告教材包含的与原告教材相同的内容，已经构成原告教材的实质部分，在此基础上，被告教材将对原告教材起到实质替代作用。并且尽管上述相同部分内容当中包含相关法律法规、领域内的通用概念、表述等相关内容，但原告教材的编写者已经将这些内容分散整合到自己所编写的教材的整体当中，且相关法律法规亦非简单地采取按顺序罗列条文的呈现形式，而是与其他部分内容整合在一起，原告教材作为一个完整的作品包含了教材编写者的独创性劳动，故在确定原告所享有专有出版权的范围以及被告教材是否实际使用了原告教材的实质性部分之时，该部分内容不应予以扣除。因此，法院判定被告教材包含了原告教材的实质部分内容，系侵犯原告教材专有出版权的出版物。

被告系图书的直接出版、发行者，对其出版发行的出版物依法有注意义务，应当承担侵犯原告专有出版权的赔偿责任。

【裁判要旨】

在判断涉案图书是否侵犯他人图书专有出版权时，应当比对涉案教材是否为被侵权教材的实质性部分。综合考虑相同部分的性质及在整本书中所占的比例，若被诉教材起到对原告教材的实质性替代作用，构成侵犯他人的图书专有出版权。

【案号】

（2016）京 0105 民初 41962 号

二、汇编作品专有出版权的权利范围

【基本案情】

2000 年 6 月 16 日，教育科学出版社得到《苏霍姆林斯基选集（五卷本）》（简称《五卷本》）的作者苏霍姆林斯基的法定继承人奥莉加的授权，在合同约定的时间内取得了《五卷本》在中国境内以中文版图书形式翻译、复制、发行图书的专有使用权。2001 年 8 月，教育科学出版社出版发行图书《五卷本》，共 5 卷，其中第 2 卷由《年轻一代共产主义信念的形成》《怎样培养真正的人》《给教师的 100 条建议》三部分组成。

2014 年 2 月，长江文艺出版社取得了作者苏霍姆林斯基的法定继承人奥莉加的授权，获得了《给教师的建议》专有出版权。2014 年 11 月，长江文艺出版社出版发行图书《给教师的建议》。经比对，图书《给教师的建议》与图书《五卷本》第 2 卷中《给教师的 100 条建议》内容基本相同。原告教育科学出版社认为被告长江文艺出版社侵害了其专有出版权，故诉至法院。

【争议焦点】

原告享有专有出版权的客体是否可以及于汇编作品的非实质性部分。

【裁判推理】

本案中，原告得到《五卷本》的作者苏霍姆林斯基的法定继承人的授权，在合同约定的时间内取得了《五卷本》在中国出版发行的权利，即依法享有《五卷本》的专有出版权。专有出版权是指在特定领域即图书出版发行行业内著作权中的复制权和发行权这两个权项的总和。所谓取得专有出版权，就是依据上述复制权和发行权的许可使用合同取得了专有许可使用的权利。就本案而言，原告在前述授权的时间范围、空间范围和使用方式范围内取得了《五卷本》的复制权和发行权，他人不得侵害；否则，原告有权以自己的名义提起诉讼并获得救济。

《著作权法实施条例》规定:"图书出版合同中约定图书出版者享有专有出版权但没有明确其具体内容的,视为图书出版者享有在合同有效期限内和在合同约定的地域范围内以同种文字的原版、修订版出版图书的专有权利。"从文义理解可知,上述规定中的"具体内容"并不包括"合同有效期限"及"合同约定的地域范围",而是指合同指向的客体范围及具体使用方式等内容。

在本案中,原告享有专有出版权的《五卷本》是对于其中各个作品的汇编形成的作品。由于图书《给教师的建议》仅为教育科学出版社享有专有出版权的《五卷本》中的一卷中的一部分,即《给教师的100条建议》,故本案的争议焦点问题就在于原告享有专有出版权的客体是否可以及于该部分。专有出版权指向的客体应为图书的整体或实质性部分,而不能延及图书中各个非实质性的组成部分。理由是:汇编作品的著作权不等于其中被汇编作品的著作权的总和,汇编作品的市场影响和价值亦不等于其中被汇编作品的市场影响和价值的总和。

根据著作权法的规定,许可使用合同和转让合同中著作权人未明确许可、转让的权利,未经著作权人同意,另一方当事人不得行使。因此,在著作权人既享有汇编作品著作权又享有其中被汇编的各个作品的著作权的情况下,著作权人许可他人使用汇编作品并不当然意味着著作权人许可他人使用被汇编的各个作品。如果汇编作品的被许可人还希望取得被汇编的各个作品的使用权,应当另行单独取得著作权人的明确授权。

在著作权人只许可原告使用汇编作品的情况下,原告有权使用该汇编作品,他人未经许可不得使用该汇编作品或者使用该汇编作品的实质性部分。

本案中,被告未使用该汇编作品的实质性部分,故不构成对原告专有出版权的侵犯。

【裁判要旨】

在著作权人既享有汇编作品著作权又享有其中被汇编的各个作品的著作权的情况下,著作权人许可他人使用汇编作品并不当然意味着著作权人许可他人使用被汇编的各个作品。如果汇编作品的被许可人还希望取得被汇编的各个作品的使用权,应当另行单独取得著作权人的明确授权。

【案号】

(2017)京73民终1080号

三、专有出版权侵权的比对

【基本案情】

美国记者埃德加·斯诺于20世纪三四十年代著有《毛泽东自传》一书。最早的中译文文本为汪衡先生（1914—1993）翻译，丁某某根据汪衡继承人汪某某出具的授权委托书和授权书，全权代理汪衡翻译的《毛泽东自传》的所有版权。

2009年初，中国青年出版社与丁某某签署合同，获得上述译著的专有使用权，出版了《毛泽东自传》一书。随后不久，国际文化公司也出版了同名图书，且署名的著者、译者相同、内容相近且定价相同。

原告中国青年出版社认为被告国际文化公司的行为侵害其专有出版权，故提起诉讼。

【争议焦点】

被告是否侵犯原告享有的专有出版权。

【裁判推理】

著作权法规定，图书出版者对著作权人交付出版的作品，按照合同约定享有的专有出版权受法律保护。原告通过与丁某某签订合同从丁某某处获得的《毛泽东自传》一书的专有出版权应当受到法律保护，他人不得在合同有效期限内和在合同约定的地域范围内以同种文字的原版、修订版出版图书。

本案中，判断被告出版的《毛泽东自传》一书是否侵犯原告享有的专有出版权，首先应当确定中国青年出版社版《毛泽东自传》一书专有出版权的权利范围。

鉴于中国青年出版社版《毛泽东自传》全书由简体中文版及注释、1937年ASIA原刊影印件、1937年黎明书局初版影印件、1937年《文摘》原刊影印件4部分组成，故该书属于汇编作品，作为汇编作品，其独创性体现在对内容的选择和编排上，因此原告在本案中主张的专有出版权的权利范围也体现在中国青年出版社版《毛泽东自传》一书中各个组成部分的选择和编排。如果被告出版的《毛泽东自传》一书在内容的选择和编排上与中国青年出版社版《毛泽东自传》一书相同或实质性相似，那么就落入了原告对《毛泽东自传》

一书享有的专有出版权的权利范围，构成侵权。

根据查明的事实，国际文化公司版《毛泽东自传》一书的内容完整涵盖了中国青年出版社版《毛泽东自传》的4个组成部分，且简体中文版均采用了注释和图文并茂的方式，选取了同一本1937年黎明书局初版《毛泽东自传》的影印件。此等相同之处已足以使国际文化公司版《毛泽东自传》能够替代中国青年出版社版《毛泽东自传》一书。

二者的差异仅仅在于：图片选取不同、国际文化公司版《毛泽东自传》增加了编后记部分、简体中文版的注释文字表达不同。由于涉案两本图书并非画册类书籍，读者关注的是其中的文字部分，图片的差异不足以使读者选择同时购买涉案的两本《毛泽东自传》；增加编后记和注释表达的不同，也不足以影响读者对于《毛泽东自传》一书的阅读感受，不会因此而选择同时购买涉案两本《毛泽东自传》。综上，国际文化公司版《毛泽东自传》在图书内容的选择方面并未体现出与中国青年出版社版《毛泽东自传》一书实质性的差异，在图书内容的选择和编排上与中国青年出版社版《毛泽东自传》一书构成实质性相似，是侵犯原告专有出版权的图书。

综合被告侵权程度及原告加印的实际数量，法院酌情确定原告出版、发行《毛泽东自传》的利润率为10%。按照定价32元计算，2万册的码洋为64万元，利润按照10%计算，被告侵权行为给原告造成的损失则为6.4万元。法院以此作为被告应当承担的赔偿数额。

就中国青年出版社主张的合理费用，因其没有提交证明复印费、交通费的证据，故法院对此部分不予支持。就购买侵权图书的费用96元，该费用对应的是3本侵权图书，而本案诉讼只需要1本侵权图书即可，故法院只对其中购买1本侵权图书的费用32元予以支持。中国青年出版社未证明其遭受了其他商誉损失，故对中国青年出版社要求国际文化公司赔礼道歉的主张，法院不予支持。

【裁判要旨】

汇编作品的独创性体现在对内容的选择和编排上。若汇编作品未经授权，与另一汇编作品在内容的选择与编排上构成实质性相似，并且具有可替代性，则涉及侵犯他人著作权。

【案号】

(2010) 二中民终字第 19370 号

四、专有出版权的起算时间

【基本案情】

2004 年,中华书局与陈梦家先生作品的著作权继承人签署图书出版合同,被授予陈梦家全部作品中文文本的专有出版权,约定期限为 20 年(自出书之日起)。

2013 年,金城出版社与陈梦家作品著作权的继承人签订出版包括《白金汉藏中国铜器》等作品的专有出版合同,并于 2015 年出版了《白金汉所藏中国铜器图录:汉英对照》(涉案作品),其原版英文书作者为查尔斯和陈梦家。

原告中华书局认为被告金城出版社的行为侵犯了其专有出版权,故诉至法院。

【争议焦点】

(1) 中华书局是否享有专有出版权。

(2) 中华书局享有专有出版权的期限。

(3) 金城出版社的行为是否侵权。

【裁判推理】

金城出版社认为图书出版合同约定"期限为 20 年(自出书之日起)"是对中华书局享有专有出版权的起算时间之特别限定,故其不对未发行的作品实际享有专有出版权。专有出版权基于合同取得,图书出版者与著作权人可以通过合同对专有出版权的授权作品、地域范围、使用方式、期限长短及起始时间等作出特别约定。本案中,该约定能否理解为以出版图书作为享有专有出版权的附加条件,需要对合同进行解释。

从体系解释角度,一方面,"自出书之日起"的限定紧挨在"期限为 20 年"之后,从约定内容的关联度上看,将其理解为对期限所附条件更符合合同的结构安排;另一方面,该条前半段约定了中华书局"在合同有效期内"享有专有出版权,若理解为自出书之日起才享有专有出版权,内部将出现矛盾。

从目的解释角度，一方面，从合同整体看，能感受到双方希冀最大限度保护和促进陈梦家作品传播的共同愿望；另一方面，由于书籍的面世需要付出相当大的时间成本，为使获得"期限为20年"的专有出版权不因前期准备时间过长而丧失期限，特别约定为"自出书之日起"更有助于中华书局对获得的专有出版权的有效利用。可见，图书出版合同体现出了使中华书局获得更长时间的专有出版权、更好地促进陈梦家作品整理与出版之意思表示。

从出版行业背景角度，图书出版者在签订出版合同时在一定程度上处于相对的优势地位，其必然希望合同约定的内容最大限度地有利于己方，除非著作权人在出版合同中有意进行限制。本案中，若理解为自实际出书之日才享有专有出版权，则极大地限制了中华书局享有专有出版权的期间，并不切合出版行业实际。因此，确定中华书局自合同签订之日起即开始享有专有出版权。

作为著作财产权的延伸，图书出版者享有专有出版权需要以原作品著作权的存续为前提。如果原作品的著作权因法定保护期届满而消灭，则图书出版者的专有出版权也随着原作品进入公有领域而消灭。

合作作品是指两个以上作者共同创作完成的作品，分为可以分割与不可分割的合作作品，其中，可以分割使用的部分是相对于合作作品整体而言，在表达上独立存在并能单独利用的具有独创性的智力成果。著作权法规定以最后死亡作者的死亡时间起算著作权保护期截止时间的"合作作品"指向何种类型，立法未明确，但从立法宗旨及著作权保护与利用的实际情况来看，对于可以分割使用的合作作品，作者各自创作的部分相对独立，各作者并不能控制其他可以分割部分的使用，因而以作者各自的死亡时间单独起算并不会影响其他作者创作部分以及合作作品整体的使用及保护；并且如果作品中可分割使用的部分原本已超过著作权保护期应进入共有领域，但因其他部分的著作权仍处于保护期内而相应延长，则不符合著作权法立足于实现鼓励作品创作与社会传播之间平衡的立法宗旨。因此，著作权法规定以最后死亡作者的死亡时间起算著作权保护期截止时间的"合作作品"应当限缩解释为仅指不可以分割使用的合作作品。

本案中，涉案作品原文由陈梦家和查尔斯分别独立创作完成部分内容，属于可以分割使用的合作作品，陈梦家对其完成的概述和考释部分可单独享有并行使著作权，因此，该部分作品的著作权保护期应以陈梦家去世的时间1966

年9月3日作为起算点，截止到2016年12月31日。

中华书局经授权自2004年4月13日起至2016年12月31日止获得了将涉案作品原文中陈梦家享有著作权的部分翻译成中文并出版的专有出版权，虽然并未出版相关图书，但是，他人在授权期限内以相同方式出版该部分作品即构成侵权。故金城出版社翻译并出版涉案作品的行为，构成对中华书局享有的专有出版权的侵犯。

关于经济损失，中华书局主张的按照被诉侵权图书定价×印数×10%版税率的计算方法可以作为确定侵犯著作权损害赔偿数额的参照依据，但鉴于以下因素，法院对该数额作出适当调整：第一，虽然涉案作品原文中陈梦家享有著作权部分的独创性、知名度与潜在学术价值均较高，但该部分作品的著作权保护期在金城出版社出版时仅剩一年多时间；第二，金城出版社试图从陈梦家作品著作权的继承人处获得授权的行为虽然不能阻止侵权成立，但可以从侧面反映出其侵权主观过错较小；第三，金城出版社基于重复授权在出版被诉侵权图书过程中亦付出翻译等创造性劳动，使广大读者阅读到了陈梦家先生的遗作；第四，被诉侵权图书的发行数量并不大。最终，法院酌情确定金城出版社赔偿中华书局经济损失5万元。

【裁判要旨】

专有出版权基于合同取得，图书出版者与著作权人可以通过合同对专有出版权的授权作品、地域范围、使用方式、期限长短及起始时间等作出特别约定。该特别约定能否理解为以出版图书作为享有专有出版权的附加条件，需要对合同进行解释。

【案号】

（2019）京73民终2705号

五、专有出版权的重复授权

2005年6月25日，孙某某与作者王某签订图书代理出版协议书。协议约定王某将《镜·龙战》等系列作品的中文简体本图书在中国大陆出版发行的权利授予孙某某，作品出版物一经出版，被授权人在无违反本协议的情况下，作者不得将其作品中文简体本的著作权再授予其他个人或组织，合同有效期为

4年。

协议签订后，孙某某与世界知识出版社就《镜·龙战》签订图书出版合同。2006年1月，世界知识出版社出版了《镜·龙战》。

2007年4月，孙某某与作者王某就履行双方之间的图书代理协议发生纠纷。孙某某向北京市海淀区法院提起诉讼，要求王某继续履行双方之间的代理协议并赔偿经济损失。王某提起反诉，要求解除双方之间的代理协议，并要求孙某某支付拖欠稿酬。

在北京市海淀区人民法院审理过程中，王某于2007年6月29日向孙某某以特快专递的方式发出《解除〈图书代理出版协议〉通知书》。

2007年8月30日，王某与贝榕图书公司签订《镜·龙战》一书的委托出版合同。2007年11月2日，贝榕图书公司与天津人民出版社就《镜·龙战》签订图书出版合同，天津人民出版社获得合同有效期内中国地区独家出版、印制、发行的权利。2007年11月，天津人民出版社出版涉案图书《镜·龙战》。

2008年4月7日，北京市海淀区人民法院就上述诉讼判令解除孙某某与王某之间的图书代理出版协议书。

原告孙某某认为，在法院判决解除合同之前，天津人民出版社未经其同意擅自出版涉案图书的行为侵犯其专有出版权，遂诉至法院。

【争议焦点】

（1）《镜·龙战》一书的专有出版权归属。

（2）天津人民出版社是否尽到了合理审查注意义务。

【裁判推理】

王某与孙某某签订的图书代理协议书系双方真实意思表示，合法有效。依据该协议的约定，孙某某享有涉案图书的专有出版权。虽然孙某某不具备自行出版图书的主体资格，即孙某某不能自行行使该权利，但其可以授权具备出版图书资格的主体出版涉案图书。

根据双方约定，在孙某某无违约的情况下，王某不得将《镜·龙战》中文简体本的著作权再授予他人。根据北京市海淀区人民法院生效判决认定的事实，孙某某和王某在履行2005年6月25日的图书出版代理协议中均存在违约行为，但孙某某违约行为的存在并不当然导致王某可将授予孙某某的专有出版权另授他人。王某对其权利的收回，只有在与被授权方达成一致并经法院确认之后，另行授权行为方能合法有效。王某发出的解约通知缺乏法律效力。

根据北京市海淀区人民法院（2007）海民初字第 11788 号民事判决书，原告和作者王某在 2005 年 6 月 25 日签订的图书出版代理协议书于 2008 年 7 月 3 日起解除，在此之前，原告基于该代理协议享有的《镜·龙战》专有出版权受法律保护。

天津人民出版社出版涉案图书时，作者王某与孙某某之间存在诉讼，双方图书出版代理协议书并未解除，《镜·龙战》的专有出版权仍为孙某某享有。根据《出版市场管理规定》，任何出版单位不得出版侵犯他人专有出版权的出版物。同时，天津人民出版社作为专业出版单位，未对涉案图书的出版情况尽到合理审查义务，因此被告天津人民出版社出版涉案图书的行为侵犯了原告孙某某享有的专有出版权，应承担侵权责任。

【裁判要旨】

出版机构在签订出版合同时，如果著作权人与其他出版机构就同一本作品的专有出版权属存在诉讼争议，在二者间的出版授权关系尚未解除的情况下，出版机构应谨慎决定是否出版作品。

【案号】

（2008）二中民终字第 14472 号

六、一次性付酬情况下专有出版权的买断

【基本案情】

2005 年 3 月 8 日，广州天地公司与王某某签订了委托创作协议，就《中华食物养生大全》一书进行创作。并约定，广州天地公司一次性付酬，每千字 65 元。广州天地公司对上述作品享有专有出版权，王某某享有署名权和获得报酬权。

2005 年 12 月 19 日，广州天地公司以著作权人的名义与广东旅游出版社签订图书出版合同，合同标的物为《中华食物养生大全》一书。2005 年 3 月至 2006 年 5 月，广州天地公司陆续向王某某支付稿酬共计 30 050 元。此后，王某某再未就该书的出版发行等收到过任何其他稿酬。

2013 年 1 月，广州天地公司以著作权人的名义与广东科技出版社签订了

出版合同，合同标的物仍为《中华食物养生大全》一书。随后，广东科技出版社出版的《中华食物养生大全》（典藏本）上市销售。

王某某认为广东科技出版社未经许可，以营利为目的出版、发行王某某作品的行为，侵犯了王某某的合法权益，给其造成了重大经济损失和严重的精神损害，遂诉至法院。

【争议焦点】

王某某是否有权阻止广州天地公司将涉案作品交由广东科技出版社出版。

【裁判推理】

王某某与广州天地公司于 2005 年 3 月 8 日所签订的委托编写协议书第 5 条约定，广州天地公司对涉案作品享有专有出版权，可以以各种形式和版本独家出版并发行，王某某享有署名权和获得报酬权，同时有权使用本作品为自己申报学术成果及有关奖项。根据我国著作权法的规定，专有出版权是图书出版者对著作权人交付出版的作品按照合同约定享有的独占出版的权利。

本案中，广州天地公司基于委托创作协议约定的专有出版权，以及其没有出版资质、无法直接出版涉案作品等客观因素，将涉案作品交由其他具备出版资质的主体予以出版，并无明显违法之处。王某某在签订委托创作协议时对此亦应是明知的，而且委托创作协议签订后，广州天地公司将涉案作品交由广东旅游出版社出版，王某某亦从未表示过异议。由此足以认定，广州天地公司将涉案作品委托其他具有出版资质的主体出版发行，符合双方真实意思表示和协议约定，属于广州天地公司依据委托创作协议约定享有的专有出版权的内容。

据此，广东科技出版社依据其与广州天地公司签订的出版合同，在不损害王某某署名权和保护作品完整权等权利的情况下出版涉案作品，并不构成对王某某著作权的侵害。

【裁判要旨】

对于委托创作，如果合同中对著作权的归属有明确约定，获得专有出版并发行图书的一方，可以将作品委托其他主体出版，除非合同中对此有明确禁止条款的约定。

【案号】

（2015）苏审三知民申字第 7 号

七、盗版图书对专有出版权的侵犯

【基本案情】

新东方大愚公司经作者授权，享有在全球范围以图书形式出版《四级词汇词根＋联想记忆法：乱序版》的专有使用权。2017年12月，海豚出版社出版发行《四级词汇词根＋联想记忆法：乱序版》第1版。

后原告发现位于山东建筑大学建大超市内的大儒书店销售盗版《四级词汇词根＋联想记忆法：乱序版》。经与原告提供的正版图书比对，涉案图书的封面与正版书籍存在色差；涉案图书正文首页词源注释的黑色阴影部分斑驳不清，墨色不均匀，而正版图书的墨色比较均匀。原告新东方大愚公司认为被告大儒书店构成侵权，故提起诉讼。

【争议焦点】

被告是否侵害原告对于涉案作品的著作权。

【裁判推理】

原告依法享有图书《四级词汇词根＋联想记忆法：乱序版》中文版的专有发行权，其作为当事人提起本案诉讼符合法律规定，其享有的合法权益依法应予保护。未经允许，其他人不得出版涉案图书，亦不得销售盗版图书。

根据《著作权法》第10条第1款第6项的规定，以出售或者赠与方式向公众提供作品的原件或者复制件的行为属于发行行为。《著作权法》第59条规定，复制品的发行者不能说明其发行的复制品有合法来源的，应当承担法律责任。本案中被告销售的涉案图书经与正版图书比对，其封面存在色差，且印刷中字迹不清、墨色不均匀，可以认定该书为盗版图书。本案中，被告无法说明其销售涉案图书的合法来源。

被告未经原告许可，销售盗版的原告享有专有出版发行权的图书，侵犯了原告对涉案图书的发行权，依法应承担停止侵权，赔偿损失的民事责任。

【裁判要旨】

复制品的发行者不能说明其发行的复制品有合法来源的，应当承担法律责任。

【案号】

(2019) 鲁 01 民初 1730 号

八、法理分析

关于专有出版权,一种观点认为专有出版权是一种邻接权,是出版者作为作品传播者而享有的专有权。然而,虽然专有出版权与表演者权、广播组织权和录音录像制作者权这三种邻接权均有保护作品传播者利益的功能,但是,专有出版权并非基于出版活动而产生的法定权利,与出版者是否完成了出版活动无关,所以,其不属于邻接权的范畴。第二种观点从权利来源的角度,认为专有出版权是一种著作权,是著作权人与出版者之间通过合同授予出版者的作品复制权与发行权。著作权人将其作品著作权中的复制权与发行权独占地许可给出版者,因此,专有出版权是专有的复制权和发行权。[①]

事实上,专有出版权并不等同于复制权和发行权的简单结合。专有出版权依约定产生,而复制权和发行权是法定权利;专有出版权中的复制仅限于以图书的形式复制作品,而复制权与发行权的实现形式更加多样。出版者的这项权利仅仅是对整部作品以图书形式进行出版的权利,其权利范围并不像著作权人的复制权那样延及该作品的部分内容或者该作品的演绎作品。所以,专有出版权是一项依附于著作权而存在但又相对独立的权利,著作权人将作品复制权中的以图书形式复制的权利、将发行权中的以出售形式向公众提供包含作品的图书的权利合并起来,独占许可给出版者,从而产生了出版者的专有出版权。[②]

既然这项权利来自著作权人的独占许可,那么,势必要涉及许可期限和许可地域;鉴于这项权利通过复制发行图书来实现,所以,图书所使用的语种、出版的内容是作品原始版本还是修订版本应当在出版合同中写明。正因如此,《著作权法实施条例》第 28 条将时间、地域、语种、版本作为专有出版权的

[①] 王迁:《专有出版权是邻接权吗?——兼评著作权法第四章标题的修改》,载《中国版权》2021 年第 2 期,第 11-14 页。

[②] 本节引言和法理分析的部分内容,截取自笔者的《专有出版权能否按出版规格拆分授权?——以"文艺复兴三杰案"为例》一文,发表于《科技与出版》2022 年第 6 期。

具体内容的组成部分。

专有出版权具有相对的独立性,所以其权能并非是出版者从著作权人处独占许可的复制权与发行权的效力合并。我国《著作权法》第33条实际上赋予了专有出版者相当于物权的绝对权效力。① 从权利的支配效力来看,出版者可以行使的权利是以同种文字的原版、修订版出版图书的专有权利,除非合同对专有出版权的具体内容有不同约定。

从权利的排他效力来看,除出版者以外,任何人均不得在同一时间、同一地域范围内,以复制、发行图书的方式使用作品。② 这项排他效力并不仅限于排除其他人以同种文字的原版或修订版出版同一作品,还可以排除其他人出版内容上实质性相同的图书、排除其他人出版该图书的实质性部分。由此可见,专有出版权人可自行行使的权利与其享有的排除权并不是完全重合的,后者的范围比前者大。③

当涉及汇编作品时,容易出现的争议在于著作权人授权出版社关于汇编作品的专有出版权是否及于汇编作品中被汇编的单个作品。对于著作权人而言,其既享有汇编作品著作权,又享有其中被汇编的各个作品的著作权,探究著作权人许可时的意图和目的,著作权人许可他人使用汇编作品并不当然意味着著作权人许可他人使用被汇编的各个作品。如果被许可使用人欲取得被汇编的各个作品的使用权,应当取得著作权人的明确授权。

出版社出版翻译作品时应当取得专有出版权。专有出版权是出版者依据图书出版合同享有的在一定期限内独占出版他人作品的权利。针对实务中常见的授权出版社专有出版权的情况,图书出版合同中约定图书出版者享有专有出版权但没有明确其具体内容的,视为图书出版者享有在合同有效期限内和在合同约定的地域范围内以同种文字的原版、修订版出版图书的专有权利。但需要注意,如出版的作品系外文作品,除非直接以外文文字出版,否则必然涉及将外

---

① 刘宇琼:《专有出版权相关法律的几个基石问题》,载《出版发行研究》2014年第2期,第68-70页。
② 李芬莲:《专有出版权的属性界定及修法建议》,载《中国出版》2010年第18期,第40-42页。
③ 常青:《图书出版者的专有出版权解析》,载《科技与出版》2006年第2期,第56-58页。

文翻译为中文的问题。对出版者而言,这种情况下的授权必然要包括翻译权才有意义。此时专有出版权不仅意味着出版者有权翻译并出版,还有权制止他人未经许可的翻译并出版的行为。

我国《著作权法实施条例》第28条规定:"图书出版合同中约定图书出版者享有专有出版权但没有明确其具体内容的,视为图书出版者享有在合同有效期限内和在合同约定的地域范围内以同种文字的原版、修订版出版图书的专有权利。"司法实践中对"具体内容"的解释并不包括"合同有效期限"及"合同约定的地域范围",而是指合同指向的客体范围及具体使用方式等内容。而专有出版权指向的客体应为图书的整体或实质性部分,不能延及图书中各个非实质性的组成部分。这就意味着,在著作权人许可被许可使用人使用汇编作品的情况下,被许可使用人仅有权使用该汇编作品,而不得单独或者部分使用其中被汇编的作品。

未经专有出版权人的许可,擅自通过印刷等形式复制、以出售等方式发行盗版图书的应当承担法律责任。复制品的出版者不能证明其出版有合法授权的,复制品的发行者不能证明其发行的复制品有合法来源的,应当承担法律责任。关于盗版图书侵权问题,权利人可以向直接盗版者主张权利,而有时候难以查找盗版源头,著作权人和出版社便转而向销售盗版图书者或者为出售盗版图书的商铺提供交易平台者主张侵权责任。对于销售商而言,如果其能够举证证明其通过正规途径购进出版物后进行销售,可以依合法来源抗辩主张免除赔偿责任。如果图书的销售者以自己不知所售图书为盗版进行抗辩,一般而言,图书销售商需要证明其所售图书为正版,方式是提供其进货的合法来源,然后逐级追溯到专有出版人。

在判断盗版书销售商主观过错的问题上,法院应当从该行业普通从业者的经验、能力所应当具有的注意义务为标准确定销售商是否具有明知或者应知的过错,具体体现在以下三方面:其一,销售商的经验及认知能力,该认知能力应当以普通销售商的谨慎的注意为标准,同时考虑当事人的具体情况。其二,应当结合权利人的知名度、涉案商品的显著性。对于知名度较大的作家或知名度较大的书籍、显著性较强的书名及装潢等,销售商应当付诸较高的注意义务。其三,考虑商品的来源。一般情况下,图书销售商证明其商品是否为正版的方法是提供其进货的合法来源。如果销售商客观上不具有识别图书是否为正版的能力及可能时，不应当认定其具有应知的过错。例如针对二手图书销售者，无法要求其上手提供书籍来源并追溯至专有出版人，不宜认定其存在过错，不应承担赔偿责任。

第二节　书籍版式设计与装帧装潢的法律保护

《著作权法》第 37 条规定，出版者有权许可或者禁止他人使用其出版的图书、期刊的版式设计。版式设计体现为对印刷品的版面格式的设计，包括对版心、排式、用字、行距、标点等版面布局因素的安排，是出版者在编辑加工作品时完成的劳动成果。版式设计权的保护期为 10 年，截止于使用该版式设计的图书首次出版后第 10 年的 12 月 31 日。未经出版者许可，在版式设计权的有效期内使用其出版的图书的版式设计的，应当根据情况，承担停止侵害、赔偿损失等民事责任。

书籍的装帧设计是指图书的装潢设计，包括封面、开本、书脊、封里和扉页等印刷物外观的设计。1991 年《著作权法实施条例》第 38 条规定了出版者对其出版的图书、报纸、杂志的版式、装帧设计，享有专有使用权。当时将装帧设计纳入邻接权中给予保护。但是，后来著作权法实施条例修订时，删除了对装帧设计的专有使用权的规定。原因在于装帧设计中的主要部分如插图、封面设计等，若具有独创性，应当作为美术作品予以保护，而不应将其作为邻接权进行保护。图书领域会产生因装帧设计引发的美术作品著作权纠纷。

图书的外观对于图书吸引消费者注意力、帮助消费者识别特定出版者出版的图书具有重要作用。所以，图书作为一种文化商品，图书的外观可以作为一种标识，被纳入《反不正当竞争法》第 6 条"商业混淆"条款的保护范围。其他图书领域的市场经营者不得擅自使用他人有一定影响的图书装潢，引人误认为是他人商品或者与他人存在特定联系。反不正当竞争法规定的竞争关系并非仅限定于同业竞争者，还包括利用不正当手段争夺市场优势的其他参与竞争的经营者。

本节选取的案例涉及了书籍版式设计与装帧装潢的法律保护，通过案例来分析版权设计专用权保护范围的界定与侵权救济、装帧装潢的独创性判断、图书装潢引发的不正当竞争问题。

一、图书装帧设计的版权保护

【基本案情】

2017年4月8日，杜某与中科华世公司签订项目合作协议，约定双方共同运作线装类图书出版项目，双方共同参与同中国书籍出版社的合作洽谈，杜某负责合作项目的稿件策划编辑，稿件须达到出版单位要求，并负责做到印前所需要的设计排版要求，杜某享有项目包装设计的所有权。

2018年1月，中国书籍出版社出版了涉案十本图书，策划人署名为李某某，编者为《中国书籍国学馆》编委会，版权页没有装帧设计者及排版设计者署名项。

杜某认为上述图书使用其装帧设计和版式设计，中科华世公司和中国书籍出版社共同实施了侵犯其复制权、发行权和署名权的行为，故提起诉讼。

【争议焦点】

（1）杜某所主张的版式设计及装帧设计是否构成著作权法意义上的作品。

（2）杜某作为邻接权版式设计权的权利主体是否适格。

（3）被告是否构成著作权侵权。

【裁判推理】

版式设计在我国著作权法中的邻接权部分进行了规定，邻接权保护的是为了促进作品的流转而产生的附加利益。版式设计是对印刷品的版面格式的设计，是在作品传播中付出的劳动成果，一般情况下不具有独创性，不应认定为作品。

到本案中，杜某的版式设计是否具备艺术上的独创性要求，是否达到了作品的独创性标准是认定所主张版式设计是否构成作品的关键。从杜某所主张的版式设计的具体内容来看，竖版行文形式、文武线的使用、扉页的设计、阴文文字标识、耳格的使用等均属于古典书籍的惯常排版设计，即使杜某所主张的"天头"与"地脚"为2∶1的"留白"是其独创，且中科华世公司并未举反证相驳，但该表现形式仍然无法体现艺术上的独创性，杜某所主张的整体的排版设计并未超出版式设计的一般表达，不能构成著作权法意义上的作品。

书籍的装帧设计，在具有独创性时，可以作为美术作品获得保护。美术作品是指绘画、书法、雕塑等以线条、色彩或者其他方式构成的有审美意义的平面或者立体的造型艺术作品。美术作品的独创性主要体现在作者对作品的线条、形状、色彩等的选择、编排、组合及具体表现上。

具体到本案，应当在去除装帧中各不相同的美术作品后，对所剩部分是否具有独创性进行评判。护盒、封面的明黄色选择、护盒题签背景的传统云纹、瓦纹、铆钉状排布"中国书籍国学馆"字样、封扣部传统样式云纹、选用《三希堂法帖》字体集字创作而成并装饰云纹的"中国书籍国学馆"印鉴、题签上的仿文武线边框以及字体的选择等均体现出杜某在线条、形状、色彩等的选择、编排、组合及布局，具有独创性，应当认定为美术作品。需要强调的是，虽然"中国书籍国学馆"印鉴中的字并非杜某所写，而是其从《三希堂法帖》中集字而成，印鉴字体的布局安排、字型大小及云纹设计均体现出杜某的选择和安排，在杜某所主张的整体装帧设计中体现出较高的独创性。

著作权法将版式设计权的权利主体赋予了出版者，如无当事人的另行约定，版式设计权利应归属于出版者。本案中，杜某虽与中科华世公司签订有项目合作协议，但与中国书籍出版社并没有合同关系，并且项目合作协议中的"项目包装设计的所有权归属于杜某"亦不能推定出版式设计的权利归属于杜某的结论。在法律没有明确规定版式设计归属于创作者的情况下，对出版者不应做扩张性解释，杜某作为版式设计权的权利主体不适格。

如前所述，杜某作为版式设计的权利主体并不适格，因此对其主张被告对版式设计部分构成著作权侵权的主张，法院不予支持。

关于装帧设计部分，杜某提交了其创作的原始文件，中科华世公司亦认可被诉作品延续使用了杜某的创作内容，因此杜某作为装帧设计作品的权利主体适格，可以据此主张相应权利。经比对，被诉侵权作品使用了杜某所主张的装帧设计内容，侵犯了杜某对装帧设计作品所享有的复制权和发行权。

关于署名权，杜某主张应为其署名为策划人或装帧设计者、版式设计者。署名权即表明作者身份，在作品上署名的权利。但署名要与作者的具体创作内容相适应，以及对是否适合署名进行综合判断。在本案中，杜某曾经作为中国书籍国学馆系列丛书第一批和第二批书目的策划人，通过杜某与中科华世公司的项目合作协议中约定的职责可以看出，策划人的职责不仅是负责版式设计和装帧设计，还有更为重要的书籍内容的提供，因此杜某要求为其署名为策划人的要求与其创作内容不相匹配。

关于版式设计者和装帧设计者的署名方式，因在第一批和第二批杜某所参与的书籍中，署名的版权页并未有装帧设计者或者版式设计者的署名项，并且被诉侵权作品中除与杜某主张的版式设计和装帧设计相同的部分外，还增加了美术作品到装帧设计之中，排版中也增加了双栏的排版方式，文章内部的字体等也并不相同，上述排版工作及装帧设计方面的工作杜某并未参与。因此杜某要求为其署名的诉讼请求法院不予支持。

【裁判要旨】

装帧设计是指对报纸杂志和图书的装潢设计，包括封面、开本、书脊、封里和扉页等印刷物外观的设计。图书装帧设计具有独创性时，可以作为美术作品获得保护。版式设计是对印刷品的版面格式的设计，包括对版心、排式、用字、行距、标点等版面布局因素的安排，是出版者在编辑加工作品时完成的劳动成果。版式设计权是一项邻接权，权利主体是图书出版者。

【案号】

（2021）京73民终1617号

二、图书封面设计的版权保护

【基本案情】

2016年8月，成都时代出版社出版《静心》一书，该图书的封面由天下书盟公司设计。四川美术出版社出版了《包与容》等五册套装图书，2019年在当当网喜阅菊容公司开具的网店出售。天下书盟公司认为被告四川美术出版社出版的图书封面与其设计的图书封面相同，侵犯了其著作权，故提起诉讼。

【争议焦点】

（1）涉案《静心》图书封面设计是否具有独创性，是否构成著作权法意义上的作品及著作权归属。

(2) 四川美术出版社和喜阅菊容公司是否构成著作权侵权。

【裁判推理】

一般而言,图书封面是设计者用于传递和反映书籍内容,美化书籍的外观而专门设计。本案中,涉案《静心》图书的封面设计能够反映出设计者在了解书稿所表达的感情和内容的基础上,对封面的文字、图形和色彩进行的个性化安排、布局和搭配,体现出设计师的个性化构思和一定的艺术品位,传递了一定的艺术美感,属于具有一定审美意义的独创性作品,构成著作权法意义上的美术作品。法院结合天下书盟公司提交的设计源文件及图书封面设计的署名情况,认定天下书盟公司系涉案《静心》图书封面设计的著作权人。

涉案《静心》图书出版在先,四川美术出版社具有接触涉案《静心》图书封面设计的可能性,其在后出版的涉案套装图书采用的图书封面设计在封面、书脊的设计整体视觉效果上与《静心》的封面基本相同,构成实质性相似。因此,四川美术出版社未经天下书盟公司许可,在后出版相同主题的系列套书过程中使用与涉案《静心》图书基本相同的图书封面设计,侵害了天下书盟公司对涉案《静心》图书封面设计美术作品的复制权和发行权,应当赔偿原告经济损失。喜阅菊容公司提供证据《批销业务清单》证明其销售图书的合法来源,故不承担赔偿责任。

【裁判要旨】

图书封面设计在满足独创性的情况下构成美术作品。

【案号】

(2021)京73民终1293号

三、有一定影响的装潢的认定标准

【基本案情】

商务印书馆自1979年以来,先后出版了《古汉语常用字字典》共五版。中国青年出版总社2006年出版了最新版《古汉语常用字字典》共六版、缩印版《学生实用古汉语常用字字典》共两版。商务印书馆主张《古汉语常用字字典》(第4版)的封面、书脊、封底为其有一定影响的图书装潢,中国青年出版总社出版的涉案图书与其图书装潢相似,构成不正当竞争,故提起诉讼。

【裁判推理】

根据 2019 年修订《反不正当竞争法》第 6 条的规定，经营者不得擅自使用与他人有一定影响的商品名称、包装、装潢等相同或者近似的标识，造成和他人的商品相混淆，使购买者误认为是该商品。商品的包装、装潢一般可由商标、商品名称以及装饰性图案、颜色等要素组合构成。

本案中，综合在案证据，商务印书馆出版的《古汉语常用字字典》（第 4 版）的图书装潢以绿色为整体用色背景，集合了多种艺术元素，体现了独特的设计思路与视觉效果，具备一定的显著特征从而能够起到区分商品来源的作用；同时，该图书装潢自 2005 年 7 月开始使用，销售数量巨大、销售范围广泛，该书一经面世即在短时间内产生较大影响，后该书持续热销，知名度与影响力与日俱增。同时，还需要特别指出的是，该字典自 1979 年出版以来，经过原告长期的发行、推广与宣传，在相关公众中具有较高知名度和影响力，沿袭累积，虽数经改版，但影响力不减，渐成经典。该词典曾荣获多项荣誉、并作为重点工具书受到保护。故商务印书馆出版的《古汉语常用字字典》（第 4 版）的图书装潢，经过原告的宣传和使用，形成了能够与其他经营者的同类商品相区别的整体形象，使得相关公众能够将上述装潢的整体形象与原告《古汉语常用字字典》（第 4 版）的商品来源联系起来，该装潢所体现的色彩、文字、图形、排列组合以及上述元素形成的略带抽象的整体外观具有识别和区分商品来源的作用，该装潢构成反不正当竞争法中规定的有一定影响的商品装潢，应受法律保护。

中国青年出版总社出版的被诉侵权图书与商务印书馆主张权利的图书名称相同、内容相近，属于相同商品，经对比，被诉侵权图书装潢在色彩搭配、设计元素种类及布局、整体视觉效果上均极为相近，构成近似装潢。相关公众在施以一般注意力的情况下，容易对商品来源产生混淆误认，或认为商品来源主体之间存在特定关系。

综上，在商务印书馆出版的《古汉语常用字字典》（第 4 版）图书装潢已构成有一定影响的商品特有包装、装潢的情况下，中国青年出版总社作为同行业经营者，在同类产品上使用高度近似的包装、装潢，攀附他人商誉的主观意图明显，其行为构成不正当竞争。

被告出版的被诉侵权图书与原告出版的《古汉语常用字字典》存在直接

竞争关系，二者均为古汉语类工具书，彼此具有较强的替代性，存在直接竞争关系，被诉侵权图书必然会对原告图书销售造成一定影响。在双方均未能提交充分证据证明涉案侵权行为产生的实际损失或者侵权获利的情况下，综合考虑商务印书馆《古汉语常用字字典》（第4版）图书的知名度、装潢的显著性以及侵权主体的主观恶意、侵权时间、侵权范围等因素，法院酌情确定中国青年出版总社就本案不正当竞争行为赔偿150万元，同时，对商务印书馆有关要求被告在《中国新闻出版广电报》上刊登声明、消除影响的主张予以支持。

【裁判要旨】

图书装潢是否有一定影响，应当结合该装潢的显著性、使用该装潢的图书的销售范围与销量、知名度与影响力、图书获奖情况等综合确定。

【案号】

（2021）京73民终346号

四、图书装帧装潢的比对规则

【基本案情】

经济科学出版社出版发行《经济法基础》《初级会计实务》等图书。高等教育出版社出版《2019年度全国会计专业技术资格考试〈经济法基础〉经典题解》《〈初级会计实务〉经典题解》等图书。经济科学出版社认为高等教育出版社出版的上述图书的封面装帧设计、装潢设计与其出版的图书近似，构成不正当竞争，故提起诉讼。

【裁判推理】

在相关公众选购图书时，某一图书特有的封面装帧设计往往给人留下直观印象，对相关公众判断图书商品的来源产生显著影响。但不容忽视的是，对于图书类商品，图书封面下方标注的出版社名称也是相关公众判断该类商品来源的重要途径，图书出版主体的不同将对消费者的购物决策产生重要影响。

本案中，将经济科学出版社主张权利的图书封面与高等教育出版社的涉案图书封面进行比对可知，虽然二者背景基色和图形部分颜色相近，但整体上存在较大差异，二者相近的部分尚不足以使得相关公众对二者产生混淆性误认。

具体来讲：在文字方面，二者均在封面显著位置标注了不同的出版社名称，高等教育出版社的涉案图书封面左上方标注了"中华会计网校""梦想成真"等区别性标识，在封面中部突出使用了"经典题解"文字，该文字下方亦标明了主编及组编人员，均与经济科学出版社主张权利的图书封面存在区别；在构图方面，二者图形部分在整个封面所占比例的差异明显，图形构成元素的主要朝向、所在位置、是否为多颜色元素组合等方面亦存在较大差异，此外涉案图书还使用了"小蜜蜂"图形等区别元素。据此，涉案图书封面与经济科学出版社的图书封面整体上存在较大差异，相关公众在看到涉案图书封面与经济科学出版社的图书封面时，不会将二者混淆误认。

根据《反不正当竞争法》第 6 条的规定，被控侵权产品的包装装潢与他人具有一定影响的包装装潢相同或近似是构成不正当竞争的必要条件，故虽然经济科学出版社主张权利的图书具有一定发行规模，但鉴于涉案图书的封面设计与经济科学出版社主张权利的封面设计并不构成竞争法意义上的混淆性近似，故高等教育出版社出版发行涉案图书的行为不构成不正当竞争。

【裁判要旨】

图书装潢的比对应当结合封面中的文字、构图、颜色、排列等多要素进行。

【案号】

（2021）京 73 民终 479 号

五、图书装潢引发混淆的认定

【基本案情】

2015 年 9 月，海豚出版社公司经授权出版《这就是二十四节气》系列图书（全套共四册），专有出版权有效期 5 年。

2018 年 1 月，吉林大学出版社出版发行了《二十四节气》系列图书（全套共四册），署名"金鼎博文"著。

海豚出版社认为，《二十四节气》与其出版的《这就是二十四节气》图书在名称、布局、内容编排、版式设计等方面高度相似，从整体而言极易造成消费者混淆，因此提起不正当竞争诉讼。

【争议焦点】

被告涉案行为是否构成不正当竞争。

【裁判推理】

吉林大学出版社与海豚出版社公司同为出版业经营者，必然存在竞争关系。金鼎文博公司作为市场经营主体，参与了被诉侵权图书的编写，并通过授权出版行为获取收益，其与海豚出版社公司之间亦存在争夺消费群体的利益关系，故可以认定双方构成竞争关系，可以通过反不正当竞争法调整。

维护公平、有序的竞争秩序是反不正当竞争法的立法目的。在市场经济中，同品种商品会有多个经营者提供并相互竞争，混淆行为的实质目的系经营者借此攀附其他经营者商誉，获取本属于其他经营者的交易机会及商业利益，该行为不具有正当性。根据《反不正当竞争法》第6条，经营者不得实施其他足以引人误认为是他人商品或者与他人存在特定联系的混淆行为。

根据法院已查明的事实，第一，两书开本尺寸及方向相同，均按四季分四册，四册书脊颜色的色彩选择相近，封面书名颜色均与书脊颜色相同。第二，两书前、后衬第2—3页均使用跨页大场景图。前衬第4页均为从右往左竖版排列的二十四节气歌谣，并突出显示当季歌谣，后衬第4页均为游戏页。第三，两书均使用两页内容介绍故事发展以及主人公参与当季特色活动等。第四，两书节气分说部分每一节气均占4页，第1页均为主线故事，第2页均由节气介绍、手写记录栏、节气古诗等6个小版块组成。第五，两书每个节气均以小标题+文字内容+附图的形式呈现包括节气的气候特点、动物植物、民俗节日、七十二候，两书完全相同的小标题有96个，基本相同的小标题有26个。虽然相同标题下内容的具体表达并不完全相同，但选取的内容存在相似。

从上述事实可以看出，被控侵权图书与权利图书在开本大小及方向、分卷情况、书脊颜色、内容编排设计、布局等方面均存在高度近似，相关消费者在隔离观察的情况下，容易对两书产生误认，或认为两书版本之间存在特定联系。同时，在案证据可以证明权利图书自2015年出版以来销量巨大，荣获多项奖项，具有一定的知名度和影响力，金鼎文博公司、吉林大学出版社对此理应知晓。在此情况下，金鼎文博公司、吉林大学出版社仍编写并出版被控侵权图书，其主观难谓善意。

据此，法院认定金鼎文博公司、吉林大学出版社的被控侵权行为已构成

《反不正当竞争法》第 6 条第 4 项规定的"其他足以引人误认为是他人商品或者与他人存在特定联系的混淆行为"。

【裁判要旨】

混淆行为不仅包括"引人误认为是他人商品"的直接混淆行为,亦包括"引人误认为与他人存在特定联系"的间接混淆行为,同时,该"混淆"应指混淆可能性。

【案号】

(2021)京 73 民终 1305 号

六、版式设计专用权的保护范围

【基本案情】

吉林美术出版社为了吸引和提高儿童的学习兴趣,在其出版的《儿童剪纸大全》儿童图书中附上含有版心等 6 至 10 个以上的版面布局因素。

吉林美术出版社认为海南出版社出版的《剪纸大全》复制了《儿童剪纸大全》的"对边折剪"版式设计中的 5 步完成方式,"三角折剪""四角折剪"版式设计中的 6 步完成方式,"五角折剪""六角折剪"版式设计中的 7 步完成方式,"二方连续"版式设计中的 5 步完成方式,故原告吉林美术出版社以侵害版式设计权为由起诉被告海南出版社。

【争议焦点】

(1)原告就涉案图书是否享有版式设计专用权。

(2)被告是否侵犯了原告涉案图书的版式设计专用权。

【裁判推理】

出版者有权许可或者禁止他人使用其出版的图书、期刊的版式设计。图书和期刊的出版者对其出版的图书、期刊独立进行智力创作的版式设计,应受著作权法的保护,禁止其他人未经许可擅自原样复制,或者很简单的、改动很小的复制以及变化了比例尺的复制。版式设计虽服务于内容,但独立于内容而存在,故版式设计专用权不保护图书和期刊的内容,即使他人出版的图书和期刊的内容相同或实质性相似,也不构成侵犯出版者的版式设计专用权。

法院在判断出版者是否享有版式设计专用权时,按照民事诉讼"谁主张谁举证"的举证规则，应由原告对版式设计是否系其独立创作进行举证，就版式设计的意图、特点、设计元素、布局及安排等独创部分进行说明，在原告完成独创部分的举证后，被告如认为原告不享有版式设计专用权，则应提交相应证据予以证明。

本案中，原告在主张其享有涉案图书版式设计专用权时，提出了每本书所包含的6至10个版式设计的诸多元素，完成了举证责任。被告虽主张原告涉案图书的版式设计仅仅是上下左右简单的行业通用的排版方式，但其既未提交在涉案图书出版之前公开出版的相同或基本相同版式设计的其他图书，也未提交行业通用的排版方式的相关规定以及其他能证明其主张的证据。

此外，版式设计的简单复杂或创造性的高低并不是判断出版者是否享有版式设计专用权的标准。且海南出版社在上下左右的排版方式中对相关图书内容的布局和安排也有一定的设计空间，并不是没有其独创的空间，而必须要与吉林美术出版社涉案图书的版式设计基本一致，否则无法实现其图书的版式设计。海南出版社主张原告的版式设计没有版式设计专用权和独创性的理由不能成立。

本案中，被告出版的《剪纸大全》在版式设计方面与原告相对应图书的版式设计除在个别版式设计元素上做微小改动外基本一致，构成对原告版式设计的使用。根据著作权法的规定，被告未经原告的许可，在其出版的《剪纸大全》上使用原告涉案图书的版式设计，侵犯了原告的版式设计专用权。被告主张其出版的四本书虽然从视觉上与原告涉案图书在排版上有些相似，但其既没有"复制"，也没有"很简单的、改动很小的复制以及变化了比例尺的复制"，未侵犯原告的版式设计专用权的申请再审理由既与事实不符，亦无法律依据。

【裁判要旨】

版式设计体现为对印刷品的版面格式的设计，包括对版心、排式、用字、行距、标点等版面布局因素的安排。在判断版式设计专用权保护范围时，应考虑版式设计专用权和设计空间的关系。版式设计的简单复杂或创造性的高低并不是判断出版者享有版式设计专用权的标准。

【案号】

（2012）民申字第1150号

七、法理分析

版式设计专用权属于著作权邻接权。版式设计一般指对印刷品的版面格式的设计，包括对版心、排式、用字、行距等版面布局因素的安排，与装帧设计存在根本差异，装帧设计者并不能直接认定为版式设计者。我国设立版式设计权制度的初衷是为了促进作品的传播，保护出版行业对其出版的图书、期刊所投入的大量资金与人力物力。同时，版式设计权的确立，是为保护图书期刊市场的正当竞争秩序。[1] 关于版式设计权的客体，有学者主张我国版式设计权的客体应当包含"版式布局呈现"和具有独创性的"版式设计模板"两类，前者保护版式设计的劳动投入，其必须依附于特定的出版内容，后者聚焦于版式设计的智力投入，可以独立于出版内容获得保护。[2]

在我国著作权法的第三次修订过程中，有关于版式设计权的存废、保护范围以及是否有必要将其扩张到网络传播环境的争论。2020年修订的著作权法未对版式设计权相关条文做出改动。所以，法院在审理相关案件时，仍应按照《著作权法》第37条的规定进行审理，而且，需要注意对版式设计权与装帧设计进行区分对待。

在判断出版者是否享有版式设计专用权时，版式设计的简单复杂或创造性的高低并不是判断出版者享有版式设计专用权的标准。按照民事诉讼"谁主张谁举证"的举证规则，应由原告对版式设计是否系其独立创作进行举证，就版式设计的意图、特点、设计元素、布局及安排等独创部分进行说明。在原告完成独创部分的举证后，被告如认为原告不享有版式设计专用权，则应提交相应证据予以证明。

在判断版式设计专用权保护范围时，还应考虑版式设计专用权和设计空间的关系。版式设计的简单复杂或创造性的高低并不是判断出版者享有版式设计

---

[1] 马利：《论网络时代我国版式设计权制度的困境与对策》，载《中国出版》2012年第19期，第54页。

[2] 来小鹏、贺文奕：《版式设计权保护客体探析》，载《中国出版》2021年第15期，第48页。

专用权的标准。版式设计有丰富的表达方式,尤其是随着电脑技术的发展,出版者更是被赋予了更大的设计和创作空间。法律鼓励出版者充分发挥其创造力,创作出更多更好的版式设计,以充分传达图书内容,提升图书品质和品位。因此,对出版者独立完成的版式设计进行保护并非限制了其他出版者的设计空间,相反激发了其他出版者的创作激情和创造力,有利于鼓励出版者加大创新投入,创作出更多更好的版式设计,也有利于促进出版行业的健康发展以及图书市场的繁荣。

图书的装帧装潢具有很大的发挥独创性的设计空间。如果装帧装潢具有独创性,则可以作为美术作品获得著作权保护。此时,如果被告出版的图书装帧装潢与原告的装潢装潢构成实质性相似,则侵犯美术作品著作权。判断图书装帧设计的近似,需要考察字体大小、封面的装饰图片选择、位置排列、颜色搭配以及封面和封底的中英文文字、宣传标语的选择、排列布置等显著部分是否近似。

此外,有一定影响的图书装潢能够起到区别商品来源的作用,从而可以受到反不正当竞争法的保护。反不正当竞争法所保护的商品包装和装潢,保护的是其作为一种标识的显著性,即能够起到区别商品来源的作用,而不是指该商品包装和装潢具有新颖性或者独创性。此时,原告需要举证其图书装潢具有一定影响,可以从销售时间、销售区域、销售额和销售对象,进行任何宣传的持续时间、程度和地域范围,受保护的情况、消费者认知度市场调研报告等方面进行举证。比如,对于职业资格考试类的辅导用书,有较强的时效性,容易在较短的时间内占领市场。图书销售是一个持续性的过程,图书销量与排名的取得,与出版社的前期宣传与推广以及该书市场认可度的不断累积是密切相关的。作为专业性相对较强的书籍,受众相对较小,如果其他出版社在原告之后使用与原告相近的图书装潢,足以从侧面说明原告教材在相关出版社以及该特定资格考试人员等相关公众中有了一定的认知度。

在被诉侵权图书使用了与涉案图书近似的名称和装潢的情况下,容易导致混淆误认。此处的混淆或者误认是指发生混淆或者误认的可能性,而不需要实际发生混淆或者误认。这种混淆或者误认的可能性包括将两种商品直接混淆的可能性、将两种商品的来源混淆的可能性以及误认为两种商品的来源存在特定联系的可能性。在个案中，虽然被诉侵权图书与涉案图书在作者、出版社、内容、体例方面存在差异，但这并不足以排除相关公众对两者产生混淆误认的可能性，尤其是相关公众误认为两者存在特定联系的可能性。在被诉侵权图书与涉案图书同时存在于同一市场的情况下，被诉侵权图书的销售必然会对涉案图书的销售造成影响。

第五章　教育教学领域的图书版权保护

在图书市场中，教育教学领域的图书占有很大比例。对于有的教材而言，可以不经过作者许可使用作品，但应该按规定支付报酬，并且不得侵犯著作权人的其他权利。在司法实践中，需要把握适用法定许可的教材应当具备的法定条件，也需要注意考察被汇编的作品类型、数量和比例。

教育教学领域的书籍中通常包含了很多基础知识，这对图书抄袭时的比对带来挑战。公知知识和素材属于公共领域的内容，不受著作权法的保护。但是，在图书写作过程中，依然有很多可以发挥独创性的空间。即便图书中的内容多数为公知知识，对这些不构成作品的内容进行汇编，在材料的选择与编排上也能够体现出汇编者的独创性。所以，在个案中，需要考察涉案书籍的独创性所在。在侵权判定上，看被告图书是否抄袭了原告图书中的独创性内容。

在一些资格考试领域，相关管理部门会指定出版社进行考试用书的出版发行。出版机构的专有出版权受到法律保护。资格考试类图书是盗版问题存在的重灾区。书店、网络店铺以及一些培训辅导机构应该强化著作权意识，从正规渠道进货，避免出售盗版图书承担侵权责任。

第一节　出版教材与教辅用书的版权侵权风险防控

在法定许可情形下，使用他人作品不需要获得许可，但需要支付报酬。《著作权法》第 25 条规定，为实施义务教育和国家教育规划而编写出版教科书，可以不经著作权人许可，在教科书中汇编已经发表的作品片段或者短小的文字作品、音乐作品或者单幅的美术作品、摄影作品、图形作品，但应当按照规定向著作权人支付报酬，指明作者姓名或者名称、作品名称，并且不得侵犯著作权人依照本法享有的其他权利。2013年国家版权局颁布《教科书法定许可使用作品支付报酬办法》，对法定许可的适用范围、作品类型、各类作品的报酬标准与分配原则、支付期限与对象、著作权集体管理组织转付义务及行为规范、违规支付报酬的民事责任等方面做出了全面规定。该办法规定，九年制义务教育教科书和国家教育规划教科书，是指为实施义务教育、高中阶段教育、职业教育、高等教育、民族教育、特殊教育，保证基本的教学标准，或者为达到国家对某一领域、某一方面教育教学的要求，根据国务院教育行政部门或者省级人民政府教育行政部门制定的课程方案、专业教学指导方案而编写出版的教科书。

因编写教科书而使用他人作品属于法定许可的范畴，但实务中常见因所编教材是否应当界定为教科书而产生分歧。教科书有广义和狭义之分，并非所有的中小学教材均为著作权法意义上的教科书。应当区分教科书与教辅用书。教辅用书一般包括教科书的同步练习册、中小学习题、教材解析、试卷等内容。因教辅材料不属于教科书范畴，教辅书籍使用教科书的内容，则应当取得教科书著作权人的许可，否则可能涉及侵犯教科书著作权人相关权益等纠纷。外文教材的教辅书籍中常会使用外文教科书中的课文、句子等内容，并会对课本中的外文内容进行翻译。将文字作品从一种文字转换成另一种文字是翻译权的表现形式，而作品的著作权人享有翻译权。教辅材料翻译外文教材中的内容必须获得著作权人的许可，否则将侵犯作者的翻译权。

本节选取了教科书及教辅材料出版过程中具有典型性的6个侵权纠纷案例，分别从法定许可中教科书的界定、外语教学类图书独创性表达、编著教材的相似性判定、教辅图书使用教科书内容的侵权认定以及外文教辅材料翻译教科书中课文内容的侵权认定等问题进行阐述。

一、法定许可中教科书的界定

【基本案情】

1999年2月7日，原告丁某某用自己的照相机为在街头选购大红灯笼的妻子和儿子拍摄了一幅照片，后该照片在1999年2月12日《南通日报》"周末特刊"的"过大年"专版上发表,题名为"街上红灯闹",署名为"本报记者丁某某"。

2000年1月,江苏美术出版社出版发行了严某某主编的《乡土教材》,该教材中使用了丁某某的"街上红灯闹"照片,并将照片更名为"大红灯笼"。丁某某认为该教材使用"街上红灯闹"照片,构成对其著作权的侵犯,故提起诉讼。

【争议焦点】

被告江苏美术出版社在《乡土教材》中使用原告作品是否法定许可使用的情形。

【裁判推理】

江苏美术出版社辩称《乡土教材》是根据《九年制义务教育全日制小学美术教学大纲(修订试用版)》的有关要求编写的,属于为了实施九年制义务教育和国家教育规划而出版的教科书,故其使用"街上红灯闹"照片可以不经著作权人许可。

本案中原告创作的照片属单幅摄影作品,原告对该摄影作品事先没有声明不许使用。因此,判定江苏美术出版社将该作品使用于《乡土教材》的行为是否属于著作权法规定的法定许可使用的情形,关键在于判断《乡土教材》是否属于为实施义务教育和国家教育规划而编写出版的教科书。

在被告江苏美术出版社出版发行《乡土教材》前,该教材的编写者未按规定向江苏省教育厅补办编写地方性教材的立项申请核准手续,该教材也未经江苏省中小学教材审定委员会审查,更未经江苏省教育厅批准并列入南通市辖区范围内的《中小学教学用书目录》。因此,该教材不属于著作权法规定的教科书。

江苏美术出版社在明知涉案照片系原告丁某某之作品的情形下,未经丁某某许可,擅自在其出版发行的《乡土教材》中使用该摄影作品,既未指明作者姓名,也未向作者支付报酬,并将该作品更名为"大红灯笼",其行为已构成对原告所享有的"街上红灯闹"摄影作品著作权的侵害,应停止侵害,赔礼道歉,并赔偿原告的经济损失。

【裁判要旨】

在判定是否符合法定许可条件时,应当将教科书界定为经省级以上教育行政部门批准编写、经国家专门设立的学科审查委员会通过,并报送审定委员会批准后,由国家教育委员会列入全国普通中小学教学用书目录的中小学课堂正式用书。

【案号】

《最高人民法院公报》2016年第9期(总第119期)

二、教科书的独创性内容

【基本案情】

2007年,人民教育出版社出版发行了第2版普通高中课程标准实验《英语》教材及配套《教师用书》。上述教材的版权页均载明有"著作权所有·请勿擅用本书制作各类出版物·违者必究"字样。

2013年至2014年,江苏人民出版社编写了与上述《英语》教材配套的《教材全析》。人民教育出版社认为,江苏人民出版社出版发行的《教材全析》使用了人民教育出版社《英语》教材的章节体例,而且直接复制、翻译了人民教育出版社《英语》教材及《教师用书》中的大量内容,构成侵权,故提起诉讼。

【争议焦点】

被告出版的《教材全析》是否构成对原告《英语》教材的侵权。

【裁判推理】

人民教育出版社出版发行的《英语》教材的文字部分,在教学单元主题、教学栏目,以及课文、练习总体内容等方面,与同类教材不具备一致性,应系编写人员根据教材自身的教学思想及教学模式创作完成,其体例、总体内容具备独创性,整体上符合文字作品的构成要件。虽然《英语》教材及《教师用书》中的部分习题和答案过于简短或者具有表达的唯一性,难以独立构成作品,但是这部分习题和答案作为汇编作品的组成部分,仍然应当纳入侵权比对的范围。

被告出版发行的《教材全析》在结构、体例上,使用了原告《英语》教材每单元的教学主题及设定的教学栏目;在内容上,江苏人民出版社《教材全析》使用了人民教育出版社《英语》教材及《教师用书》的英文课文、翻译等内容，特别是使用了对教材而言最重要的课文及相应的译文，故江苏人民出版社《教材全析》构成对人民教育出版社《英语》教材及《教师用书》的实质性使用，侵害了人民教育出版社对其《英语》教材及教学用书作品享有的署名权、复制权、发行权。

【裁判要旨】

虽然教材中的部分习题和答案过于简短或者具有表达的唯一性，难以独立构成作品，但是这部分习题和答案作为汇编作品的组成部分，仍然应当纳入侵权比对的范围。

【案号】

（2016）京73民终419号

三、考试用书是否是汇编作品

【基本案情】

经济科学出版社于2018年出版、发行《初级会计实务》《经济法基础》，版权页载明"财政部会计资格评价中心编，经济科学出版社出版、发行"，该书为2019年度全国会计专业技术资格考试辅导教材。

2019年，北京科学技术出版社出版、发行《初级会计实务》《经济法基础》。经济科学出版社认为北京科学技术出版社侵犯其专有出版权，故提起诉讼。

【争议焦点】

（1）原告主张的涉案权利图书的作品类型。

（2）原告是否享有涉案权利图书的专有出版权。

（3）被告是否侵害经济科学出版社享有的专有出版权。

【裁判推理】

汇编若干作品、作品的片段或者不构成作品的数据或者其他材料，对其内容的选择或者编排体现独创性的作品，为汇编作品，其著作权由汇编人享有，但行使著作权时不得侵犯原作品的著作权。汇编作品中对于构成作品或作品片段的内容选择或编排，是指对该汇编作品创作前已经创作完成的作品或作品片段进行选择或编排。如果在作品创作过程中采用了汇编的创作方法，但同时又形成了大量具有独创性的具体表达，作品的独创性表达并非主要体现在内容的选择或者编排,则不宜整体将其界定为汇编作品。

虽然经济科学出版社出版的《初级会计实务》《经济法基础》属于教材教辅类图书,许多素材来源于学科公知的概念定义、考试大纲和规范性文件等,但在对此类内容的选择、组织、编排和使用方式等方面,不同的创作者在编写教材时可以按照不同的轻重主次等顺序个性化地进行组织安排和层次构造,并以相应的专业概念及组织的语句来讲述与主题相关的逻辑关系,不同的创作者会创作出不同的具体表达,对源自于规范性文件、技术标准的内容选择,也有较多具有一定独创性的具体文字表达。故不宜将涉案权利图书的整体定性为汇编作品,应属于文字作品类型。

著作权属于作者。如无相反证明,在作品上署名的公民、法人或者其他组织为作者。《最高人民法院关于审理著作权民事纠纷案件适用法律若干问题的解释》第 7 条规定:当事人提供的涉及著作权的底稿、原件、合法出版物、著作权登记证书、认证机构出具的证明、取得权利的合同等,可以作为证据。在作品或者制品上署名的自然人、法人或者其他组织视为著作权、与著作权有关权益的权利人,但有相反证明的除外。

本案中,经济科学出版社提交的证据显示,其主张享有权利的《初级会计实务》《经济法基础》书本封面或版权页载明"财政部会计资格评价中心编"等信息,在无相反证据的情况下,应当推定财政部会计资格评价中心系权利图书的作者。在财政部会计资格评价中心和经济科学出版社签署的《版权许可备忘录》中,明确约定授权经济科学出版社享有专有出版权等著作权,且能够以自己名义独立维权,上述证据能够形成完整证据链,证明经济科学出版社享有涉案权利图书的专有出版权,系适格的原告。

著作权法中专有出版权所保护的应为出版者所出版、发行图书的整体或实质性部分。本案中判断被诉侵权图书是否侵犯经济科学出版社所享有的专有出版权,主要问题在于判断二者相同或近似的部分是否构成经济科学出版社版权利图书的实质性部分。

根据侵权比对一般遵循的"接触"加"实质性相似"的原则。首先,经济科学出版社版涉案权利图书出版时间早于被诉侵权图书,北京科学技术出版社具备接触到经济科学出版社出版的图书的可能性。其次,关于实质性相似的认定问题,应当对权利图书和被诉侵权图书的实质性内容整体比对和综合判断，被诉侵权的北京科学技术出版社版图书章节结构和内容与经济科学出版社版权利图书基本一致，章节知识结构图与权利图书章节名称及各级标题基本相同，章节标题之下的具体内容的表达顺序和知识点均高度相似，字数和比例亦较高，产生了实质性替代效果，无论是结构体系还是相关具体表达方面均在整体上构成实质性相似。

北京科学技术出版社未经许可，出版发行与权利图书相关内容构成实质性相似的图书的行为侵害了经济科学出版社享有的专有出版权。东奥公司作为侵权图书的销售方，在侵权图书上直接刊印与其有关的销售链接和广告信息，具有主观恶意，在案证据亦不能证明其已尽到合理注意义务，故应与北京科学技术出版社共同承担停止侵权、赔偿损失等民事责任。

另外，涉案权利图书具备一定知名度，被诉侵权图书与权利图书的类型和面向的市场受众基本相同，故判令北京科学技术出版社刊登声明以消除影响。

【裁判要旨】

如果在作品创作过程中采用了汇编的创作方法，但同时又形成了大量具有独创性的具体表达，作品的独创性表达并非主要体现在内容的选择或者编排，则不宜整体将其界定为汇编作品，而应当作为一般文字作品予以保护。

【案号】

（2021）京73民终501号

四、外语教辅用书侵犯教材翻译权的认定

【基本案情】

原告马某某系陕旅版《义务教育教科书英语》系列图书的著作权人。2012年经教育部审定，该套教材成为小学三年级至六年级的英语教科书，由陕西旅游出版社出版。

陕西师范大学电子音像出版社出版了一系列与上述作品课程内容配套的教辅读物《慕课——同步课堂》。马某某认为该系列教辅读物在编排结构顺序、章节上与其享有著作权的《义务教育教科书英语》内容相同，再现了教科书的全部内容且对教科书的内容进行了翻译，构成侵权，故提起诉讼。

【争议焦点】

陕西师范大学电子音像出版社是否侵害马某某的复制权、翻译权。

【裁判推理】

侵害著作权行为是指未经著作权人同意,又无法律上的依据,擅自对著作权人享有著作权作品的使用以及以其他手段行使著作权的行为。本案中,马某某系涉案教材的著作权人,其有权限制他人以营利为目的使用涉案教材。

涉案《慕课——同步课堂》系根据涉案教材编写的教辅读物,在体系编排和课程内容上与涉案教材内容相对应。是以数字化制品为载体通过电子数据转化显示了涉案平面纸质载体上的教材中的内容,同时增加了相应内容的中文译文,其中显示的人物英文名、词汇表中的英文、中文内容及单元内的英文词汇及句型部分与涉案教材相应内容具有同一性,涉案《慕课——同步课堂》中增加的中文译文系对涉案教材相应英文内容的中文译文,在涉案《慕课——同步课堂》中显示的涉案教材内容构成了该涉案《慕课——同步课堂》的主要知识信息及学习内容,因此涉案《慕课——同步课堂》中对应显示涉案教材相应内容的使用方式构成对涉案教材相应内容的复制行为,将涉案教材英文内容翻译成中文构成对教材相应内容的翻译行为。

尽管涉案《慕课——同步课堂》中显示有多个例句,且增加了单词音标,但涉案《慕课——同步课堂》中使用涉案教材相关内容并未经涉案教材的著作权人马某某许可,也不属于我国著作权法所规定的法定许可情形或合理使用行为,故涉案《慕课——同步课堂》系侵犯涉案教材复制权、翻译权的作品。

【裁判要旨】

未经著作权人许可,且不具有法定许可和合理使用情形,擅自将作品翻译成另一种文字出版的行为构成侵犯著作权人的翻译权。

【案号】

(2018)最高法民申 1677 号

五、考试用书著作权侵权的诉讼主体资格

【基本案情】

原告中国计划出版社经授权出版发行全国注册咨询工程师(投资)资格

考试参考教材，即《工程咨询概论》《宏观经济政策与发展规划》《工程项目组织与管理》《项目决策分析与评价》等。

2014年，原告发现郑某经营的"汉纳百川图书专营店"销售侵犯其著作权的图书，故将郑某诉至法院。

【争议焦点】

（1）中国计划出版社是否系本案适格原告。

（2）郑某是否侵害了中国计划出版社涉案图书的复制权、发行权。

【裁判推理】

从涉案图书、中国计划出版社提交的出版合同以及声明可知，中国建设工程造价管理协会系2013年版全国造价工程师执业资格考试培训教材的著作权人。中国招标投标协会系全国招标师执业水平考试辅导教材的著作权人。中国工程咨询协会系全国注册咨询工程师（投资）资格考试参考教材的著作权人。

涉案图书均为相关行业执业资格考试培训用书，该类图书通常由相关部门或者机构根据考试大纲的要求组织有关专家或者学者等编写完成，并由相关部门或者机构对该类图书承担责任。因此，基于该类图书的特点，中国计划出版社无需与接受中国建设工程造价管理协会、中国招标投标协会、中国工程咨询协会委托编写该类图书的专家或者学者等个人签订出版合同，三协会亦无需出具所谓的《作品出版权利保证（承诺）书》。

三协会系涉案图书的著作权人，根据三协会与中国计划出版社签订的出版合同的约定，以及三协会的声明，中国计划出版社享有涉案图书的专有出版权，即涉案图书的复制、发行权。因此，中国计划出版社有权提起本案诉讼，系本案适格原告。

侵害专有出版权，即侵害出版社的复制、发行权，出版社既可以起诉被控侵权图书的复制、发行者，也可以起诉销售者以及相关单位或者个人。

郑某销售的被控侵权图书与涉案图书构成实质性相似。且被控侵权图书的出版时间均晚于涉案图书的出版时间，可以推定被控侵权图书的复制、发行者接触了涉案图书。被控侵权图书虽系云南科技出版社正式出版，但"汉纳百川图书专营店"并未提交相关购销合同及发票等证据证明被控侵权图书系从云南科技出版社进货，故郑某关于销售商无法在销售前辨别被控侵权图书是否侵权，主张合法来源抗辩无法得到法院支持。郑某作为"汉纳百川图书专营店"的实际经营者，应当对侵权行为承担民事责任。

【裁判要旨】

相关行业执业资格考试培训用书通常由相关部门或者机构根据考试大纲的要求组织有关专家或者学者等编写完成，并由相关部门对该类图书承担责任。因此，基于该类图书的特点，出版单位无需与接受相关部门委托编写该类图书的专家或者学者等个人签订出版合同，仅需与相关部门签订合同即可。

【案号】

（2016）最高法民申 2679 号

六、考试用书的专有出版权

【基本案情】

中国建筑工业出版社与《全国一级建造师执业资格考试用书》编委会签订了《全国一级建造师执业资格考试用书》合作出版协议书，中国建筑工业出版社依据合同享有 14 册考试教材图书专有出版权。2018 年，该套图书出版发行。

环球网校建造师考试研究院组编写了《全国一级建造师执业资格考试名师讲义及同步强化训练》并由石化出版社 2019 年出版发行。原告中国建筑工业出版社认为被告石化出版社出版涉案图书的行为侵犯其专有出版权，故提起诉讼。

【争议焦点】

被告是否构成侵权。

【裁判推理】

被告主张资格考试用书属于体现国家意志的行政性质的文件，不受我国著作权法保护。对此，法院认为，被告提交的证据显示相关国家机关曾对建造师执业资格考试的考试大纲、指导书等问题进行协调指导，但不能据此认为依据考试大纲和相关要求编写的考试教材即属于行政性质的文件。

《著作权法》第 5 条规定所指的不受著作权法保护的行政性质的文件，应当是行政机关基于行使行政职权或履行行政职责而制作的行政公文，而资格考试用书不是行政机关或其工作人员履职而制作的公文，故被告的上述主张缺乏依据，不予采纳。从原告出版的图书的体例设置和具体文字内容看，其系具有独创性并能以有形形式复制的智力成果，属于受我国著作权法的作品。

比照原被告的图书可以发现，从整体结构而言，二者实质性相似，从具体内容而言，既有完全一致的表达，亦有构成实质性相似的表达，被告涉案图书和原告图书之间构成实质性相似。因此，被告侵害了原告享有的专有出版权，应当承担停止侵权、赔偿损失的法律责任。

在计算侵权字数时，虽然教材类图书中确有部分内容属于法律法规、规则规律、基础知识等公共知识，也存在一些描述性语句和专业概念，但这些内容经过作者创造性的编排和阐述，已经构成原告教材图书不可分割的有机整体，他人未经许可不得以同样的方式使用，故在计算相同字数时，该部分不应予以剔除。《图书质量管理规定》的附件"图书编校质量差错率计算方法"中规定了图书总体字数的计算方法。根据该附件，图书总字数的计算方法，一律以该书的版面字数为准，即总字数＝每行字数×每面行数×总面数。除环衬等空白面不计字数外，凡连续编排页码的正文、目录、辅文等，不论是否排字，均按一面满版计算字数。分栏排版的图书，各栏之间的空白也计算版面字数。鉴于被告出版的图书中存在大量的图表、公式等，如仍按行数统计，必然存在统计的侵权字数高于实际使用的文字字数的问题，故法院对依上述方法统计的字数予以合理酌减，以 100 千字计算，占被告图书总字数的 26.9%。

鉴于原告未提交证据证明其实际损失和被告的违法所得，法院综合考虑原告图书独创程度较高、专业性较强、图书定价较高、被告图书内容 26.9% 来自原告图书等因素对赔偿损失数额酌定确定为 3 万元。

【裁判要旨】

当处于公有领域的内容经过作者创造性的编排和阐述，已经构成原告图书不可分割的有机整体，他人未经许可不得以同样的方式使用，故在计算相同字数时，该部分不应予以剔除。

【案号】

（2020）京 73 民终 2494 号

七、法理分析

教科书法定许可制度出于对"受教育权"以及"公众对文化知识的合理

需求"的考量，在限制著作权人许可意志的同时赋予法定获酬权，在私权和公益之间实现双赢。① 在判定为编写教科书而使用他人作品的行为是否符合《著作权法》第25条规定的法定许可时，首先要明确教科书的界定标准。符合法定许可情形的教科书，应当界定为经省级以上教育行政部门批准编写、经国家专门设立的学科审查委员会通过，并报送审定委员会批准后，由国家教育委员会列入全国普通中小学教学用书目录的中小学课堂正式用书。2020年著作权法修改时删除了对"九年"的要求，为实施义务教育和国家教育规划而编写出版教科书，可以不经著作权人许可在教科书中汇编已经发表的作品片段或者短小的文字作品等，但应当按照规定向著作权人支付报酬，指明作者姓名或者名称、作品名称，并且不得侵犯著作权人依照本法享有的其他权利。除了这一重要修改之外，2020年著作权法还将法定许可适用的例外规定"除作者事先声明不许适用的外"予以删除，在适用的作品类型中增加了"单幅的图形作品"。

值得注意的是，除教科书以外，市面上还常见教辅材料，例如教科书解析、习题册及同步课程等。但是这些材料不符合上述教科书界定范畴，不能适用教科书的法定许可制度。如果教辅材料使用了教科书内容，应当取得教科书著作权人的许可，否则可能涉及侵犯教科书著作权人相关权益的纠纷。

教科书是一种文字作品，如果其主要表现形式是汇编他人作品，且独创性仅仅体现在材料的选择与编排上，那么其是一种汇编作品。但是，如果在作品创作过程中采用了汇编的创作方法，同时又形成了大量具有独创性的具体表达，作品的独创性表达并非主要体现在内容的选择或者编排，则不宜整体将其界定为汇编作品。例如，在文字作品中，专为该作品创作的有独创性的具体文字表达如果达到相当比例，则即便作品本身在内容的选择或者编排上具有独创性，也不能忽视该部分具体表达本身的独创性。汇编作品的保护范围小于非汇编作品。如果将在内容上具有独创性的作品作为汇编作品对待的话，那么对其保护的范围将被限定在内容的选择或者编排上，而非内容本身。

对于考试教材、统编教材，一般需要围绕相关的指导纲要规定的要求编写

---

① 张祥志、徐以恒：《教科书法定许可制度的检视与优化——兼论〈教科书法定许可使用作品支付报酬办法〉的修订》，载《出版发行研究》2021年第12期，第71页。

并遵循编写惯例,在具体内容、结构体例等方面存在相对固定的要求,同时存在大量公有领域及他人享有著作权的在先作品内容,该类教材所包含的原创内容较少。为了满足应试人员需求,方便其复习备考,结构体系的确应参照考试大纲、内容范围也应遵循考试目的,但是在具体的编写过程中,图书的结构体系、文字内容仍存在很大的创作空间。比如,对于一些法规类的辅导用书,会不可避免地引用规范性文件的内容,但对于相关文件内容的筛选,对具体文字的归纳、拆分等重新编排与阐述,仍然能够包含作者的创造性的智力劳动。判断教材与教材之间是否涉及抄袭及侵权问题时,应当比对两者相似的部分是否构成实质性部分。即使两者之间不可避免得存在重复的内容,也应限于合理的范围内。若从两本教材相同部分的性质及占有比例来看,被诉侵权教材包含的内容构成涉案教材的实质性部分,则被诉侵权教材对涉案教材产生实质替代作用,构成侵权。

当涉案教材作为汇编作品获得保护时,如果行为人完全复制了教科书对作品的编排体例和结构,则不能以教科书著作权人对被汇编的单部作品不享有著作权而免除侵权责任。在判定对汇编作品是否构成侵权时,应该将体例编排和内容相结合作为整体进行比对。他人未经著作权人同意而使用其汇编作品,如果没有改变作品选择和编排结构,实质是在完全覆盖他人汇编作品的基础上加入新的内容,属于未经许可使用他人汇编作品的行为,应认定构成著作权侵权。

此外,实践中,有的培训机构在收取了相关学员的报名费后,向学员提供PDF版本教材或者盗版图书,无论是否要求学员支付对价,都属于著作权法规定的以出售或者赠与方式向公众提供作品的发行行为,教育机构向学员提供盗版图书侵犯了出版社的专有出版权,应当承担停止侵权并赔偿损失的责任。

第二节　新型教育工具及教学方式的著作权侵权风险防范

在21世纪的信息时代,知识的获取并不局限于课堂,互联网、手机移动应用为知识的传播带来了便捷。一些新型教育教学工具和商业模式不断出现。

学习机、点读笔等掌上教育学习辅导工具成为学生获取知识的重要途径，备受学生们的喜爱。学习者可以直接学习学习机、点读笔等预存的内容，也可以自行下载学习内容，离线学习。许多学习机还提供"云学习"平台，在平台上学习者可以搜索下载学习资源，甚至可以同步下载从小学到高中全国主流的教材。很多学习机的主打宣传语就是"与教材同步"。如果生产商将未经授权的教材等资源用于其中或者设备中内置的软件存储或链接至其他享有著作权的图书内容，那么就可能会产生著作权侵权纠纷。在个案中，对于被告提供作品的方式，则需要法院组织双方进行举证质证，必要时，需要组织双方就点读机下载的相关内容进行现场勘验。

在案件审理过程中，法院需要甄别涉案行为是属于复制还是信息网络传播；责任主体是硬件设备生产者还是硬件中的软件服务提供者，或者二者承担连带责任；以及硬件设备销售商是否承担责任。伴随着这一类新型教育工具引发的著作权纠纷的不断增多，行业内的著作权合规意识也不断得到加强。著作权问题的根本解决有赖于这些硬件厂商与出版社开展合作，实现行业良性可持续发展。本节选取了6个案例，分别针对学习机及点读笔等新型教育教学工具中涉及的侵权纠纷、网络传播电子书的纠纷等进行剖析。

一、点读笔预存教材内容构成侵权

【基本案情】

外研通公司是涉案教材《新标准英语》系列用书（共20本）的著作权人。鸿宝电子科技公司生产的学生专用点读笔可以点读对应涉案教材的内容。

外研通公司认为鸿宝电子科技公司未经其许可，在生产的产品中内置了能够对外研通公司享有著作权的涉案教材进行点读的音频文件，侵犯其著作权，曾提起诉讼并胜诉。但鸿宝电子科技公司生产的另一款点读笔也存有侵权文件，于是原告外研通公司再次将被告鸿宝电子科技公司诉至法院。

【争议焦点】

（1）原告是否构成重复起诉。

（2）被告是否构成侵权。

【裁判推理】

重复起诉是指案件的同一当事人基于同样的事实、理由就同一诉讼标的再次向法院提起诉讼。《最高人民法院关于适用〈中华人民共和国民事诉讼法〉若干问题的解释》第 24 条规定，当事人就已经提起诉讼的事项在诉讼过程中或者裁判生效后再次起诉，同时符合下列条件的，构成重复起诉：后诉与前诉的当事人相同；后诉与前诉的诉讼标的相同；后诉与前诉的诉讼请求相同，或者后诉的诉讼请求实质上否定前诉裁判结果。根据该规定，是否构成重复起诉，应从当事人是否相同、诉讼标的是否相同、诉讼请求是否相同或者相反等三个方面进行判断，如裁判发生法律效力后有新的事实发生，则不构成重复起诉。前诉判决书中的公证书载明侵权产品为小飞象 A8，而本案公证书中记载的侵权产品为小飞象 A18。因此，两案的侵权产品不同，诉讼请求亦不相同，不构成重复起诉。

点读笔作为一种能够播放声音、音乐的播放工具，与相配套的点读教材结合使用，成为一种新型的音像制品类产品，也是原告享有著作权的《新标准英语》系列教材的新型载体。本案中涉案点读笔内置音频文件可朗读播放原告享有著作权的《新标准英语》一年级上下册、二年级上下册书本内容。被告未经原告许可，也未支付报酬，在其销售的词典笔中内置了能够对原告享有著作权的涉案教材进行点读的音频文件，且未能证明该内置文件的合法来源，侵害了原告对涉案《新标准英语》系列教材及音频文件的著作权，依法应当承担侵权的民事责任。

【裁判要旨】

点读笔中内置了能够对他人作品进行点读的音频文件，且未能证明该内置文件的合法来源，侵害他人著作权。

【案号】

（2022）鲁 07 民终 86 号

二、学习机提供教材下载链接的行为性质

【基本案情】

2000 年，外语教学与研究出版社与麦克米伦公司合作策划出版《新标准

英语》，本套教材起点是小学一年级至高三，每个年级分为 A、B 两册；小学三年级至高三，每个年级分为 A、B 两册。麦克米伦公司与外语教学与研究出版社共同享有著作权，并授权外语教学与研究出版社独自处理任何版权侵权问题。2017 年，外语教学与研究出版社授权外研通公司使用其名下全部知识产权，并授权其以自身名义进行相关诉讼活动，其中包含了涉案图书《新标准英语》。

2019 年，外研通公司发现，景丰达公司在京东商城销售小霸王公司的产品"小霸王 H9"平板电脑，用户可通过该平板电脑下载外语教学与研究出版社《新标准英语》（一年级起点）一至六年级，英语（三年级起点）三年级至六年级，英语七、八、九年级的电子图书上下册内容，并进行点读。

经查，小霸王公司授权星期六公司生产涉案平板，涉案平板中安装的 K12 软件著作权为格灵公司所有，星期六公司只有软件的使用权。2018 年 8 月至 2020 年 6 月期间，景丰达公司已经完成"小霸王 H9"平板电脑销售的订单金额为 1 873 925 元。

【争议焦点】

（1）小霸王公司是否侵犯外研通公司著作权。

（2）景丰达公司是否侵犯外研通公司著作权。

【裁判推理】

小霸王公司称，其作为涉案平板电脑的硬件生产商，被诉侵权作品并非储存在平板电脑主机中，其作用仅在于提供链接，而侵权作品是由电脑所安装软件的著作权人格灵公司所提供。然而，小霸王公司与星期六公司（硬件生产方）、格灵公司（软件开发方）之间存在商业合作关系，不论是作为设链者的小霸王公司，还是作为被链者的其他公司，均以分工合作的方式共同向公众提供涉案作品，并分享收益。也正是基于这种合作关系，设链者有权利、有能力对特定作品是否有合法授权进行审查。本案所适用的 2012 年《最高人民法院关于审理侵害信息网络传播权民事纠纷案件适用法律若干问题的规定》第 4 条规定："有证据证明网络服务提供者与他人以分工合作等方式共同提供作品、表演、录音录像制品，构成共同侵权行为的，人民法院应当判令其承担连带责任。网络服务提供者能够证明其仅提供自动接入、自动传输、信息存储空间、搜索、链接、文件分享技术等网络服务，主张其不构成共同侵权行为的，人民法院应予支持。"小霸王公司并非仅提供网络服务，而是和他人分工、合作、共同提供涉案作品，故构成侵权。

用户可在涉案平板电脑出厂时内置的"课本点读"页面中点击下载链接，连接互联网后可将涉案图书的电子文本下载到平板电脑中，根据本案所适用的2010年《著作权法》第10条第12项"信息网络传播权，即以有线或者无线方式向公众提供作品，使公众可以在其个人选定的时间和地点获得作品的权利"和第48条第1项"未经著作权人许可……通过信息网络向公众传播其作品"相关规定，小霸王公司的上述行为属侵犯权利人涉案图书的信息网络传播权行为。

复制权，即以印刷、复印、拓印、录音、录像、翻录、翻拍等方式将作品制作一份或者多份的权利。发行权，即以出售或者赠与方式向公众提供作品的原件或者复制件的权利。小霸王公司作为生产者，"小霸王H9"平板电脑出厂时其内并不存在涉案图书的电子文本，仅提供了下载链接，此行为并非复制、发行行为，故不构成侵犯外研通公司作品复制权和发行权。

景丰达公司作为涉案"小霸王H9"平板电脑的销售单位，对其出售的商品应尽到合理审查义务。在景丰达公司的店铺展示中，涉案学习机的产品介绍中涉及"启动更新新版本同步教材""连接WIFI下载好教材没有网络也可以学习"等描述，可见，景丰达公司知晓其所出售的学习机能下载涉案教材作品，但涉案教材著作权属于外语教学与研究出版社，景丰达公司对"小霸王H9"平板电脑提供的该涉案教材作品是否经外语教学与研究出版社许可或是否有合法来源，未尽到审查义务。同理，也构成对外研通公司涉案图书信息网络传播权的侵犯。

【裁判要旨】

如果设链者与被链者是根据合作协议，以分工合作的方式共同向公众提供特定作品，并分享收益，那么，基于设链者与被链者的合作关系，设链者完全有权利、有能力对特定作品是否获得了合法授权进行审查。

【案号】

（2021）粤20民终3732号

三、学习机销售商的责任承担

【基本案情】

仁爱研究所是义务教育课程标准实验教科书《英语》教材（仁爱版）的编著单位，是该系列教材的著作权人。

万虹公司将仁爱版《英语》系列教材制作成仅适用于其教育电子产品"万虹学习机"的文件格式，供购买其学习机的用户下载，并将这些文件提供给全国各地的销售中心和下载中心进行复制、传播。石家庄市新华书店销售涉案"万虹学习机"。

原告仁爱研究所认为被告万虹公司、新华书店构成侵权，故诉至法院。

【争议焦点】

万虹公司、新华书店是否存在侵权行为及责任承担问题。

【裁判推理】

根据各方在原审庭审时的比对，涉案产品中加装的涉案学习软件与仁爱研究所拥有著作权的涉案教材一致，因此涉案产品构成著作权侵权，双方争议的关键在于由谁承担侵权责任。

从仁爱研究所提供的购买涉案产品的公证书来看，万虹公司作为涉案产品的生产商，其生产的涉案产品在初始销售时并不带有涉案学习软件，只是销售人员在销售时应仁爱研究所人员要求安装了涉案侵权软件，这种行为应认定构成侵权。

鉴于销售人员在销售产品时处于新华书店经营场所和经营时间内，且向仁爱研究所出具了加盖新华书店印章的发票，因此上述行为属于职务行为，新华书店构成侵权。

仁爱研究所称万虹公司是明知和允许各销售商下载安装涉案侵权软件，但是，仁爱研究所在本案提供的证据并不能认定万虹公司明知和允许各经销商下载安装涉案侵权软件。仁爱研究所就该主张的主要证据是一份公证书，该公证书主要内容为仁爱研究所代理人与万虹公司客服的通话录音。从录音内容来看，万虹公司客服在通话中表示让仁爱研究所代理人自行搜索中国文化传播网下载所需资料，且在仁爱研究所代理人询问该网站是否为万虹公司所有时，明确表示该网站是一个公用的资料网站。虽然万虹公司客服在仁爱研究所代理人反复问到该问题时回答了"对对对"等答复,但综合全部录音和该网站的备案记录,并不能认定中国文化传播网跟万虹公司有关联。因此,万虹公司不构成侵权。

【裁判要旨】

若学习机在生产之初并不带有侵犯他人著作权的学习软件,后期经销售商在公用资料网站下载他人享有著作权的作品,则销售商构成侵权,学习机的生产商不构成侵犯著作权。

【案号】

(2016)冀民终208号

四、网络传播电子图书是否侵犯专有出版权

【基本案情】

中国人事出版社经中国消防协会授权,2018年出版发行《消防安全技术实务》《消防安全案例分析》《消防安全技术综合能力》三册图书,中国人事出版社独占享有该图书的专有出版权和信息网络传播权,期限自2018年4月26日起3年。

快思达公司从事业务包括消防工程师的资格证考试培训教育。当学员报名参加培训交费后,获取三本图书及U盘一个。经法院比对,该三册图书与正版图书相比,没有防伪码、纸张不同,其余均完全相同。在U盘中,有上述三本图书的电子扫描版,除没有封面和封底之外,其他内容均与纸质图书一致。

原告中国人事出版社认为被告提供盗版教材和扫描版图书的行为构成侵权,故提起诉讼。

【裁判推理】

快思达公司向学员提供的纸质教材及电子版教材均为盗版图书,属于未经授权出版发行的图书,快思达公司向学员提供盗版图书的行为侵害了中国人事出版社公司的专有出版权,中国人事出版社公司有权要求其停止该侵权行为。

快思达公司提出其并未制作、销售盗版涉案图书,但其提交的证据不足以

证明其提供的图书具有合法来源，缺乏事实和法律依据，法院不予支持。快思达公司向学员提供盗版图书的行为虽名为"赠送"，但事实上仍是在报名交纳培训费之后取得，应认定为营利行为，快思达公司主张其并无恶意侵权动机的主张，缺乏事实和法律依据，法院不予支持。

关于中国人事出版社公司主张的快思达公司停止侵犯其版式设计权的诉讼请求，根据著作权法，出版者有权许可或者禁止他人使用其出版的图书、期刊的版式设计。此处的"使用"是指除出版者自己使用其版式设计外，他人未经许可不得擅自按原样复制。快思达公司未经许可向学员提供盗版图书的行为同时侵犯了中国人事出版社公司的版式设计权，属于一个行为侵犯多个权项的情形，中国人事出版社公司主张快思达公司停止复制、发行涉案图书的行为，客观上能够实现停止侵犯其版式设计权的目的，故一审法院对中国人事出版社公司的该项请求，不再单独予以处理。快思达公司提交的证据不足以证明其提供的图书具有合法来源，应当承担相应的侵权责任。

法院综合考虑涉案图书的类型、独创性程度、专业用途、价值及影响力、正版图书的定价，快思达公司涉案侵权行为过错程度、涉案使用方式、经营期间规模等相关因素，酌情确定的赔偿数额 15 万元。

【裁判要旨】

出版者有权许可或者禁止他人使用其出版的图书、期刊的版式设计。此处的"使用"是指除出版者自己使用其版式设计外，他人未经许可不得擅自按原样复制。未经许可制作和向公众提供盗版图书的行为，同时侵犯了出版者的版式设计权。

【案号】

（2020）京 73 民终 2130 号

五、手机应用变相传播图书内容的侵权认定

【基本案情】

培生公司享有《Superkids》系列、《English Word》系列等英语教材电子书在中国大陆地区的独家信息网络传播权。

杭州菲助公司运营手机移动应用"少儿趣配音"（以下简称涉案 APP）。

在该手机应用中，能够找到一些视频内容，视频中包括用户朗读涉案电子书内容的语音及涉案电子书中的图文。原告培生公司认为被告杭州菲助公司侵权，故诉至法院。

【争议焦点】
被告是否侵害培生公司享有的信息网络传播权。

【裁判推理】
除法定情形外，未经许可使用他人作品，未向著作权人支付报酬的，应承担相应的侵权责任。本案中，杭州菲助公司在其经营的涉案 APP 上向公众提供了多个包含涉案电子书图文内容的视频。相关视频中的内容在章节分栏、相关卡通形象、英语对话内容、色彩排版上与涉案电子书均具有一致性。

杭州菲助公司虽辩称其经营的涉案 APP 仅提供信息存储空间服务，涉案视频系由网络用户上传、由 Bigger 字幕组进行审核，杭州菲助公司不应承担侵权责任。但是，涉案视频均是先上传至 vip.qupeiyin.cn 网站上，由 Bigger 字幕组进行加工、编辑，再由 Bigger 字幕组管理人员审核决定将其上传展示于涉案 APP，由此可见涉案 APP 并非网友可以自由发表内容的信息存储空间。而且最终审核确定涉案视频是否上传展示于涉案 APP 的权限系由杭州菲助公司授予，故其加工、编辑、审核等管理行为对外产生的法律后果应由杭州菲助公司承担。杭州菲助公司对涉案 APP 中的内容有较强的管控力，杭州菲助公司理应对涉案视频的传播承担责任。

涉案电子书包含很多功能，但最关键的功能还是向用户展示由英文、图片等要素构成的学习内容，传递英语教学内容和学习方法。涉案短视频将作品汇集，并非片段使用，杭州菲助公司通过涉案 APP 提供可供其用户浏览、获得、使用的内容已经高度覆盖涉案电子书载有的主要内容，可以实质地替代涉案电子书。由于涉案短视频并未改变涉案电子书表达的信息和内容，亦未对其教育功能进行实质性的转换和改变，且使用数量较大，缺乏必要性和适当性，使用过程中也没有指出著作权人，不构成合理使用。

此外，杭州菲助公司在 2017 年 12 月 8 日删除相关视频后，在 2018 年 12 月 13 日通过可信时间戳取证情况来看，杭州菲助公司运营的涉案 APP 上仍然存在提供涉案电子书主要图文内容的行为，由此可以证明杭州菲助公司侵权故意明显、恶意程度较高。损害了培生公司享有的信息网络传播权。

【裁判要旨】

如果涉案短视频并未改变作品表达的信息和内容，亦未对其功能进行实质性的转换和改变，且使用数量较大，则缺乏必要性和适当性，故不构成合理使用。

【案号】

（2019）京 73 民终 2547 号

六、向内部学员提供图书下载是否侵权

【基本案情】

中国财政经济出版社取得中国注册会计师协会的专有出版权和信息网络传播权授权，出版 2019 年《中级会计实务》教材。网学时代公司系"应试网校"网站的经营主体。在该网站中，注册会员可以下载 2019 年《中级会计实务》教材的电子版。原告中国财政经济出版社起诉网学时代公司及其经营者刘某侵犯信息网络传播权。

【争议焦点】

被告是否侵害了原告就涉案图书享有的信息网络传播权。

【裁判推理】

原告与中国注册会计师协会签订的版权许可备忘录中，明确约定了许可的性质、具体权项和许可期间，应当认定双方存在真实有效的许可关系。涉案图书作为考试参考用书，在历年教材基础上结合新出现的考点与试题进行总结后撰写，属于该类图书惯常的创作经营模式，不能以涉案图书与之前年份的同类图书部分内容一致而否认涉案图书作为独立作品的独创性，更不能以此否认中国财政经济出版社基于权利人的授权所取得的针对涉案图书的专有信息网络传播权。

购买课程的学员可自行在涉案网站下载涉案图书。只要使家庭成员和经常交往的朋友圈子之外的不特定多数人能够阅读、欣赏或以其他方式感知作品，就构成公开传播行为。在半公开场所如涉案网校传播作品也构成向公众传播行为，因为能够下载涉案图书的对象是所有购买相关课程的学员，其传播行为面向的对象仍是不特定的多数人，学员之间的联系并不紧密，学员之间亦不熟

识，因此构成著作权法意义上的公众。

被告未经许可在其网站提供涉案图书，使得公众可以在个人选定的时间和地点获得涉案图书的行为，侵害了中国财政经济出版社就涉案图书享有的信息网络传播权。

刘某作为网学时代公司的唯一股东，未举证证明其与网学时代公司具有独立的财务关系，故应当与网学时代公司对上述责任承担连带责任。在赔偿额的确定上，法院综合考虑以下因素酌情确定损害赔偿数额：涉案图书并非是对已有作品的选择和编排，不属于汇编作品，是具有较高独创性的原创作品；涉案图书作为全国职业资格考试辅导用书，具有权威性，市场价值较大；被诉侵权行为通过学员购买课程后登陆被告网站下载，传播范围有限，侵权情节轻微；涉案图书系教辅图书，每年均重新出版，价值有所降低。综上，法院酌情确定损害赔偿数额为 4 万元。

【裁判要旨】

网校传播作品构成向公众传播行为，因为传播行为面向的对象仍是不特定的多数人，学员之间的联系并不紧密，学员之间亦不熟识，因此构成著作权法意义上的公众。

【案号】

（2021）京 73 民终 1928 号

七、法理分析

制造学习机、点读笔的市场经营者，在硬件中预存包含他人享有著作权的教材，需要获得出版机构的许可。学习机、点读笔上预存的中小学教材可以供学习者在全国范围内通用，适用范围广、受众较多，不属于著作权法规定的合理使用的情形。在新冠疫情期间，国家教材委推行了针对在校师生通过专门下载通道免费获取教材资源的政策，但这不等于要求各大中小学教材出版社向社会公众免费开放教材资源，因此，不影响一些出版机构继续从事点读笔等商业经营活动。

如果制造商只提供链接，而存储侵权内容的服务器由其他主体提供，则区分两种情形进行判断。第一种情形是看硬件生产商（设链者）与存储侵权图书的服务器（被链者）之间就涉案作品的提供是否存在商业合作关系，各方是否共同从中获得经济利益。如果设链者与被链者实际上是根据合作协议，以分工合作的方式共同向公众提供特定作品，并分享收益，基于设链者与被链者的合作关系，设链者完全有权利、有能力对特定作品是否获得了合法授权进行审查。故根据《最高人民法院关于审理侵害信息网络传播权民事纠纷案件适用法律若干问题的规定》第4条："有证据证明网络服务提供者与他人以分工合作等方式共同提供作品、表演、录音录像制品，构成共同侵权行为的，人民法院应当判令其承担连带责任。"第二种情形是，硬件生产商能够证明其仅提供链接服务，此时，其是否承担责任取决于其是否对该链接指向的内容涉嫌侵权明知或应当知道。如果其明知或应知，但仍为了增加销量内置了该链接，使用户能够在选定的时间和地点以下载方式获得涉案教材，其行为构成帮助侵权，侵害了出版机构从作者处获得的专有信息网络传播权。

对于硬件的销售商是否承担侵权赔偿责任，主要要看其是否能够举证证明其销售商品的合法来源，而且其主观上是否是善意不知情的。在司法实践中，法院要求硬件销售商对其出售的商品应尽到合理审查义务。在涉及小霸王学习机的案件中，法院认为，如果销售商的店铺展示的涉案学习机产品显示能下载各个出版社的教材，并在产品下有"启动更新新版本同步教材""连接WIFI下载好教材没有网络也可以学习"等介绍，可知销售商对出售的学习机能下载涉案教材作品是知晓的，对其出售的商品提供的教材作品是否经著作权人许可或是否有合法来源，应尽到审查义务。

对于出版者的专有出版权，是否能够延及网络环境，则要看出版者与著作权人的合同中是如何约定的。如果著作权人将其作品在网络环境下以电子书形式传播的权利也独占地授权给出版者，出版者自然可以就未经其许可的对作品的信息网络传播行为主张权利。在合同约定不明的情况下或者未做约定的情况下，则需要按照合同解释的诸多方法探究当事人签署合同时的真实意思表示。

一些网络店铺在卖书的同时赠送买家电子版资料。即任何想要购买相关商品的人员如有相关需求，均存在自行在被告所提供的网盘中下载涉案图书的可能性，其传播行为面向的对象仍是不特定的多数人，符合信息网络传播权向公众提供的要件。公众能否获得涉案图书，取决于是否购买商品并登录被告所提供的网盘下载涉案图书。一旦购买商品，即可在个人选定的时间和地点获得涉案图书。因此，被诉行为构成"交互式"传播，侵犯信息网络传播权。

第六章　互联网环境下图书的著作权保护

互联网信息技术的发展使文学作品传播的途径更加多样化，传统作品大多以纸质媒介的形式作为载体，在互联网领域，作品是以数字载体的形式存在。网络传播作品具备成本低、速度快、范围广等优势，但是随之而来的侵权纠纷也呈现出侵权行为多样、侵权性质模糊的特点。

近年来，国家越发重视互联网及新兴技术下著作权的保护问题。《"十三五"国家知识产权保护和运用规划》明确指出，应加强新领域新业态知识产权保护，深化知识产权领域改革，严格实行知识产权保护，促进知识产权高效运用，通过更为完善的知识产权法律制度促进知识产权创新与文化繁荣。自2010年国家版权局牵头的"剑网行动"启动至今，国家版权局在打击网络作品侵权方面已经取得显著的成就。但随着网络技术的日新月异，不断会有新的问题出现。各类互联网领域中的盗版作品及侵权现象，仍对司法工作者提出不小的挑战。以有声读物为例，在社会公众碎片化阅读习惯的影响下，有声读物平台异军突起，并迅速占领数字化阅读市场。伴随着有声读物市场的扩大，该领域的知识产权侵权现象也日益严重。自2014年迄今，有声读物平台涉及的版权官司从未间断。在"剑网2018"重点领域版权专项整治中，也着重强调了对有声读物平台版权的集中治理。如何判断有声读物提供平台是否构成侵权成为时下研究的重点问题。

在互联网环境下，图书的著作权保护涉及两个重要的角度。首先，在数字出版的背景之下，电子书阅读服务、图书馆数据传递服务等引发的著作权保护问题。第二是在图书内容被网络传播的情形下，涉及的网盘、云存储、搜索链接、手机移动应用、直播与短视频等服务业态下的著作权保护问题。《信息网络传播权保护条例》为网络服务提供者的责任界定作出了详细的规定。网络服务提供者是指通过信息网络向公众提供信息或者为获取网络信息等目的提供服务的机构。我国《著作权法》第 10 条第 1 款第 12 项规定，信息网络传播权，是以有线或者无线方式向公众提供作品，使公众可以在其个人选定的时间和地点获得作品的权利。网络服务提供者构成直接侵权行为的前提是其存在提供作品的行为。而网络服务提供者往往只提供平台，内容由用户进行上传，因此其不构成直接侵权，是否构成间接侵权取决于其是否有过错。网络服务提供者的过错包括对于网络用户侵害信息网络传播权行为的明知或者应知；根据侵权的具体事实是否明显，综合考虑网络服务提供者提供服务应当具备的管理信息的能力、网络服务提供者是否主动对作品进行了选择、编辑、推荐等各种因素，综合认定网络服务提供者是否构成应知。根据《最高人民法院关于审理侵害信息网络传播权民事纠纷案件适用法律若干问题的规定》第 7 条规定，网络服务提供者在提供网络服务时教唆或者帮助网络用户实施侵害信息网络传播权行为的，法院应当判令其承担侵权责任。网络服务提供者以言语、推介技术支持、奖励积分等方式诱导、鼓励网络用户实施侵害信息网络传播权行为的，法院应当认定其构成教唆侵权行为。

大部分网络服务提供者是服务提供平台，内容由用户上传，此时虽然排除了直接侵权的责任，但仍要判断其提供行为是否构成间接侵权。网络服务提供者主观上是否具有过错，即是否明知或应知用户上传内容侵权是是否构成间接侵权的关键，知道即故意，判断标准相对较为清晰，应知的认定一般通过网络服务提供者是否尽到注意义务来判断。需要注意的是，注意义务并不当然等于全面审查的义务，网络服务提供者未对网络用户侵害信息网络传播权的行为主动进行审查的，不应据此认定其具有过错；网络服务提供者能够证明已采取合理、有效的技术措施，仍难以发现网络用户侵害信息网络传播权行为的，应当认定其不具有过错；如果网络服务提供者未采取其预见水平和控制能力范围内制止侵权的必要措施，可以认定存在主观过错。网络服务提供者合理注意义务的限度应当结合具体案情进行判断。

本章分为两节，第一节介绍电子书阅读服务提供者的著作权侵权责任，第二节介绍信息存储与链接服务提供者的著作权保护义务。

第一节　电子书阅读服务提供者的著作权侵权责任

随着网络的普及和数字出版的流行，电子书市场愈发蓬勃。在数字时代，将图书数字化，并且借助网络技术向公共提供相关服务有利于社会公众利益。但是，这一过程不能不合理地损害权利人的正当利益。通过电子邮件点对点发送电子图书、通过深度链接的方式提供电子图书、图书馆提供馆藏图书电子版的试读与阅读服务、商业性网站提供电子图书的在线浏览服务，均需要获得著作权人的信息网络传播权许可。对于公共图书馆而言，图书馆履行职责、提供公共服务应在现有法律框架下进行，通过合法方式取得权利，为公众提供便捷服务，需要严格按照法律法规的规定开展电子书的传播与浏览服务。

一些电子书网站、手机移动应用以及终端设备在商业经营活动中，虽然已经意识到其传播电子书需要获得著作权人授权，并且也积极地与权利人签署合同，但是，其应当认真审核合同的相对方是否是真正的权利主体、授权链条是否完整。对于行业内新兴的电子图书销售服务、借阅服务，需要在现有著作权法的法律框架下分析，考察著作权法所规定的权利的本质，分析涉案行为是否落入该权利的边界中。

本节的案例涉及电子书阅读服务提供者的著作权侵权责任、数据库服务提供者邮件传递电子书的行为界定、图书馆提供馆藏电子书资源试读服务的行为性质以及电子书阅读器审核著作权人身份的义务。此外，本节还涉及对数字环境下发行权穷竭原则的扩展适用、电子借阅等前沿问题。

一、数据库传递电子书的侵权责任认定

【基本案情】

中科出版公司通过合同获得专有出版权和信息网络传播权，出版了《计算机组成原理（第五版）》等9部涉案作品。

登录北京邮电大学的IP地址，读者进入"读秀网"可以搜索到涉案作品，

并试读部分页面；读者点击作品详情页面的"图书馆文献传递"可跳转至"全国参考资讯与文献传递网"，提交需求申请后会收到含有申请作品链接的邮件，通过该链接可跳转至涉案作品的内容页，并能够以pdf文件形式保存至本地。

中科出版公司认为读秀公司、中山图书馆、超星公司及北京邮电大学构成共同侵权，故诉至法院。

【争议焦点】

四个被告是否构成侵权。

【裁判推理】

中山图书馆未经许可，通过其主办的"全国参考资讯与文献传递网"平台系统发送被控侵权邮件，向公众提供涉案作品，使公众可以在其选定的时间和地点获得涉案作品，该行为侵害了中科出版公司对涉案作品享有的信息网络传播权，应承担相应的侵权责任。虽然被控侵权行为确系以复制的方式再现了涉案作品，但该以复制的方式再现涉案作品的行为已被通过信息网络传播涉案作品的行为所吸收。即在信息网络传播权控制的范围之外，并未产生新的复制行为。故对中科出版公司关于被控侵权行为亦侵害了其复制权的主张，不予支持。

读秀公司所提供的图书搜索服务具有唯一的、确定的指向性，并非《信息网络传播权保护条例》第23条规定的"搜索或者链接服务"。首先，读秀公司主办和运营的"读秀中文学术搜索网"的网页中可实现涉案作品部分内容的在线浏览，读秀公司实施了提供作品的行为。其次，邮件中的超链接指向独秀的网页地址，读者最终获得的涉案作品内容所存储的位置又与读秀公司有关。另外，关于提供作品的形式问题，超链接抑或直接提供，都能实现公众在其选定的时间、地点获得作品的效果。"电子邮件点对点发送"在形式上的特点并不能否定该行为使公众可以按照自己的需要获得作品的实质特点，故仍属于信息网络传播权控制的行为。

对于被告超星公司，"读秀网"中关于超星公司授权的介绍与涉案侵权行为并无直接关联，尚不足以证明超星公司与读秀公司就共同实施被控侵权行为存在合意。对于北京邮电大学，原告仅仅因在北京邮电大学的IP地址范围内能够进入"读秀网"，难以认定北京邮电大学与读秀公司就共同实施被控侵权行为存在合意。

综上，读秀公司与中山图书馆具有通过"文献传递"的方式共同提供作品的主观意思联络和客观合作行为，属于分工合作的共同侵权，应承担连带赔偿责任。

除作品信息网络传播权之外，涉案作品由中科出版公司出版，涉案图书的版式设计是中科出版公司作为出版者在对涉案作品进行编辑加工时完成的劳动成果，是出版、传播涉案图书时创设的。故中科出版公司对涉案图书的版式设计享有权利。读秀公司、中山图书馆系将涉案图书扫描复制后在互联网上进行传播的，该行为构成了对中科出版公司版式设计权的侵害。

【裁判要旨】

"电子邮件点对点发送"在形式上的特点并不能否定该行为使公众可以按照自己的需要获得作品的实质特点，故仍属于信息网络传播权控制的行为。

【案号】

（2020）京民终 766 号

二、图书馆传播图书扫描版的责任认定

【基本案情】

《终端培训与管理》作者张某某与三面向公司签订了著作权转让合同书，将涉案作品除署名权外的著作权转让给三面向公司。

国家图书馆系大型公共图书馆，其提供的服务包括《终端培训与管理》馆藏图书的借阅服务、电子图书馆内阅读服务，及在线浏览图书（正文前 24 页）的服务。三面向公司发现，国家图书馆将三面向公司享有著作权的作品《终端培训与管理》数字化后，为公众即全国各地的注册用户提供在线阅读服务，三面向公司认为国家图书馆侵权，故提起诉讼。

【争议焦点】

（1）国家图书馆通过信息网络提供涉案图书的行为是否受信息网络传播权控制。

（2）国家图书馆将涉案作品数字化并提供馆内阅读服务的行为是否构成合理使用。

（3）国家图书馆向公众提供涉案图书正文前 24 页的在线阅读是否构成合理使用。

（4）如国家图书馆关于合理使用的抗辩主张不能成立，其应如何承担侵权责任。

【裁判推理】

三面向公司主张的本案国家图书馆通过信息网络提供涉案图书的两类行为，即通过馆内局域网向到馆公众提供全文在线阅读，以及通过互联网向公众提供涉案图书正文前 24 页在线阅读，均属于信息网络传播权的控制范围。

第一，《著作权法》第 10 条第 1 款第 12 项中的公众系指不特定多数的社会成员，"不特定"意在强调此类交互式网络传播行为面向的用户范围是开放的，而不是封闭且相对固定的少数人，不能认为只要提供方对获得作品的受众范围客观上有所限定，其提供行为就不构成对公众的提供行为。因此，本案中，国家图书馆对受众获得作品设置入馆、注册读者卡并进行网络注册等前置要求，未改变其仍系向不特定多数人提供作品这一事实，其提供行为仍构成对公众的提供行为。

第二，信息网络传播权的实质在于控制"交互式"网络传播行为，"在其个人选定的时间和地点获得作品"是对"交互式"特征的描述。"选定的时间"系指作品提供者在提供作品时，能使用户自由选择其获得作品的时间，这并不意味着提供者必须每时每刻都要提供作品。国家图书馆通过馆内局域网传播涉案图书虽然有开馆时间的限定，但读者仍可在上述时间段中其选定的时间在线阅读涉案图书，未改变该行为属于"交互式"网络传播的性质。

第三，关于"选定的地点"，局域网通常架设在特定地点，有地域范围限制，本案中，国家图书馆亦系在馆内架设局域网。依据《最高人民法院关于审理侵害信息网络传播权民事纠纷案件适用法律若干问题的规定》第 2 条的规定，信息网络包括向公众开放的局域网络。可见，通过架设在特定地点的局域网传播作品，只要对范围内公众开放，亦属于可使公众在"选定的地点"获得作品的行为。

图书馆等特定主体以数字化形式复制作品并在馆舍内进行信息网络传播是否构成合理使用，应当适用《信息网络传播权保护条例》第 7 条的具体规定。

依据现有证据无法认定国家图书馆以数字化形式复制涉案图书时，涉案图书已构成《信息网络传播权保护条例》第 7 条第 2 款中的"已经损毁或濒临损毁"情形。具体理由如下：

从立法目的看，对图书馆的相关行为适用合理使用制度，其要旨在于保障图书馆有效留存和传承文化资源，保障公众借阅权利的行使。适用合理使用制度是公共利益考量下对私权限制的结果，对该制度使用条件的解释不能脱离制度目的，需有效平衡著作权人个人利益和社会公共利益，既要合理保障社会公共利益，也不能过度侵蚀著作权人个人利益。国家图书馆出于履行其国家总书库的职责，以陈列、保存版本为目的，可以在满足法定条件下，以数字化形式复制纸质图书等文献材料。相关文献"已经损毁或濒临损毁"属于必须满足的法定条件之一，在理解该条件时不应泛化，不能认为任何纸质文献出现或可能出现任何程度的破损即满足了该条件。

判断纸质文献是否构成"已经损毁或濒临损毁"情形，可以从以下两方面进行判断：一是纸质文献的物理状态是否影响图书馆向公众提供正常借阅服务；二是纸质文献的物理状态是否影响到图书馆以数字化或其他方式进行复制。如果纸质文献出现较多缺页、脱页等情况，又无法通过简单修复方式修复，从而难以正常向公众提供借阅服务，则此种情况下进行复制以保障公众借阅权利，可以认定为"已经损毁或濒临损毁"。如果纸质文献纸张机械强度明显减低，不及时进行复制在可预计的一定期间后将难以对其进行复制，无法留存版本，亦可认定为"已经损毁或濒临损毁"。

本案中，涉案图书自出版至今已十余年，确实存在纸张发黄、机械强度下降等情形，但从图书本身完整性看，并未出现明显缺页或正文页面破损情形。涉案图书的物理状态既未达到难以正常向公众提供借阅服务的程度，也不属于不及时进行复制在可预计的一定期间后将难以对其进行复制，无法留存版本的情形。据此，国家图书馆将涉案图书以数字化方式复制并通过馆内局域网向公众提供不构成合理使用。对于侵害三面向公司就涉案图书享有的复制权、信息网络传播权一节，国家图书馆应当承担侵权责任。

《信息网络传播权保护条例》第 7 条规定的合理使用存在对象、范围的限制，图书馆等特定主体通过信息网络提供数字化形式复制的作品构成合理使用仅限于向本馆馆舍内服务对象提供的情形，而本案国家图书馆除向本馆馆舍内服务对象提供其数字化形式复制的涉案图书，还通过其网站向互联网用户提供涉案图书正文前 24 页的在线阅读，使得公众无需进入国家图书馆馆舍内即可通过互联网在其选定的时间、地点在线阅读涉案图书部分内容，后者的对象、范围超出了《信息网络传播权保护条例》第 7 条规定的情形。据此，国家图书馆通过互联网向公众提供涉案图书正文前 24 页的在线阅读不构成合理使用，国家图书馆应就此承担侵权责任。

法院考虑以下因素酌情确定经济损失赔偿数额。第一，涉案图书出版已十余年，发行量不高，无证据显示其曾再版或进行数字出版，亦无证据显示其具有较高知名度或影响力，故其市场价值不高；第二，国家图书馆实施被诉侵权行为并未向公众收取费用，亦未进行其他商业化利用；第三，三面向公司公证取证时间距授权到期时间不长；第四，涉案图书的全文内容仅在馆内提供，通过互联网对外提供的内容有限，且本案并无证据显示涉案图书的在线阅读量较大。综上，依法酌定国家图书馆应赔偿三面向公司经济损失 2000 元。根据本案案件特点、三面向公司的举证情形及合理性、必要性的原则，酌情确定国家图书馆赔偿三面向公司合理支出 1000 元。

【裁判要旨】

从立法目的看，对图书馆的相关行为适用合理使用制度，其要旨在于保障图书馆有效留存和传承文化资源，保障公众借阅权利的行使。适用合理使用制度是公共利益考量下对私权限制的结果，对该制度使用条件的解释不能脱离制度目的，需有效平衡著作权人个人利益和社会公共利益，既要合理保障社会公共利益，也不能过度侵蚀著作权人个人利益。国家图书馆出于履行其国家总书库的职责，以陈列、保存版本为目的，可以在满足法定条件下，以数字化形式复制纸质图书等文献材料。相关文献"已经损毁或濒临损毁"属于必须满足的法定条件之一，在理解该条件时不应泛化，不能认为任何纸质文献出现或可能出现任何程度的破损，即满足了该条件。

【案号】

（2019）京 73 民终 3387 号

三、提供作品片段试读服务的行为性质

【基本案情】

圣才公司是《曼昆（第6、7版）笔记和课后习题详解》的著作权人。2012年7月，中国石化出版社经授权出版发行了该图书。2019年，圣才公司发现超星公司在其经营的网站"超星发现"上提供上述图书部分内容的在线阅读服务，圣才公司认为其信息网络传播权受到侵犯，故提起诉讼。

【裁判推理】

《著作权法》第24条规定，在下列情况下使用作品，可以不经著作权人许可，不向其支付报酬，但应当指明作者姓名、作品名称，并且不得侵犯著作权人依照本法享有的其他权利：为介绍、评论某一作品或者说明某一问题，在作品中适当引用他人已经发表的作品。依照上述规定，使用可以不经著作权人许可的已经发表的作品的，不得影响该作品的正常使用，也不得不合理地损害著作权人的合法利益。判断一行为是否属于合理使用行为，应当结合行为目的、行为方式、是否影响作品的正常使用以及是否会对权利人造成不合理的损害等因素综合判断。

本案中，首先，结合涉案网页右方明确提示仅提供该书目录的试读，下方有相关售卖该书的网络店铺、售价以及收藏该书的图书馆名称等信息，可以确定被诉侵权行为主要目的是推荐、介绍涉案图书并提供相关购买渠道等信息；其次，根据已查明事实，用户能浏览到的内容只有涉案图书的版权页、前言、目录和正文10页内容，与全书正文内容相比所占比例轻微；再次，涉案图书为教辅类图书，涉案行为仅能使读者对涉案图书的第一章节有初步的了解，读者在未购买涉案图书的情况下无法获取涉案图书其他内容，难以实现该类图书的教学辅导目的，故涉案行为未超过合理限度；第四，涉案行为已指明涉案图书的相关著作权信息，且允许用户试读前几页的行为难以达到替代涉案图书的作用，未影响涉案图书的正常使用，亦无证据表明权利人因该行为遭受了不合理的损害后果。因此，超星公司提供图书部分内容试读行为构成合理使用，不侵犯原告的信息网络传播权。

【裁判要旨】

对于涉案行为是否属于合理使用行为，应当结合行为目的、行为方式、是否影响作品的正常使用以及是否会对权利人造成不合理的损害等因素综合判断。

【案号】

（2021）京 73 民终 1753 号

四、电子书阅读服务平台审查作品权利链条的义务

【基本案情】

刘某某为《秧村往事》一书的著作权人，该书于 2017 年 3 月由中国财富出版社出版发行。2018 年 4 月 16 日，刘某某出具授权书，授予众咖公司享有上述作品的专有信息网络传播权、维权及转授权的权利，授权期限为 3 年。

手机应用软件"QQ 阅读"系由阅文公司经营。阅文公司通过上述软件安卓客户端向手机用户提供涉案作品的有偿阅读服务。

原告众咖公司认为被告阅文公司的涉案行为侵犯其信息网络传播权，故提起诉讼。

【争议焦点】

（1）被告是否侵犯众咖公司对于涉案作品享有的信息网络传播权。

（2）被告是否尽到了合理注意义务。

【裁判推理】

众咖公司经受让取得了涉案作品的信息网络传播权，他人未经许可不得擅自传播涉案作品。

被告阅文公司主张，刘某某将涉案作品的电子版权转让给案外人黄某某专有使用，黄某某授予郑州天琪伊墨文化传播有限公司享有涉案作品的信息网络传播权。后其从郑州天琪伊墨文化传播有限公司获得了对涉案作品的合法授权。但是，阅文公司提交的出版代理协议与众咖公司提交的出版代理协议在著作权权属部分存在明显矛盾的内容，因阅文公司提交的出版代理协议无原件予以核对，故法院认定作者刘某某保留了涉案作品的电子、数字和影视版权的权利，只授权了黄某某简体中文出版权。

因此，阅文公司在涉案网站上登载涉案作品的行为未获得作者授权，侵犯了众咖公司对于涉案作品享有的信息网络传播权，应承担侵权责任。

阅文公司在其经营的平台上发布涉案作品前，应该审查涉案作品的权属情况，根据本案证据，阅文公司最终获得所谓授权虽经过多个授权环节，让其提供若干前手的授权书等材料原件的要求过高。但根据阅文公司提交的刘某某与黄某某的授权书复印件，该复印件中第1条第2款"甲方将涉案作品电子版权转让给乙方专有使用，甲方保留作品的独立署名权"与其他条款在外观上存在的明显差异，且该条款为关键性条款，结合该份出版代理协议存在的诸多身份信息的遮盖情况，阅文公司作为专门从事提供电子书阅读服务的公司，应当对该出版代理协议的复印件与原件的一致性进行核实，法院认定阅文公司未尽到合理的注意义务，具有一定过错。

【裁判要旨】

电子书阅读服务平台在其经营的平台上发布他人作品之前应当审查该作品的权属情况。若最终取得授权过程中经过多个授权环节，电子书阅读服务平台负有审查作品权利链条的义务，应当对关键的授权行为及授权条款的真实性进行核实。

【案号】

（2018）京 0105 民初 83666 号

五、电子书阅读器审核著作权人身份的义务

【基本案情】

钱某系博嘉宏公司法定代表人。何某某与博嘉宏公司合作出书，合作模式为钱某确定选题，由何某某进行具体创作并负责修改，交付成稿后由钱某向何某某支付稿酬，钱某负责后续出版及推广事宜。

随后，何某某陆续完成《中庸处世智慧》等六本书。钱某与当代世界出版社签署出版合同，自 2005 年至 2008 年陆续出版发行这六本图书。

2018 年 6 月 1 日，何某某出具授权书将其六部作品的复制权、发行权、汇编权、信息网络传播权等独家专有授权许可原告众咖公司使用。

被告亚马逊公司运营 kindle 电子书网站。被告与博嘉宏公司签订合同，约

定将包含涉案六本图书在内的作品在授权范围内制作成电子书并通过互联网（有线及无线）对电子书进行复制、发行、传播和销售。随后，被告网站中上线涉案六本书。原告众咖公司认为被告侵犯其信息网络传播权，故提起诉讼。

【争议焦点】

（1）涉案六本图书的著作权归属。

（2）亚马逊公司是否构成侵权。

【裁判推理】

受委托创作的作品，著作权的归属由委托人和受托人通过合同约定。合同未明确约定或者没有订立合同的，著作权属于受托人。本案中，根据何某某与钱某之间的邮件沟通记录及何某某个人博客记载的内容可以认定，在 2004 年至 2012 年间何某某与博嘉宏公司具有委托创作合同关系，何某某受托为博嘉宏公司创作作品，由博嘉宏公司负责联系出版和对外销售。现无证据证明何某某与博嘉宏公司就何某某创作作品的著作权归属进行了明确约定，故法院认定合作期间创作作品的信息网络传播权归创作者何某某所有。

根据钱某与何某某之间的合作背景、邮件沟通记录等相关事实，博嘉宏公司有权在特定目的范围内的免费使用作品的权利应当仅限于图书出版范围，本案涉及的对外授权信息网络传播权的使用方式显然已经超出了当时背景下委托创作涉案六部作品的特定目的范围。

鉴于博嘉宏公司并未取得涉案六部作品的信息网络传播权，故涉案网站传播涉案六部作品的行为并未取得合法授权。亚马逊公司作为涉案六部作品的直接提供者，负有对作品权利合法性进行审查的义务，亚马逊公司未经合法授权擅自将涉案六部作品通过其经营的涉案亚马逊网站平台向公众有偿提供在线阅读服务，侵害了众咖公司对前述作品享有的信息网络传播权，应当承担赔偿损失的法律责任。

【裁判要旨】

电子书平台作为作品的直接提供者，负有对作品权利合法性进行审查的义务。

【案号】

（2019）京 73 民终 3660 号

六、发行权用尽原则适用于网络环境的障碍

【基本案情】

北京大学出版社与《国际政治与德国》的作者签署了出版合同,合同第 1 款载明北京大学出版社在合同有效期内享有"在全球以纸质图书和数字形式(包括但不限于光盘、硬盘等有形载体和有线及无线网络传播)出版发行上述作品中文本的专有使用权"。

超星公司与北京大学出版社于 2010 年 8 月 31 日和 2013 年 11 月 21 日分别签订数字图书合作协议,约定超星公司自 2010 年至 2016 年可对北京大学出版社享有部分权益的电子图书(包括本案中北京大学出版社所主张权益的电子图书)进行为期 6 年的销售,超星公司有权自行决定电子图书使用方式和销售形式,协议到期后超星公司不能再传播、复制、发行原告出版纸质图书,但双方并未约定合同到期后需将已销售电子书下架。

2012 年 11 月 5 日,绵阳市图书馆与超星公司签订《电子图书数据库订置合同》并且购买了包括涉案电子图书在内的图书,超星公司通过镜像技术将电子图书完全复制到绵阳市图书馆本地服务器以完成交付并由超星公司定期对数据库进行维护。之后几年双方继续签订《电子图书数据库订置合同》,有效期至 2018 年 6 月。

2017 年,北京大学出版社发现绵阳市图书馆在其网站超星电子图书数据库中擅自使用涉案作品,供读者阅读下载。北京大学出版社以超星公司与绵阳市图书馆的行为严重侵犯其依法享有的信息网络传播权为由提起诉讼。

【争议焦点】

(1)北京大学出版社是否具备提起诉讼的主体资格。

(2)超星公司与绵阳市图书馆是否侵犯了北京大学出版社的信息网络传播权。

(3)首次销售原则是否能成为本案的抗辩事由。

(4)若构成侵权,如何确定赔偿金额。

【裁判推理】

超星公司主张北京大学出版社提交的出版合同仅有数字出版内容,并未直

接提及"信息网络传播权",因此不能认定北京大学出版社取得了涉案作品的信息网络传播权,故北京大学出版社不具备提起本案诉讼的主体资格。

一审法院认为涉案出版合同虽未直接提及"信息网络传播权",但其中第1条作者已经授权北京大学出版社在授权区域"以纸质图书和数字形式(包括但不限于光盘、硬盘等有形载体和有线及无线网络传播)出版发行上述作品"特定文本的专有使用权。

其中,针对"数字形式"解释为包括有线及无线网络传播等形式,且"出版发行"意指将作品公之于众的行为,并考虑到数字形式不受时间、地域范围的限制,即公众可以在任何时间和地点通过有线或者无线方式获取涉案作品。

由此可知,前述约定已涵盖信息网络传播权之法定构成要件,即涉案图书作者已将涉案图书的信息网络传播权实质性授予北京大学出版社,北京大学出版社已获得涉案图书专有的信息网络传播权。即不能因为合同未采用形式上的术语而否认授权的实质内容。

该权利尚处于有效期内,除法律法规规定的情形外,他人未经许可不得擅自使用涉案作品。针对涉案作品的侵权行为,北京大学出版社有权提起诉讼。

超星公司与绵阳市图书馆共同辩称:第一,涉案作品系绵阳市图书馆从超星公司购买,而超星公司与北京大学出版社存在合作,其不构成侵权。第二,涉案行为属于仅向特定公民提供电子图书阅读或下载服务的行为,不属于信息网络传播行为。第三,其合作关系系技术服务加产品销售,绵阳市图书馆向其读者提供电子图书阅读的行为不是信息网络传播行为。

法院认为,绵阳市图书馆与超星公司虽签订的《读秀更新服务费订置合同》履行的基础在于超星公司通过合作协议获得的涉案作品的信息网络传播权。由于原告与超星公司之间的合作已经终止,绵阳市图书馆失去了原告的授权基础,绵阳市图书馆并未尽到最基本的注意义务——对涉案作品的来源等进行审查。在未经原告许可的情况下其继续向公众提供涉案图书的在线阅读或下载服务,使公众可以在选定的时间和地点获得涉案作品。由于绵阳市图书馆并未向法院举证证明办理读者证本身存在其他限制,故涉案作品因绵阳市图书馆与超星公司的上述行为处于不特定公众在其选定的时间和地点可以获得的状态,属于信息网络传播行为。

超星公司通过镜像技术手段将电子图书完全复制到绵阳市图书馆本地服务器并持续提供更新服务。如果离开超星公司、绵阳市图书馆二者其中任何一个环节，用户都无法获得涉案作品。超星公司对与绵阳市图书馆之间的合同目的是通过绵阳市图书馆的系统实现电子图书的在线阅读或下载有明显预期，却依旧提供涉案作品，因此可以认定超星公司与绵阳市图书馆具有通过信息网络向公众提供涉案作品的意思联络。既然超星公司定期为绵阳市图书馆进行数据库更新，应当将已经不在授权期限范围内的作品删除，使绵阳市图书馆不再具有向公众提供涉案作品的基础，但超星公司却仍然在授权期限外继续提供涉案作品。因此，绵阳市图书馆与超星公司共同实施了侵犯原告对涉案作品所享有的信息网络传播权的行为，构成共同侵权。

首次销售原则或发行权用尽原则，系指合法制作的作品原件或复制件在首次合法投入市场后，版权人就无法控制该原件或复制件的再次发行。从行为目的和性质上看，超星公司的行为实质是通过信息网络传播作品的行为，而非仅为销售行为。如果仅将超星公司的行为理解为一般的图书销售行为，则将使超星公司与著作权人之间的合同有效期形同虚设，也将有损著作权人的合法权利。

在当前我国著作权立法状况下，将该原则引入网络传播领域尚存在障碍，即便引入，其也应至少满足"原件或复制件所有权转让"和"受让方向他人网络传输数字化作品文件后要删除其存储的该文件"两个限定条件，否则将导致复制件数量不受控制，严重损害权利人的利益。在本案中，超星公司与绵阳市图书馆的行为并不符合上述两个条件。因此，超星公司与绵阳市图书馆没有合法抗辩事由实施的信息网络传播行为，共同侵犯了北京大学出版社的信息网络传播权。

由于本案权利人以及被诉侵权方均未充分举证证明北京大学出版社因被控侵权行为的实际损失或超星公司因被控侵权行为的实际获利，亦未提交相应的许可合同等供参考，故法院依法酌定赔偿金额。在酌定赔偿金额时主要考虑以下因素：权利人请求保护作品的社会影响与市场价值、图书馆对涉案图书的使用方式及目的与一般商业性使用存在区别、涉案图书是否存在大量摘引内容并足以影响独创性程度的判断、涉案图书中是否含有封面署名作者无权对外授权内容。

最终，法院认为北京大学出版社要求按照每千字100元赔偿其经济损失明显过高，与本案涉案作品价值、被诉侵权人侵权行为性质、情节以及给权利人造成的损失等均不相符，不予全额支持。

【裁判要旨】

将首次销售原则引入网络传播领域，应至少满足"原件或复制件所有权转让"和"受让方向他人网络传输数字化作品文件后要删除其存储的该文件"两个限定条件。

【案号】

（2020）京民申4151号

七、电子书借阅平台的注意义务

【基本案情】

涉案作品《魔道祖师》由袁某某（墨香铜臭）创作完成，并授权将其发布在原告晋江公司的网站上，根据双方签署的授权书，原告享有涉案作品的维权权利。被告简帛图书馆经营藏书馆手机移动应用程序（APP）。原告发现，藏书馆APP上有用户上传了涉案作品供公开借阅，原告认为被告的行为侵犯涉案作品的信息网络传播权并诉至法院。

【争议焦点】

（1）被告提供的借阅服务是否属于《公共图书馆法》允许的不需要经过作者授权的借阅服务。

（2）被告是否侵犯原告的信息网络传播权。

【裁判推理】

被告辩称其为公共图书馆，运营方式符合《公共图书馆法》，法院认为藏书馆APP是普通的手机应用程序，且并非法外之地。《公共图书馆法》第15条规定图书馆的设立需符合法定要求、第17条规定图书馆的设立需办理登记手续，而藏书馆APP的设立并不具备这样的要件。根据《公共图书馆法》第2条：本法所称公共图书馆，是指向社会公众免费开放，收集、整理、保存文献信息并提供查询、借阅及相关服务，开展社会教育的公共文化设施。前款规定的文献信息包括图书报刊、音像制品、缩微制品、数字资源等。法院认为图书馆藏数字资源应局限于院内检索、备份已收集的书目或资料。而藏书馆APP系公司单独开发，可通过应用商店随意下载使用，属于提供信息存储空间的网络平台。

被告为用户上传的电子书提供了信息存储空间。其用户协议释明了"电子书借阅服务""电子书租赁服务（含收益、处分）""电子书解读及增值服务""阅读整理""读书会""关注功能"及侵权条款等。这说明被告对用户上传的内容是"电子书"具有一定认识，用户通过该平台上传"电子书"不仅限于网络存储，而是包括，将用户提供的"电子书"进行了"租赁""借阅"属于通过信息网络传播作品。

"电子书"的获得者并不必然享有该作品的信息网络传播权，上传者并没有授权发布的权利来源。被告既然提供了这样的平台，就必然应承担相应的审查义务，其应当对用户在其平台发布的"借阅""租赁"的"电子书"承担更高的注意义务。被告在用户协议中对于用户发布的电子书的知识产权作了约定，说明被告已经意识到用户发布的节目中可能会存在知识产权的侵权问题。被告的藏书馆APP上存有大量的可供"租赁""借阅"的电子书资源，被告作为提供网络服务的平台应当意识到这类资源极有可能存在著作权侵权问题，但被告对此却未积极主动采取任何预防侵权的合理措施，亦未尽到合理的注意义务。因此，被告简帛图书馆未经许可通过信息网络向公众传播了未经授权的作品，侵犯了著作权人享有的信息网络传播权。

【裁判要旨】

如果作为提供网络服务的平台应当意识到其平台上的资源极有可能存在著作权侵权问题，但对此却未积极主动采取任何预防侵权的合理措施，应认定其未尽到合理的注意义务。

【案号】

（2019）京0491民初8273号

八、法理分析

网络上的作品传播，属于著作权法所规定的信息网络传播权的控制范围。信息网络传播是以有线或者无线方式向公众提供，使公众可以在其选定的时间和地点获得作品。对于电子图书馆、电子书阅读器对于特定用户提供电子书试读服务，是否落入信息网络传播的范围，则涉及对"公众"和"交互式"这两个概念的界定。关于如何理解"公众"的含义，我国法律和司法解释并未给出明确的规定。但从信息网络传播权的性质来看，其为作者享有的财产性权利。无论如何理解"公众"的含义，涉诉行为均不得损害作者通过信息网络传播方式利用其作品的经济利益是应有之意。据此，从宽泛的意义上理解，在经济上对作者不具有重要意义的人可以被排除在"公众"的范围之外。事实上，多个国家的立法也遵循了这样的精神，规定通常范围内的家庭成员及其社会上的熟人不属于"公众"的范畴。关于"交互式"是指"个人选定的时间和地点获得作品"，也即强调被传播对象获得作品的自主性，具体指是被传播对象可自主获得作品的一种可能性，不能将"个人选定的时间和地点"绝对地理解为个人可以随意选择的任意时刻和世界上任何一个地点。例如，某网站将涉案图书上传至服务器中供用户免费下载，但限定服务器每天只开放一个小时，此种情况下用户只能在限定的一小时内下载到涉案图书。再如，视频类网站一般设置有地域限制，我国的视频网站内的内容无法在国外地区观看，如果有人在国内网站上传了侵权内容，公众也并非在"任何地点"均能获得相关内容。以上两种行为一般认为构成"交互式"传播，但用户并非可以在随意选定的任意时刻和地点均可获得相关内容，能否获得相关内容有赖于网站服务器是否开放和是在限定区域内。根据上文的分析可知，在局域网内向用户提供电子书下载、阅读服务、电子邮件点对点发送服务，均落入著作权人的信息网络传播权的范围，属于一种向公众提供作品的行为。

专门提供电子书的阅读服务平台，其往往直接通过和著作权人签约而获得作品的信息网络传播权，此时其具有较高的审查义务，在其经营的平台上发布他人作品之前应当审查该作品的权属情况。如果最终取得授权过程中经过多个授权环节，电子书阅读服务平台负有审查作品权利链条的义务，应当对关键的授权行为及授权条款的真实性进行核实，否则将承担直接侵权的责任。

《信息网络传播权保护条例》第7条规定了图书馆等合理使用作品的情形。图书馆、档案馆、纪念馆、博物馆、美术馆等可以不经著作权人许可，通过信息网络向本馆馆舍内服务对象提供本馆收藏的合法出版的数字作品和依法为陈列或者保存版本的需要以数字化形式复制的作品，不向其支付报酬，但不得直接或者间接获得经济利益。当事人另有约定的除外。前款规定的为陈列或者保存版本需要以数字化形式复制的作品,应当是已经损毁或者濒临损毁、丢失或者失窃,或者其存储格式已经过时,并且在市场上无法购买或者只能以明显高于标定的价格购买的作品。所以,在个案中,需要图书馆一方举证证明涉案图书已构成《信息网络传播权保护条例》第7条第2款中的"已经损毁或者濒临损毁"情形。

在网络技术日新月异发展的时代,新兴商业模式频出,比如电子书借阅和交易,目前的信息技术能够做到避免作品复制件在二级市场失去控制的前提下,实现二手数字商品的转让。在本节最后一个涉及电子书借阅服务的案例中,被告答辩中认为其技术模式不落入信息网络传播权的保护范围。但可惜的是,法院在判决中回避了对这个问题的深究,而是直接将被告的借阅服务定性为信息网络传播行为。被告辩称,第一,藏书馆APP开展的是电子出版物的借阅行为。借阅是针对作品复制件才能实现的行为。该行为不同于信息网络传播行为。后者是针对作品内容本身的传播,而借阅是针对复制件在不同用户间的流转。第二,由于近几年计算机技术和电商产业的发展,已有多个电商平台(如亚马逊、京东、当当等)开展了销售电子书的业务,可见电子书的发行和销售已经是社会上的一个常见商业形式。用户可以通过亚马逊、京东、当当等多种平台购买电子书,并将购买的电子书上传到藏书馆APP上,而购买的电子书作为消费者的虚拟网络财产,用户对该份财产是享有处分权利的,即用户有权将该电子书借阅给其他用户。第三,从技术上,藏书馆APP实现的是电子书如同纸质书一样的借阅模式,可以通过电子书的同步复制—删除技术实现电子书的单一文本流转。即用户上传epub/pdf/txt格式的电子书到藏书馆平台后,可以选择私藏/公开,若选择私藏则只有上传用户可以阅读,若选择公开即表示上传用户同意将该电子书借阅给其他用户。其他用户借阅后,首先要将电子书下载到手机,下载后才能阅读。电子书被其他用户借阅之后,除了借阅用户之外的任何用户包括上传用户自己也无法在电子书借阅期间进行阅读。即藏书馆APP提供的是电子书复制件的一对一控制流转,而非内容的在线传播。第四,我国著作权法规定的出租权仅仅适用于视听作品和计算机软件,不适用于文字作品。我国著作权法不存在著作权人的出借权。所以,涉案行为不构成侵权。实际上,本案中的基本案情法院并没有查清楚。可以做一个假设,如果用户将电子书上传至藏书馆 APP 之后，任何注册用户均可以在线阅读该书，那么，这属于一种对作品的信息网络传播；但是，如果用户将电子书上传至藏书馆 APP 之后其他用户无法在线阅读，只有在借阅之后方可通过下载的方式阅读，且该电子书被借阅之后，包含出借人在内的任何其他人无法阅读的话，此处的借阅行为不应属于信息网络传播行为，因为其并未交互式地向公众提供作品。此时，对涉案行为的侵权认定，应当从复制权入手。尽管"同步复制—删除技术"实现了电子书的单一文本流转，但是，出借人上传的电子书和借阅人下载的电子书并非是物理意义上的同一本书，上传和下载的过程属于对作品进行数字化复制的过程，未经许可侵犯了著作权人的复制权。这与域外因电子书转售模式引发的侵权纠纷是非常类似的。[①]

  2021 年以来，数字出版物的非同质代币化交易（NFT）模式的出现给著作权法律制度带来了更大的挑战。目前讨论较多的是著作权法的权利穷竭原则能否适用于网络环境。发行权一次用尽原则扩展适用于数字作品之上需要满足严格的条件：第一，该交易产生了特定作品复制件财产权转移的法律效果；第二，交易标的物是著作权人或者经其授权的主体以出售方式发行至网络空间的数字作品复制件；第三，交易未造成新的作品复制件的产生；第四，一件作品复制件的平行持有者数量没有增加。[②] 非同质代币化交易模式的出现，使得这四个条件得以满足，数字环境下的权利穷竭原则的适用将呼之欲出。

第二节 信息存储与链接服务提供者的著作权保护义务

  互联网技术的发展日新月异，文学作品在互联网领域中的传播有逐步超越纸质书籍的趋势。利用互联网传播文学作品尽管有成本低、传播速度快、传播范围广等优势，但是随之而来的著作权侵权问题也更加严峻。在移动互联网时

---

① 陶乾：《电子书转售的合法性分析》，载《法学杂志》2015 年第 7 期，第 80 页。
② 陶乾：《论数字作品非同质代币化交易的法律意涵》，载《东方法学》2022 年第 2 期，第 78 页。

代，随着通信技术的发展、智能手机的普及，手机成为我们获取信息的主要渠道，也成为我们日常生活中不可或缺的工具。在应用市场中我们可以下载各种软件，满足我们生活中的视听、娱乐、获取知识等需求。手机的各项功能主要是通过在手机应用市场中下载手机应用程序实现。手机应用市场又被称为手机应用商店，是专门用于为手机提供免费或者付费应用下载服务的手机应用程序。部分手机会自带应用市场，例如苹果手机的"App Store"以及华为手机的"华为应用市场"。用户也可以选择自行下载例如"豌豆荚"等移动应用。作为应用程序商店，手机应用市场为开发者上传应用程序供公众下载提供服务。若某一应用市场提供下载的手机应用中包含未经他人授权的作品，则可能涉及著作权侵权等法律问题。

就互联网技术相关的著作权纠纷而言，主体往往涉及三方——作品传播平台、网络用户和权利人。网络用户未经许可借助互联网平台传播他人的作品时，如何分配作品传播平台及网络用户的责任是解决纠纷的关键。随着通信技术的发展和智能手机的普及，手机类移动终端成为民众获取信息的重要渠道，如果手机等移动终端内的应用程序涉嫌侵权，此时又涉及三方主体——手机应用程序市场的运营者、手机应用程序的运营者及权利人。同样，手机应用程序市场运营者和手机应用程序运营者是否应当承担责任是案件焦点所在。《最高人民法院关于审理侵害信息网络传播权民事纠纷案件适用法律若干问题的规定》第3条规定："网络用户、网络服务提供者未经许可，通过信息网络提供权利人享有信息网络传播权的作品、表演、录音录像制品，除法律、行政法规另有规定外，人民法院应当认定其构成侵害信息网络传播权行为。通过上传到网络服务器、设置共享文件或者利用文件分享软件等方式，将作品、表演、录音录像制品置于信息网络中，使公众能够在个人选定的时间和地点以下载、浏览或者其他方式获得的，人民法院应当认定其实施了前款规定的提供行为"。在网络服务提供者并非侵权内容的实际提供者的情况下，网络服务提供者承担间接侵权责任的第一个前提是网络用户实施了侵权行为。

用户在上传、分享侵害著作权人相关权益的作品时，网络服务提供者提供的平台与便利扩大了侵权范围。因此，当著作权人的权利受到侵害时，侵权人和信息网络传播者均需承担因各自行为而造成的不利后果。在处理因网络服务提供者提供的网络搜索引擎服务、网络自动接入服务、网络自动存储服务以及网络信息存储服务引发的著作权侵权案件时，应当明晰网络服务提供者的主观状态，判断其应当承担的法律责任。

根据《信息网络传播权保护条例》第22条的规定，网络服务提供者为服务对象提供信息存储空间，供服务对象通过信息网络向公众提供作品、表演、录音录像制品，并具备下列条件的，不承担赔偿责任：（1）明确标示该信息存储空间是为服务对象所提供并公开网络服务提供者的名称、联系人、网络地址；（2）未改变服务对象所提供的作品、表演、录音录像制品；（3）不知道也没有合理的理由应当知道服务对象提供的作品、表演、录音录像制品侵权；（4）未从服务对象提供作品、表演、录音录像制品中直接获得经济利益；（5）在接到权利人的通知书后，根据本条例规定删除权利人认为侵权的作品、表演、录音录像制品。在司法实践中，法院会从涉案网站的经营模式、网站说明及提交的网络用户的后台信息等分析被诉网站是否提供信息存储空间服务。

《最高人民法院关于审理侵害信息网络传播权民事纠纷案件适用法律若干问题的规定》第8条、第9条、第11条规定，人民法院应当根据网络服务提供者的过错，确定其是否承担教唆、帮助侵权责任，网络服务提供者明知或者应知网络用户利用网络服务侵害信息网络传播权，未采取删除、屏蔽、断开链接等必要措施，或者提供技术支持等帮助行为的，人民法院应当认定其构成帮助侵权行为。网络服务提供者的过错包括对于网络用户侵害信息网络传播权行为的明知或者应知；根据侵权的具体事实是否明显，综合考虑网络服务提供者提供服务应当具备的管理信息的能力、网络服务提供者是否主动对作品进行了选择、编辑、推荐等各种因素，综合认定网络服务提供者是否构成应知；网络服务提供者从网络用户提供的作品、表演、录音录像制品中直接获得经济利益的，法院应当认定其对该网络用户侵害信息网络传播权的行为负有较高的注意义务。

作为信息存储空间的网络服务提供者若明知或应知其平台上的内容侵权，而未采取其预见水平和控制能力范围内制止侵权的必要措施，应认定其存在主观过错。对于搜索、链接服务提供者来说，即是存在被链接网站的传播行为属于未经权利人许可进行的传播行为。仅实施了搜索、链接服务的平台，如果其所链接的内容是已经取得合法授权的内容，搜索、链接服务提供者不构成侵权。本节内容选取了6个典型的网络著作权侵权纠纷，从多个角度分别分析作品有声读物平台、手机应用市场领域等涉及知识产权侵权纠纷的判定。本节案例的阐述与分析对实务中类似案件的处理具有借鉴意义。

一、网络服务提供者共同侵权的认定

【基本案情】

中青文公司分别于2011年12月1日获得图书《高效能人士的七个习惯》的信息网络传播权。

中青文公司发现，有网络用户将上述作品上传到新浪网上，由新浪爱问共享资料提供信息存储空间服务，供用户下载，且上述作品下载数量巨大。中青文公司认为新浪公司的行为虽未直接提供涉案作品，但却帮助用户侵犯其信息网络传播权，构成共同侵权，遂向法院提起诉讼。

【争议焦点】

新浪公司作为信息存储空间服务提供者是否构成共同侵权。

【裁判推理】

新浪公司提供的是信息存储空间服务，不构成直接侵权，但新浪公司在符合一定条件的情况下，仍可构成帮助的共同侵权。新浪公司是否构成共同侵权的关键在于判断其对网络用户侵害信息网络传播权的行为是否具有"明知"或者"应知"的过错。

关于"明知"，中青文公司主张其曾向新浪公司寄送函件，但在2017年快递公司网站的查询结果未明确显示快递件是否被签收或者是否被退回，中青文公司提交的在案证据仅能证明其寄出了相关函件，但不能证明新浪公司收到相关函件。且函件中仅提到了涉案图书在新浪爱问共享资料中存在，函件内容并不符合《信息网络传播权保护条例》"通知"的规定，也不足以使新浪公司准确定位侵权内容。故新浪公司主观上不存在"明知"的过错。

关于"应知"，新浪爱问共享资料版块为网络用户上传资料提供信息存储空间，其设置了审核原则，该种审核机制的存在使新浪公司负有更高的注意义务。涉案图书的涉案侵权文档均位于爱问共享资料版块中"本类热门资料"的排行榜中，且排行位于前列，新浪公司应当注意排行榜中的文档是否具有合法授权。此外，新浪爱问共享资料设置积分鼓励规则，用户上传的资料被下载即可增加积分，且在页面中显示用户积分排行榜，该方式鼓励用户上传和下载。综合上述因素，可以认定新浪公司作为信息存储空间服务提供者未尽到合理的注意义务。新浪公司具有"应知"的过错。最终，法院认为新浪公司构成共同侵权。

【裁判要旨】

信息存储空间服务提供者对于网络用户侵害他人信息网络传播权的行为具有"明知"或者"应知"的过错时，可构成帮助的共同侵权。

【案号】

（2017）京民终 336 号

二、云服务提供者侵权的认定

【基本案情】

中青文公司对于图书《考拉小巫的英语学习日记》享有包括专有信息网络传播权、专有出版权在内的全球范围内的著作权。

中青文公司发现涉案图书在百度公司经营的百度云平台存在，认为侵犯其信息网络传播权，故提起诉讼。

【争议焦点】

（1）百度公司的涉案行为是否构成直接侵权。

（2）百度公司的涉案行为是否构成共同侵权。

【裁判推理】

法院认为，由《最高人民法院关于审理侵害信息网络传播权民事纠纷案件适用法律若干问题的规定》第 3 条第 1 款的规定可知，网络服务提供者构成直接侵权行为的前提是其存在提供作品的行为。被告百度公司主张其为信息存储空间服务提供者，并提供了部分上传者的注册信息，初步证明了涉案侵权文档系网络用户上传至百度云。中青文公司虽对此提出质疑，但未提交相反证据证明。综合考虑用户后台信息、百度云内容的多样性、文档的数量及其增长速度，法院认定百度云系信息存储空间，涉案侵权文档系由网络用户上传至百度云服务器。百度云使用涉案侵权文档的行为属于提供信息存储空间的网络服务行为，中青文公司主张百度公司的有关行为系直接侵权行为证据不足，法院不予支持。

关于百度公司的涉案行为是否构成共同侵权。首先,根据《最高人民法院关于审理侵害信息网络传播权民事纠纷案件适用法律若干问题的规定》第8条第1款的规定可知,网络服务提供者对网络用户利用其网络服务实施的侵权行为承担共同侵权的连带责任的前提是其具有明知或者应知的主观过错,即使权利人未发出通知,网络服务提供者对于侵权行为具有明知或者应知的主观过错的,仍然应当承担侵权责任。中青文公司并未就百度云中存在涉案侵权文档事宜向百度公司发出通知,中青文公司称曾经与百度公司针对涉案图书的信息网络传播可能涉及侵权进行过沟通和协商,但未提交证据予以证明,因此,不能确定百度公司对涉案侵权行为存在主观上的明知的过错。

其次,根据《最高人民法院关于审理侵害信息网络传播权民事纠纷案件适用法律若干问题的规定》第8条第3款、第9条的规定,网络服务的性质、方式、引发侵权的可能性大小、网络服务提供者的管理能力、传播的作品侵权信息的明显程度、网络服务提供者是否积极采取了预防侵权的合理措施以及行业的平均预见水平和制止侵权的平均管理能力等因素是判断网络服务提供者是否具有应知过错的关键。而应知过错的认定与对网络服务提供者合理注意义务水平的设定密切相关。

中青文公司主张涉案图书为畅销书,百度公司理应知晓该书并采取杜绝侵权的有效措施。对此法院认为,一方面,就图书出版行业当下的发展状况而言,缺乏关于畅销书的统一的界定和信息获取渠道,网络服务提供者难以在大量作品面世的情况下事先圈定畅销图书的范围并进行内容的屏蔽。随着电子商务的迅速发展,通过互联网销售图书的现象也越来越普遍,网络服务提供者也难以确定以何网站、何范围为标准追踪和确定所谓的畅销作品。另一方面,即使网络服务提供者事先知晓有关图书的畅销情况,但如果仅以作品名、作者等有限信息作为关键词对信息存储空间中的文档进行过滤,可能使得诸如书评、读后感等合理使用作品的信息传播受到限制,不利于信息的交流和共享。因此,法院认为仅仅由于涉案作品的知名度即赋予网络服务提供者以事前的、普遍的过滤、屏蔽或删除的义务并不适于当前社会的发展状况,也无益于文化的繁荣和发展,对于中青文公司的相应诉讼主张,法院不予支持。

中青文公司主张涉案侵权行为在百度云中十分明显,百度公司对此应属应知，对此法院认为，本案中，百度云中存在大量名称相同，但阅读累计数量较高的涉案文档，百度公司对于上述文档应予以合理关注。同时，中青文公司于2013年8月16日已经针对百度文库中存在侵犯涉案图书信息网络传播权的行为向法院起诉百度公司，对此，百度公司亦应当对上述作品在其他相关产品上是否存在侵权内容的情况予以合理关注。然而，百度公司并未采取任何行动，放任含有侵权内容的文档在百度云上供网络用户浏览，不能认为其积极履行了法律赋予的注意义务。

根据法院查明的事实，涉案图书的侵权文档上传者均为身份不明的匿名用户，上传文档的内容大部分为全书上传，包括 epub、pdf、mobi、rar、txt、chm 等多种文本格式，文档标题即为涉案图书的书名，百度公司以一般理性人的标准只需要施以普通的注意义务，即可很容易地发现有关文档取得授权的可能性极低。综合考虑以上因素，法院认定百度公司对于涉案图书的侵权文档在百度云中的使用和传播情况没有尽到合理的注意义务，对于涉案侵权行为具有应知的过错，其行为构成帮助侵权，对于中青文公司的损失应当承担相应的赔偿责任。

【裁判要旨】

在网络服务提供者提供了部分上传者的注册信息，初步证明了涉案侵权文档系网络用户上传的情况下，著作权人仍主张网络服务提供者构成直接侵权的，应该提供证据予以证明。

【案号】

（2016）京民终248号

三、搜索链接服务提供者的责任认定

【基本案情】

玄霆公司经作者授权取得《星辰变》小说的独家信息网络传播权。书生公司经营电子书门户网站读吧网。玄霆公司认为，书生公司未经其许可，在其经营的网站上提供《星辰变》作品的搜索和深层链接，侵犯了其信息网络传播权，故提起诉讼。

【争议焦点】

书生公司是否侵犯了玄霆公司的信息网络传播权。

【裁判推理】

本案中，书生公司在其经营的读吧网上提供对《星辰变》作品的搜索，其搜索结果系经过其人为设计程序选择的，与百度、谷歌的搜索引擎服务存在明显区别，而且还提供《星辰变》作品的内容介绍，复制《星辰变》作品的完整集、章目录，并就所有的集、章均设置了指向侵权内容的链接，故应认定书生公司对《星辰变》作品进行了一定的编辑、整理、介绍和推荐行为。

书生公司经营的读吧网作为一家专门从事电子图书服务的经营性网站，其提供专业的图书搜索链接服务的性质决定了其应对设链作品的合法性具有与其身份相对应的合理的、谨慎的、较高的注意义务。玄霆公司业已证明其对《星辰变》作品享有独家信息网络传播权，现书生公司不能证明被链接网站在互联网上传播《星辰变》作品已获得玄霆公司的合法授权，且其对《星辰变》作品进行了一定的编辑、整理和介绍、推荐行为，至今仍称其并不知晓被链接网站的实际经营主体，故应当认定其未尽到与其身份相符的合理注意义务，主观上存在过错，客观上扩大了被链接网站传播《星辰变》作品的范围和后果，也使其经营的网站吸引了更多的网络用户，以获取更多的商业利益。因此，书生公司的行为对被链接网站未经授权即通过信息网络传播《星辰变》作品的侵权行为构成帮助，应承担相应的侵权责任。

【裁判要旨】

提供图书搜索链接服务的网络服务提供者对设链接的作品进行了编辑、整理和介绍、推荐行为时，应当认定其对该作品的合法性具有与其身份相对应的合理的、谨慎的、更高的注意义务。

【案号】

（2010）浙知终字第 200 号

四、有声读物应用程序的侵权界定

【基本案情】

刘某某是系列文学作品《人性禁岛》的作者。经授权，咪咕公司于2015

年12月10日获得了将案涉作品改编、转换、录制成有声读物制品并复制、发行、传播、销售等著作权权利和维权权利。

2016年，咪咕公司发现由喜马拉雅公司、喜音公司共同经营的喜马拉雅网站、手机移动应用上有《人性禁岛》有声读物供用户下载、收听。咪咕公司认为侵犯了其信息网络传播权，故将被告喜马拉雅公司、喜音公司诉至法院。

【争议焦点】

（1）喜马拉雅网站、喜马拉雅FM应用程序的性质。

（2）两被告是否共同侵犯了原告咪咕公司的复制权、改编权及信息网络传播权。

【裁判推理】

喜马拉雅网站及喜马拉雅FM应用程序上的涉案有声读物显示了发布者，被告喜马拉雅公司陈述除了用户自行上传的音频文件外，被告亦会上传自己制作的音频文件，因此，被告系提供信息存储空间的网络服务提供者，同时其自身亦提供一定的内容服务。

对于被诉喜马拉雅网站上的侵权行为，首先，由于该网站备案登记的主办单位为被告喜马拉雅公司，网站上显示版权由被告喜音公司所有，结合被告喜马拉雅公司陈述该网站确系两被告共同经营，且被告喜音公司系被告喜马拉雅公司的全资子公司，故可以认定被诉喜马拉雅网站由两被告共同经营。

其次，原告提供的公证书显示涉案有声读物由同途万里人、上官亦茹、森爪、涵喧等发布，故法院有理由相信涉案有声读物确系网络用户上传，而非两被告直接提供，故两被告在本案中并不构成直接侵权。

至于两被告是否构成间接侵权，根据查明的事实，具体分析如下：首先，两被告作为网络服务提供者，对网络用户上传的有声读物是否获得作者授权，是否涉嫌侵权，应当负有一定的著作权审查义务；其次，喜马拉雅网站设置热门推荐、节目分类、声音广场、人气主播等栏目，另根据类型、内容划分有声小说、综艺节目、相声评书等，可见两被告对音频文件进行了整理、分类、推荐；最后，目前证据尚未显示被诉网站设置了便捷程序接收侵权通知。基于上述理由，两被告主观上应知网络用户利用网络服务侵犯了涉案作品的复制权、信息网络传播权，客观上未采取任何预防或避免侵权结果发生的措施,从而帮助了涉案作品侵权后果的扩大,故两被告的行为应当依法认定构成间接侵权。

至于原告咪咕公司主张两被告侵犯了改编权,对文字作品的朗读行为不会为作品添加新的独创性成分,属于对作品的表演。将朗读行为进行录音形成录音制品,因被改变的仅仅是文字作品的载体形式,文字表达方式并未改变,故不属于改编行为。

故而,被诉有声读物实为朗读涉案作品并进行录音后形成的录音制品,是对涉案作品的复制。被诉网站及应用程序上提供涉案作品的有声读物,同时包含了复制和信息网络传播两个行为,因未经原告许可,侵犯的是原告的复制权、信息网络传播权。

【裁判要旨】

对文字作品的朗读行为不会为作品添加新的独创性成分,属于对作品的表演。将朗读行为进行录音形成录音制品,因被改变的仅仅是文字作品的载体形式,文字表达方式并未改变,故不属于改编行为,实质上系对文字作品的复制。

【案号】

(2016)浙0106民初11731号

五、手机自营应用商店对应用软件的管理能力

【基本案情】

《暗算》的作者是麦家,该书由浙江文艺出版社出版。麦家发现,使用苹果公司客户端产品进入应用商店,在搜索栏中输入"最经典谍战小说合集"并点击搜索,显示出多条搜索结果,内含名为"热播男人剧集""最经典谍战小说合集""茅盾文学奖全集"的应用程序。麦家的作品《暗算》在这三个应用中出现,经与原作比对相同的字数均为16.1万字。麦家认为苹果公司侵犯其信息网络传播权,故提起诉讼。

【争议焦点】

(1) 苹果公司应否负有较高的注意义务。

(2) 苹果公司的涉案行为是否属于法定的网络服务商的免责事项。

【裁判推理】

本案中，由于苹果公司已经提供了涉案应用程序的开发者信息，因此在无相反证据的情况下，可以认定涉案应用程序系第三方开发商上传。苹果公司所经营的应用程序商店，为开发者上传涉案应用程序供公众下载提供服务，属于网络服务提供行为。由于苹果公司所经营的应用程序商店是一个以收费下载为主的网络服务平台，并且在与开发商的协议中约定了固定比例的直接收益，因此可以认定苹果公司应对开发商的侵权行为负有较高的注意义务。

本案中，涉案应用程序"茅盾文学奖全集""最经典谍战小说合集""热播男人剧集"均使用了涉案作品的主要内容。苹果公司在可以明显感知涉案应用程序为应用程序开发商未经许可提供的情况下，仍未采取合理措施，故可以认定苹果公司并未尽到上述注意义务，具有主观过错，其涉案行为构成侵权。

苹果公司主张应用程序商店的经营者仅向开发商提供了上传、发布应用程序的存储空间，依据上述规定不应就开发商的侵权行为承担民事责任。然而，苹果公司对于应用程序商店具有极强的管控能力，绝非简单地提供存储空间而已。苹果的iOS操作系统作为一个相对封闭的操作系统，通过包括《Apple开发商计划许可协议》等一系列协议的签署，基本控制了该平台上应用程序开发的方向和标准。不但收费许可相关开发商使用苹果公司的软件编写、测试可运行在iOS环境下的应用程序，为开发商提供相关作业系统、文档资料、软件（源代码和目标代码）、应用程序、示范代码、模拟器、工具、应用程序库存、API、数据等内容和服务，还要求开发商开发的所有应用程序必须向苹果公司提交并由苹果公司选择分销且同意苹果公司酌情独自决定是否同意分销。苹果公司对于可以在应用程序商店上发布的应用程序采取了符合其自身政策需求的选择与挑选，而无需受到第三方开发者的限制。这与一般的信息存储空间网络服务提供是存在差别的。

综上，苹果公司作为App Store应用平台的运营者，根据其自身规划的商业模式和运营政策及协议条款，对App Store应用平台及通过该平台传播的APP具有很强的控制力和管理能力，对于App Store应用平台可能发生侵权行为的预见性更高，更能够"知道"或"应当知道"侵权行为的发生，苹果公司应当承担更高的注意义务。此外，苹果公司从涉案应用程序中直接获利，应当知道开发商侵权的情况。因此，苹果公司的涉案行为不属于法定的网络服务商的免责事项。

【裁判要旨】

网络服务提供者从网络用户提供的作品、表演、录音录像制品中直接获得经济利益的，法院应当认定其对该网络用户侵害信息网络传播权的行为负有较高的注意义务。

【案号】

（2015）民申字第 1298 号

六、网络交易平台的共同侵权责任

【基本案情】

王某某系作品《第九只兔子：一百次努力不如一次正确选择》的作者，是作品的著作权人。经查，京东商城"布谷图书专营店"网店销售盗版图书。王某某将京东公司诉至法院。

【争议焦点】

京东公司是否侵犯了王某某涉案作品著作权，应否承担民事责任。

【裁判推理】

涉案被诉侵权图书系京东电商平台"布谷图书专营店"网店销售，该网店经营者为布谷公司，京东公司与布谷公司之间的法律关系属于《电子商务法》第 2 条规定的电子商务平台经营者与平台内经营者的关系，本案争议涉及通过互联网等信息网络销售商品或者提供服务的经营活动。因此，本案应当适用电子商务法的相关规定。

本案中，京东公司系涉案京东电商平台的经营者，在电子商务中为交易双方或者多方提供网络经营场所、交易撮合、信息发布等服务，并不参与销售被诉侵权图书，因此，销售被诉侵权图书的行为并非京东公司实施。

根据《电子商务法》第 42 条规定，知识产权权利人认为其知识产权受到侵害的，有权通知电子商务平台经营者采取删除、屏蔽、断开链接、终止交易和服务等必要措施。通知应当包括构成侵权的初步证据。电子商务平台经营者接到通知后，应当及时采取必要措施，并将该通知转送平台内经营者；未及时采取必要措施的，对损害的扩大部分与平台内经营者承担连带责任。

本案中，根据查明事实，王某某于 2020 年 3 月 15 日向京东公司邮寄了权利通知警示函，该警示函中虽然包含了权利人信息、被诉侵权作品的名称、作品登记证书、涉嫌侵权的网络地址以及要求京东公司采取的处理措施等，但没有提供被诉侵权图书构成侵权的初步证明。故王某某 2020 年 3 月 15 日的权利通知警示函不符合法律规定的要件，并非有效通知。虽然王某某于 2020 年 4 月 16 日又向京东公司邮寄了权利通知警示函，但该函中并没有涉案侵权店铺的网络地址或者被诉侵权图书的网络地址，亦没有被诉侵权作品构成侵权的初步证明，故该警示函亦不属于上述法律规定的有效通知。因此，王某某没有向京东公司发送电子商务法规定的有效通知。

此外，根据京东公司提供的证据，结合王某某 2020 年 3 月 23 日公证取证视频，销售被诉侵权图书的"布谷图书专营店"已经于 2020 年 3 月 13 日关闭，故王某某于 2020 年 3 月 15 日向京东公司发函时被诉侵权图书已经下架，京东公司已经没有删除涉案作品或者断开相关链接的可能性和必要性，也没有造成王某某损失的扩大。

因此，王某某要求京东公司立即停止侵犯其依法享有著作权的涉案作品的实体图书盗版销售违法行为并销毁所有涉案盗版商品的库存、赔偿王某某各项经济损失的诉讼请求缺乏事实及法律依据，予以驳回。

【裁判要旨】

著作权人给电子商务平台发送侵权通知时，应当发送符合电子商务法要求的有效通知。

【案号】

（2021）鲁民终 1604 号

七、法理分析

网络服务提供者在经营活动中对于网络用户利用其平台从事的侵权行为具有客观必要之谨慎的义务，对于平台上的内容采取监控、过滤措施以避免侵权发生及损失扩大的义务。"网络服务提供者的注意义务是否存在及其范围和程度成为过失认定中的关键点"。① 具体而言,根据"通知—删除"的"避风港"原则,网络服务提供者一般不承担对网络用户上传的内容进行事先审查、监控的义务。网络服务提供者若能证明自己并无恶意,并且及时删除侵权链接或者内容则不承担赔偿责任。但这并不意味着网络服务提供者仅在接到权利人的通知后才有制止侵权的义务。当发生著作权侵权案件时,网络服务提供商被告知侵权,则其具有删除义务,否则视为侵权。《信息网络传播权保护条例》第23条规定:"网络服务提供者为服务对象提供搜索或者链接服务,在接到权利人的通知书后,根据本条例规定断开与侵权的作品、表演、录音录像制品的链接的,不承担赔偿责任;但是,明知或者应知所链接的作品、表演、录音录像制品侵权的,应当承担共同侵权责任。"

根据《最高人民法院关于审理侵害信息网络传播权民事纠纷案件适用法律若干问题的规定》第8条第1款可知,网络服务提供者对网络用户利用其网络服务实施的侵权行为承担共同侵权的连带责任的前提是其具有明知或者应知的主观过错。网络服务的性质、方式、引发侵权的可能性大小、网络服务提供者的管理能力、传播的作品侵权信息的明显程度、网络服务提供者是否积极采取了预防侵权的合理措施以及行业的平均预见水平和制止侵权的平均管理能力等因素是判断网络服务提供者是否具有应知过错的关键。作为信息存储空间网络服务提供者,在其不知道存储空间中的作品侵权且不存在主观过错的情况下,一般应采用被侵权人通知,再由网络服务提供者及时删除侵权作品的方式来制止侵权,并可予免责。当然,上述情形中需要强调的适用条件,是网络服务提供者不存在主观过错,也就是不知道或没有合理的理由应当知道网络用户利用其网络服务侵害他人权益。

与"通知—删除"规则平行的另外一个规则是"红旗标准"。如果侵权内容明显,那么即使权利人未发出通知,网络服务提供者对于侵权行为具有明知或者应知的主观过错的,仍然应当承担侵权责任。比如,在网络上"最多下载"等排行榜中的图书,网络服务提供者应当有更高的注意义务。再如,网络上提供的图书电子版是刚刚上市销售的纸质图书,依据常理便可知由一般用

---

① 冯术杰:《论网络服务提供者间接侵权责任的过错形态》,载《中国法学》2016年第4期,第182页。

户提供涉案图书下载服务的行为不太可能取得授权。对此，网络服务提供者应当知晓、明知而不采取必要措施，构成帮助侵权。如果涉案侵权内容属于明显侵犯著作权的内容，比如，涉案帖子标题中明确包含职业考试教材等相关内容，该类专业考试教材通常情况下不可能授权他人免费传播，故网络服务提供者施以一般注意力即能意识到网络用户上传的作品未经权利人许可，可以判定网络服务提供者明知或者应知网络用户在其存储空间内传播被诉侵权作品，应综合考虑网络服务提供者的预见能力和可预见范围要求其承担侵权责任。比如，在有声读物侵权的纠纷当中，认定有声读物提供平台的主观状态成为案件审理的关键。实际上，法院若要通过司法审查证明平台"明知或者应知"侵权行为十分困难。实务中，法院不仅审查平台方是否尽到合理的著作权审查义务，还将是否对网站上的音频进行整理、分类和推荐作为主观状态的判断依据之一。这为我国有声读物侵权的司法裁量标准提供了参考。

应用市场内的移动应用侵权是另一手机应用涉及著作权侵权纠纷的高发领域。如果应用市场的经营者对在其商店上线的移动应用具有较强的管控能力，且会从应用程序的上线直接获利，应当认定其对该应用程序侵害信息网络传播权的行为负有较高的注意义务。根据相关司法解释，若网络服务提供者从网络用户提供的作品、表演、录音录像制品中直接获得经济利益的，法院应当认定其对该网络用户侵害信息网络传播权的行为负有较高的注意义务。以苹果手机应用市场为例，根据其自身规划的商业模式和运营政策及协议条款，对苹果应用商店及通过该平台传播的手机移动应用具有很强的控制力和管理能力，对于可以在应用程序商店上发布的应用程序采取了符合其自身政策需求的选择与挑选，而无需受到第三方开发者的限制。这与一般的信息存储空间网络服务是存在差别的，其更能够"知道"或"应当知道"侵权行为的发生。此外，苹果公司从应用程序中直接获利，由于苹果公司所经营的应用程序商店是一个以收费下载为主的网络服务平台，并且在与开发商的协议中约定了固定比例的直接收益，因此可以认定苹果公司应对开发商的侵权行为负有较高的注意义务，若其未尽到合理注意义务，则应当承担侵权责任。

电子书区论坛平台提供以言语、推介技术支持、奖励积分等方式诱导、鼓励网络用户实施侵害信息网络传播权行为的，应当认定其构成教唆侵权行为；提供图书搜索链接服务的网络服务提供者对设链接的作品进行了编辑、整理和介绍、推荐行为时，应当认定其对该作品的合法性具有与其身份相对应的合理的、谨慎的、更高的注意义务。此外，网络用户上传内容的受关注程度与网络服务提供者通过出售广告位谋取商业利润的大小密切相关，上传内容的点击率越高，广告主投放广告的积极性也就越高，网络服务提供者也因此可以获得较高利润。此时，基于权利和义务的对等性进一步加重了网络服务提供者对点击率较高的所谓精华内容的注意义务和审查职责。

在涉及有声读物平台侵权的纠纷当中，判断平台"明知或者应知"侵权行为是平台是否承担侵权责任的关键。虽然涉嫌侵权作品往往由用户上传，但有声读物平台本身也会采购或者制作部分作品丰富平台内容，例如喜马拉雅应用程序除了用户自行上传的音频文件外，喜马拉雅公司亦会上传自己制作的音频文件，此时有声读物平台是提供信息存储空间的网络服务提供者，同时其自身亦提供一定的内容服务。因其本身制作并发布音频文件，故对网络用户上传的有声读物是否获得作者授权，是否涉嫌侵权，应当负有一定的著作权审查能力和义务。接下来难点在于判断有声读物朗读行为的侵权性质究竟是侵犯了原作品的改编权，还是信息网络传播权。改编权是"改变作品，创作出具有独创性的新作品的权利"，改编行为是在保留原作品基本表达的基础上通过改变原作品创作出新作品的行为。就文字作品而言，其独创性体现在文字表达方式上，而对文字作品的朗读行为不会为作品添加新的独创性成分，属于对作品的表演。将朗读行为进行录音形成录音制品，因被改变的仅仅是文字作品的载体形式，文字表达方式并未改变，故不属于改编行为，实质上系对文字作品的复制。有声读物实为朗读涉案作品并进行录音后形成的录音制品，是对涉案作品的复制，侵犯的是权利人的复制权和信息网络传播权。此外，如果涉嫌侵权的 APP 并非用户可以自由发表内容的信息存储空间，最终审核确定作品是否上传取决于涉案 APP 的运营者，则其加工、编辑、审核等管理行为对外产生的法律后果应由涉案 APP 的运营者承担，其行为将涉嫌直接侵权。

随着互联网行使著作权情景的增加，出现了被要求承担共同侵权责任的常见主体——网络交易平台商。电商网络上销售的商品数量巨大，种类繁多，情况复杂。关于网络交易平台是否应当为店铺出售的盗版图书承担侵权责任问题，应当结合网络交易平台的客观能力及经营模式考察其审查义务，如果已经尽到了合理的注意义务，就不构成共同侵权。2019 年 1 月 1 日起，《电子商务法》开始实施。根据该法第 45 条的规定,电子商务平台经营者知道或者应当知道平台内经营者侵犯知识产权的,应当采取删除、屏蔽、断开链接、终止交易和服务等必要措施;未采取必要措施的,与侵权人承担连带责任。该法第 84 条规定,电子商务平台经营者违反本法第 42 条、第 45 条规定,对平台内经营者实施侵犯知识产权行为未依法采取必要措施的,由有关知识产权行政部门责令限期改正;逾期不改正的,处 5 万元以上 50 万元以下的罚款;情节严重的,处 50 万元以上 200 万元以下的罚款。由此可见,当电子商务平台的经营者明知或者应知侵权行为存在时,有采取适当措施终止侵权行为的义务。若经营者没有履行合理审查义务,应当承担共同侵权责任。

网络服务提供者的注意义务是判断其是否承担间接侵权责任的关键,在实践中应当综合具体案情谨慎认定其注意义务的范围,在保护著作权人权利和网络技术稳健发展之间寻求"最优点",从而达到更好地借力互联网促进文学作品传播的效果。总结现有司法裁判,考量注意义务的影响因素可以从著作权人和网络服务提供者行为出发。从著作权人行为出发,涉案作品内容知名度越高,著作权人发出的通知准确有效,权属完整,则网络服务提供者负有合理的审查义务。从网络服务提供者行为出发,平台的性质会影响注意义务的范围,例如提供文档链接、搜索、存储服务的平台,如果涉案侵权文档位于热门资料排行榜且位于前列,平台应当注意到文档是否有合法授权,尤其对于大量名称相同但阅读累计数量较高的文档应当予以合理关注。

我们在对网络平台加以规范时需要寻求一种平衡,既能促进文化产业的繁荣和鼓励原创、丰富人们的精神文化生活、避免加重网站经营者的在人力和财力上的负担因而阻碍互联网行业的发展,也能保护著作权人及相关权利人的利益。这种平衡既需要立法者和司法者的深思熟虑,更需要行业本身的自律和规范化。在当今用户导向性的网络环境下,著作权法律制度应考虑如何最大化地利用信息技术解决侵权问题,而不是与网络作战。[①]

---

① Dinusha K. Mendis, "Back to the drawing board: pods, blogs and fair dealing – making sense of copyright exceptions in an online world", European Intellectual Property Review, vol 32 (11), 2010, p. 580.

第七章　图书出版领域的商标与不正当竞争法律问题

作品的名称与装潢对于读者区分不同作品意义重大，作者也有可能将某一图书的名称注册为商标。商标是用以识别商品或服务来源的标识。根据《商标法》第8条，任何能够将自然人、法人或者其他组织的商品与他人的商品区别开的标志，包括文字、图形、字母、数字、三维标志、颜色组合和声音等，以及上述要素的组合，均可以作为商标申请注册。申请注册商标的过程中可能会因商标评审委员会的驳回而引发行政纠纷。经公告的商标，在公告之日起3个月内可能会被他人提出异议。获得核准注册的商标，也会因为存在不应予以注册的绝对理由或者相对理由而被宣告无效。当其他作者或者出版社出版的作品名称与他人注册的商标相同时，则可能会涉及商标侵权纠纷的处理。本章第一节将聚焦在图书出版领域的商标注册与侵权认定问题。

市场经营者的主要目标是追求经济效益，但是个别经营者为了自身利益最大化而忽视市场竞争规则，违反诚实信用和商业道德，采取不正当的方式进行竞争。不正当竞争是指经营者在生产经营活动中违反反不正当竞争法的规定去抢夺交易机会与竞争优势，损害消费者和其他经营者的合法权益，扰乱社会经济秩序的行为。出版行业的不正当竞争主要集中在因图书名称和装潢而引发的不正当竞争。经营者擅自使用与他人有一定影响的图书名称、装潢等相同或者近似的标识，引人误认为是他人图书或者与他人存在特定联系的，构成商业混淆行为。行业内还存在假借知名作家姓名出版图书，以混淆消费者认知的行为。这种擅自使用他人有一定影响的姓名（包括笔名、艺名、译名等）的行为，也落入《反不正当竞争法》第6条的规制范围。在本书的第四章中，介绍了因图书装潢引发的商业混淆，故本章将分析重点集中在图书名称、作者姓名的混淆问题上。

此外，对于行业内新出现的"同人创作"现象，如果涉案图书大量使用的是他人作品中的人物元素，也会涉嫌违反反不正当竞争法。由于"同人作品"通常没有使用原作品的情节，所以，难以落入著作权法的调整范围。根据《最高人民法院关于适用〈中华人民共和国反不正当竞争法〉若干问题的解释》，如果经营者扰乱市场竞争秩序，损害其他经营者或者消费者合法权益，且属于违反反不正当竞争法具体列举的不正当竞争行为以及著作权法规定之外情形的，可以适用《反不正当竞争法》第2条予以认定。

《反不正当竞争法》第2条被称为"一般条款"。该条规定，经营者在生产经营活动中应当遵循自愿、平等、公平、诚信的原则，遵守法律和商业道德。该条中的"商业道德"指的是特定商业领域普遍遵循和认可的行为规范。在个案中，法院结合案件具体情况，综合考虑行业规则或者商业惯例、经营者的主观状态、交易相对人的选择意愿、对消费者权益、市场竞争秩序、社会公共利益的影响等因素，依法判断经营者是否违反商业道德。本章将围绕同人创作、网络游戏使用小说元素等问题展开分析。

第一节　图书商标的注册与侵权认定

商标有着悠久的历史。在中国古代，工匠为了标志商品的生产者或者产地等信息，会将其签字或者"标志"印刷在制作好的艺术品或者使用产品之上。这种标记演变到今日，成为现今的商标。商标通常由富有设计性的文字、图形或者其组合构成。商标具有显著性，具有识别商品或服务来源的作用。此外，商标还有广告宣传功能和质量保障功能。我国商标法规定，申请注册的商标应当有显著特征，便于识别，并不得与他人在先取得的合法权利相冲突。

近年来，一些图书出版机构开始重视商标注册和保护工作。与出版图书的名称有关的商标纠纷不断出现。为了在出版行业中占据市场的优势地位，彰示良好商誉，有的出版社将其出版的作品名称注册为商标，以期能够区别于市场上的同类作品。此时，常会涉及商标授权确权过程中的行政纠纷以及使用过程中的商标侵权纠纷。

在商标行政纠纷中,当事人存在对商标局驳回商标注册申请不服、对商标局异议裁定不服、对撤销注册商标不服、对撤销注册不当商标不服等法律规定的情形之时,可以向商标评审委员会申请复审。对商标评审委员会的决定不服,可以向北京知识产权法院提起行政诉讼。

对于商标侵权,根据《商标法》第57条,有下列行为之一的,均属侵犯注册商标专用权:未经商标注册人的许可,在同一种商品上使用与其注册商标相同的商标的;未经商标注册人的许可,在同一种商品上使用与其注册商标近似的商标,或者在类似商品上使用与其注册商标相同或者近似的商标,容易导致混淆的;销售侵犯注册商标专用权的商品的;伪造、擅自制造他人注册商标标识或者销售伪造、擅自制造的注册商标标识的;未经商标注册人同意,更换其注册商标并将该更换商标的商品又投入市场的;故意为侵犯他人商标专用权行为提供便利条件,帮助他人实施侵犯商标专用权行为的;给他人的注册商标专用权造成其他损害的。

本节的内容将聚焦于图书出版行业申请注册的标识的显著性的认定、近似性的认定以及通用名称的认定,还将分析商标性使用的判断、描述性使用的认定以及未注册驰名商标的认定。

一、商标的显著性

【基本案情】

国家图书馆组织实施《中华传统文化百部经典》项目,并出版了几批《中华传统文化百部经典》图书。2019年10月18日,国家图书馆提交了"百部经典"文字商标申请,指定使用在第16类书籍、印刷出版物等商品上。

国家知识产权局以诉争商标的申请注册违反《商标法》第11条第1款第2项的规定为由,驳回该商标的注册申请。国家图书馆不服,提起行政诉讼。

【裁判推理】

《商标法》第11条第1款第2项规定,仅直接表示商品的质量、主要原料、功能、用途、重量、数量及其他特点的标志,不得作为商标注册。判断诉争标志是否属于《商标法》第11条第1款第2项规定所指的不得作为商标注册的标志，应结合该标志指定使用的商品，以相关公众的通常认知为依据，以该标志能否起到标识、区分商品来源的作用作为判断标准，即将该标志整体用于指定商品时，相关公众易将其与商品自身的特点相联系，还是将其作为商品的来源标志加以识别。

本案中，诉争商标由汉字"百部经典"构成，使用在指定使用的商品上，公众通常会将其理解为"出版一百部经典书籍"，故诉争商标仅直接表示了指定使用商品的主要功能、用途、数量等特点，公众不易将其识别为商标，无法起到区分商品来源的商标功能。此外，国家图书馆提交的在案证据均指向《中华传统文化百部经典》编纂工作及相关书籍，并非对诉争商标的单独使用，不能证明诉争商标经宣传使用已取得显著特征，与其形成对应关系，进而起到识别商品来源的作用。故诉争商标的申请注册违反《商标法》第11条第1款第2项的规定。

【裁判要旨】

判断商标的显著性，应结合该标志指定使用的商品，以相关公众的通常认知为依据，以该标志能否起到标识、区分商品来源的作用作为标准。

【案号】

（2021）京行终9207号

二、注册商标与引证商标的近似性比对

【基本案情】

世纪天鸿公司于2012年2月6日申请注册"优化设计"商标，指定使用在第16类纸或纸板制广告牌、海报、书籍、报纸、期刊、杂志（期刊）、新闻刊物、印刷出版物、带有电子发生装置的儿童图书、宣传画等商品上。

2012年11月19日，商标局对申请商标予以驳回，理由有两个：第一，该申请商标与湖南炎德文化实业有限公司于2006年8月28日被核准注册的第3895085号商标构成类似商品上的近似商标；第二，该申请商标仅仅直接表示指定商品的内容特点，不具有显著性。世纪天鸿公司不服，于法定期限内申请复审。2013年12月2日，商标评审委员会作出驳回复审决定书。世纪天鸿公司提起行政诉讼。

【争议焦点】

（1）山东世纪天鸿公司提交的申请商标是否具有显著性。

（2）申请商标同引证商标是否相同或者近似。

【裁判推理】

本案被诉决定于 2014 年 5 月 1 日前作出，因此，本案应当适用 2001 年商标法。该法第 11 条第 1 款第 2 项规定：仅仅直接表示商品的质量、主要原料、功能、用途、重量、数量及其他特点的不得作为商标注册。申请商标由中文"优化设计"构成，其使用在纸或纸板制广告牌、海报、书籍、带有电子发生装置的儿童图书、宣传画商品上，直接表示了上述商品设计制作的特点，相关公众通常不会将该标志作为商标识别，不会通过该标志识别商品来源，因此，申请商标不符合 2001 年《商标法》第 11 条第 1 款第 2 项的规定。

不具有固有显著特征的标志经过使用取得显著特征，并便于识别的，可以作为商标注册。但山东世纪天鸿公司提交的申请商标的使用证据仅限于若干份出版物的复印件，且山东世纪天鸿公司也未提交证据表明其与上述出版物的出版方有关。故上述证据不足以证明山东世纪天鸿公司长期大量使用申请商标，使其取得显著特征。

2001 年《商标法》第 28 条规定，申请注册的商标同他人在同一种商品或者类似商品上已经注册的或者初步审定的商标相同或者近似的，由商标局驳回申请，不予公告。申请商标指定使用的报纸、期刊、杂志（期刊）、新闻刊物、印刷出版物与引证商标核定使用的报纸、期刊、杂志（期刊）、新闻刊物属于同一或者类似的商品，申请商标与引证商标均由中文"优化设计"构成，将两者使用在同一种或者类似的商品上容易引起相关公众的混淆误认，申请商标指定使用在报纸、期刊、杂志（期刊）、新闻刊物、印刷出版物等商品上与引证商标核定使用在报纸等商品上构成使用在同一种或者类似商品上的近似商标，违反《商标法》第 28 条的规定，被诉决定对此认定正确。

【裁判要旨】

仅仅直接表示商品的质量、主要原料、功能、用途、重量、数量及其他特点的不得作为商标注册。

【案号】

（2014）高行（知）终字第 2182 号

三、是否属于通用名称的认定

【基本案情】

北京出版集团享有第 4043311 号"大家小书"（指定颜色）商标的注册商标专用权。北京理工大学出版社出版的"大家小书"丛书一套共 7 本，丛书的封套、图书封面左上角、书脊、扉页、偶数页的页眉上均使用了"大家小书"字样。

北京出版集团认为北京理工大学出版社在其出版的图书上使用了"大家小书"标识，与涉案商标构成近似标识，容易造成相关公众的混淆误认，侵害了北京出版集团对涉案商标享有的商标权，故提起诉讼。

【争议焦点】

北京理工大学出版社是否侵犯了涉案注册商标专用权。

【裁判推理】

未经商标注册人的许可，在同一种商品上使用与其注册商标近似的商标，或者在类似商品上使用与其注册商标相同或者近似的商标，容易导致混淆的，属于侵犯注册商标专用权的行为。

北京理工大学出版社在涉案图书的封面、书脊、扉页、页眉和封套上突出使用"大家小书"字样，足以起到识别商品来源的作用，属于商标法意义上的使用行为。北京理工大学出版社使用的"大家小书"标识与涉案商标在整体呼叫、文字构成上相近，且使用在涉案商标核定的商品上，容易导致消费者对商品来源产生混淆误认，已构成对涉案商标专用权的侵害。

北京理工大学出版社辩称"大家小书"是通用词汇。北京理工大学出版社以北京出版集团自认"大家小书"为吴晗等老一辈出版人心血的结晶为由，主张"大家小书"系通用名称，对此，法院认为，《最高人民法院关于审理商标授权确权行政案件若干问题的规定》第 10 条第 1 款、第 2 款规定："涉案商标属于法定的商品名称或者约定俗成的商品名称的，人民法院应当认定其属于商标法第 11 条第 1 款第 1 项所指的通用名称。依据法律规定或者国家标准、行业标准属于商品通用名称的，应当认定为通用名称。相关公众普遍认为某一名称能够指代一类商品的，应当认定为约定俗成的通用名称。被专业工具书、辞典等列为商品名称的，可以作为认定约定俗成的通用名称的参考。约定俗成的通用名称一般以全国范围内相关公众的通常认识为判断标准。对于由于历史传统、风土人情、地理环境等原因形成的相关市场固定的商品，在该相关市场内通用的称谓，人民法院可以认定为通用名称。"本案中，涉案商标由汉字"大家小书"构成，北京理工大学出版社既未提交证据证明相关国家标准、行业标准已明确规定"大家小书"为图书商品的通用名称，亦未证明相关专业工具书、辞典将"大家小书"列为图书商品的通用名称，故现有证据并不能证明"大家小书"已被全国范围内的相关公众认知为图书等商品上的通用名称，至于涉案商标"大家小书"的创意来源、设计渊源是什么，与该标识是否构成通用名称无关。

【裁判要旨】

约定俗成的通用名称一般以全国范围内相关公众的通常认识为判断标准。对于由于历史传统、风土人情、地理环境等原因形成的相关市场固定的商品，在该相关市场内通用的称谓，人民法院可以认定为通用名称。

【案号】

（2021）京73民终442号

四、商标性使用的认定

【基本案情】

2014年12月14日，爱果实公司注册第12888940号商标"共情陪伴"，2015年1月14日，爱果实公司注册第13316196号商标"共情"，两个商标核定使用商品/服务项目为第16类图画、书籍、杂志（期刊）等。爱果实公司提供图书绘本《共情陪伴智能绘本·情绪管理1》，图书封面右上角标注"共情陪伴智能绘本"，图书一共为6本，译者共情陪伴国际合作课题组，华东师范大学出版社出版。

2017年6月，辽宁少年出版社、北方联合公司出版发行"妈妈，我想告诉你"共情陪伴亲子绘本系列（共4册），图书封面下方中心位置以艺术字体展示文字"妈妈，我想告诉你共情陪伴亲子绘本系列"。

爱果实公司认为辽宁少年出版社出版的图书侵犯其商标权，故提起诉讼。

【争议焦点】

辽宁少年出版社、北方联合公司是否构成商标侵权。

【裁判推理】

在爱果实公司已经合法注册并取得商标专用权的前提下,商标文字是否由权利人原创并非判断其显著性的绝对标准。首先,从爱果实公司提交的证据来看,爱果实公司在儿童培训领域以及图书出版领域推出的"共情陪伴"品牌及系列图书影响力较大,已经具有一定显著性;而从相关媒体报道情况也可看出,爱果实公司的"共情陪伴"品牌在上述领域显然已经得到社会反馈,并获得了一定的认可。其次,从涉案商标的文字构成来分析,"共情"一词虽然属于心理学领域的常用词汇,但使用在儿童教育图书出版领域,则与图书本身存在较大差异,并不构成对第 16 类商品本身特点的直接描述,因此涉案商标"共情"具有显著性。相应地,由"共情"和"陪伴"组合构成的另一涉案商标"共情陪伴",由于并不属于日常惯用词语,其本身亦具备了相当的显著性。

辽宁少年出版社和北方联合公司出版发行"妈妈,我想告诉你"共情陪伴亲子绘本系列(共 4 册),该系列图书的封面采用了"共情陪伴"加大标红字体,书脊上采用了"共情陪伴"加引号的标注方式,封底采用了"共情陪伴"文字置于句段首位的排列顺序,随书附送小册子采用了"共情陪伴"加引号的标注方式,在网上商城的展示和宣传页面采用"共情陪伴"加大标黄字体以及引号标注,上述使用方法显然构成突出使用,具有醒目的提示效果,属于商标性使用,而非描述性使用。上述行为容易使得相关公众误认为涉案图书系由爱果实公司出版发行,或者认为涉案图书与爱果实公司之间存在一定联系,从而对商品来源产生混淆误认,构成对爱果实公司商标专用权的侵犯。

辽宁少年出版社和北方联合公司在图书上不当使用"共情""共情陪伴"的行为构成商标侵权,应当立即停止上述侵权行为,并赔偿爱果实公司经济损失,在相关媒体上澄清事实,为爱果实公司消除影响。

【裁判要旨】

判断涉案行为是否属于商标性使用,应当结合具体的使用方式。如果使用方法构成突出使用,具有醒目的提示效果,则属于商标性使用,而非描述性使用。

【案号】

(2019) 京 73 民终 3912 号

五、描述性使用不属于商标性使用

【基本案情】

原告北京步印文化传播有限公司于 2010 年 4 月出版了《希利尔讲世界地理》《希利尔讲世界史》《希利尔讲艺术史》系列丛书，并于 2015 年先后提交了"希利尔""希利尔讲世界地理""希利尔讲世界史""希利尔讲艺术史"等系列商标注册申请，被核准注册。

原告认为人民东方公司于 2015 年出版的三册图书的书名《希利尔儿童世界地理》《希利尔儿童世界历史》《希利尔儿童艺术史》及整套丛书外包装名称《希利尔写给儿童的世界历史、世界地理和艺术史》侵犯其注册商标专用权，故诉至法院。

【争议焦点】

被告使用涉案图书名称及丛书外包装名称是否属于商标性使用。

【裁判推理】

首先，对于被告使用的涉案"希利尔"标识是否具有特定含义及被告是否有权使用"希利尔"标识，就原告出版发行的《希利尔讲世界地理》《希利尔讲艺术史》及《希利尔讲世界史》三册图书而言，其使用方式明显表示"希利尔"系指具体人名，且鉴于该三册图书书名与原作者及其作品内容的一致性，"希利尔"即为原作者"Hillyer"的对应中文译名，因此具有特定含义。Virgil Mores Hillyer 为美国著名儿童教育学家，于 1931 年去世，根据我国著作权法的规定，自 1982 年 1 月 1 日起，其作品在我国进入公有领域，原告不能排除他人使用"希利尔"来指代美国著名儿童教育学家 Virgil Mores Hillyer。被告出版发行的涉案三册图书同样系翻译 Virgil Mores Hillyer 的作品，有权在该作者中文译名的特定含义内使用"希利尔"。

其次，对于被告使用的涉案"希利尔"标识是否构成商标性使用，从图片上看，书名文字虽相对突出了"希利尔"三个字，但其作为整体书名的效果更为明显；且结合被告在"希利尔"三字之上做突出介绍，其明显系指向和标明涉案图书原作者名字的描述性使用，相关消费者看到时并不能与"希利尔"商标及其图书来源建立直接联系。另因"儿童""世界地理""世界历史""艺术史"系通用词汇，原告不能禁止被告以说明涉案图书的阅读群体、内容和用途等特点为目的而进行的使用。另被告在"希利尔"后以黄色字体突出显示"写给"两字，亦表示"希利尔"系指代具体人名，而非指示商品来源。因此，被告在涉案图书上对"希利尔"等相关文字的使用与商品出处无关，并非商标性使用。

最后，对于被告的相关使用行为是否在主观上具有恶意，是否在客观上造成了混淆。在2017年原告取得涉案注册商标此之前，"希利尔"三字经过原告及其他多家图书出版机构的使用，其作为作者中文译名的特定含义更加确定和广为人知，导致"希利尔"商标的显著性相对较弱。且在译著书名中包含使用作者的中文译名为翻译作品命名中的常用做法，消费者在购买时，特定的翻译者、版本或出版机构是作出选择的重要因素，才真正具有商品来源的识别意义。早在原告提出商标注册申请之前，被告已开始出版发行涉案图书，且在两年期间印刷8次，并入选"2015年国家新闻出版广电总局向全国青少年推荐百种优秀图书"，难谓系归功于使用"希利尔"三字；另被告图书除具有上述文字标识特点外，其封面的插图元素设计与原告相关图书亦存在明显差异。故被告的使用行为主观上是善意的，客观上不足以造成混淆。

综上，法院认定被告的行为不构成商标法意义上的商标的使用，不构成侵害商标专用权的行为。

【裁判要旨】

"用于识别商品来源"是构成商标性使用的前提，如果在商业活动中不是以识别商品来源为目的使用某些标识，则不构成商标法意义上的商标性使用。

【案号】

（2018）京73民终398号

六、自然词意上的使用不属于商标性使用

【基本案情】

大德兴邦公司是"大德兴邦"注册商标的商标权人。"大德兴邦"商标核定使用商品（第41类），包括学校（教育）；教育；组织教育或娱乐竞赛；安排和组织大会；组织文化或教育展览；组织表演（演出）；安排和组织音乐会；图书出版；电视文娱节目；文娱活动（截止），注册有效期限自2010年12月7日至2020年12月6日止。

2015年3月，中共党史出版社出版发行了图书《大德兴邦：社会主义核心价值观知与行》第1版，书籍主要内容为有关社会主义核心价值观理论与实践的研究。图书封面中书名为两列纵排，一列为黑色毛笔字体"大德兴邦"，一列为红色稍小的宋体"社会主义核心价值观知与行"，并标明"中共党史出版社"出版社名称及社徽。

大德兴邦公司认为，"大德兴邦"是其原创词汇，在此之前没有这四个字的组合使用，属于其知识产权的核心，中共党史出版社侵犯其注册商标专用权，故提起诉讼。

【争议焦点】

被告在其书籍的封面上使用"大德兴邦"四个字，是否为商标意义上的使用。

【裁判推理】

首先，"大德兴邦"一词本身并不属于臆造词，其存在具体、明确的含义，一般理解为"高尚的道德能使国家繁荣昌盛"，其作为注册商标本身显著性不强。大德兴邦公司举办的一系列"大德兴邦"青少年道德教育活动，并不属于在"图书出版"服务上的使用，故涉案商标尚未在"图书出版"服务上通过使用而使得相关公众对涉案商标形成认知，进而增强其显著性。翻阅涉案书籍的内容，均为弘扬社会主义核心价值观的文章或事例，其实质内容与书名"大德兴邦"存在直接的内在联系。故"大德兴邦"属于自然词义的使用。

其次，图书出版行业不同于其他普通服务行业，读者判断图书出版的不同来源主要基于出版社的名称，在这种情形下，在图书书名中出现与注册商标相

同的标识时，对是否构成商标侵权的问题应当审慎判断。涉案图书的主标题为大德兴邦，副标题为社会主义核心价值观的知与行，两者与该书的主要内容、内涵均一致，读者看到书名"大德兴邦"时会理解为对书籍主题及内容的概括，而并不会将其理解为区分商品来源的商标，亦不会误认为该书的出版商系"大德兴邦"商标的注册人，综合以上分析，涉案图书使用大德兴邦一词属于自然词义上的使用，不属于商标性使用。

【裁判要旨】

认定构成商标侵权的前提是被诉行为属于商标性使用，起到区分商品或服务来源的作用。如果属于对注册商标的描述性使用或者自然词义上的使用，而不被相关公众认作区分商品或服务来源的标识，则不会产生混淆误认，也就谈不上侵犯商标权。

【案号】

（2017）京73民终2106号

七、未注册驰名商标的保护

【基本案情】

自1957年至今，商务印书馆已连续出版《新华字典》通行版本至第11版。

华语教学出版社生产和销售实用《新华字典》（全新版）、学生《新华字典》（全新大字本）、《新华字典》（图解版）、小学生《新华字典》（精编插图本）等。

商务印书馆认为，华语教学出版社生产、销售上述"新华字典"辞书的行为侵害了商务印书馆"新华字典"未注册驰名商标，故提起诉讼。

【争议焦点】

（1）"新华字典"是否属于约定俗成的通用名称，因而不受商标法保护。

（2）涉案"新华字典"是否构成未注册驰名商标。

（3）华语教学出版社实施的被诉行为是否构成侵权。

【裁判推理】

约定俗成的通用名称一般以全国范围内相关公众的通常认识为判断标准。

被专业工具书、辞典列为商品名称的,可以作为认定约定俗成的通用名称的参考。参照《最高人民法院关于审理商标授权确权行政案件若干问题的规定》第 10 条第 2 款可知,约定俗成的通用名称一般以全国范围内相关公众的通常认识为判断标准。因此,"新华字典"是否属于约定俗成的辞书商品的通用名称,应以全国范围内的相关公众的通常认识为判断标准。此处的相关公众包括辞书行业的生产者、经营者及消费者。

华语教学出版社提供的证据证明,截至目前辞书市场上曾有包含华语教学出版社在内的 30 家左右出版社出版过含有"新华字典"的辞书,但没有上述辞书的销售范围、销售数量、持续销售时间等相关证据,结合商务印书馆出版的《新华字典》在"字典类"图书市场近 50% 的占有率来看,第三方出版社出版的含有"新华字典"的辞书尚属少量。此外,从《新华字典》辞书的发展历程来看,自 1957 年出版"商务新 1 版"至今,商务印书馆均为《新华字典》辞书的专有出版者,在全国消费者的认知习惯中商务印书馆出版的《新华字典》最具有权威性和可信赖性,形成了买《新华字典》就买商务印书馆出版的消费习惯,其他主体出版"新华字典"辞书的行为尚不能使消费者将《新华字典》与商务印书馆之间的联系割裂,使得"新华字典"辞书可以指代任何一家出版社出版的《新华字典》。从华语教学出版社公证的含有"新华字典"的手机应用软件来看,虽然数量较多,但均未证明软件的提供方,故不能排除由商务印书馆提供手机应用软件的可能。

因此,现有证据尚不足以证明"新华字典"在全国范围内相关公众的通常认识中已经成为第 16 类辞书商品上约定俗成的通用名称。

围绕涉案"新华字典"是否构成未注册驰名商标,主要应从以下三个方面进行分析:

第一,关于"新华字典"是否具备商标的显著特征问题。显著识别性是商标的基本特征,也是商标的基本属性。只有具有显著识别性的标识才能发挥区别商品来源的作用,进而可以作为商标注册并给予保护。就本案而言,《新华字典》属于识字类辞书,名称为"新华字典"的辞书自 1957 年以来均由商务印书馆独家出版发行,虽历经多家主体参与修订,但唯有商务印书馆将"新华字典"作为品牌进行维护和推广,并将"新华字典"与商务印书馆结合使用,事实上已经产生了"新华字典"辞书商品来源于商务印书馆的客观联系,并在相关消费者认知习惯中形成了稳定的对应关系。由此可见,"新华字典"在作为辞书书名使用的同时也发挥了辞书来源的识别作用,具备商标的显著特征。

第二,关于"新华字典"是否构成未注册驰名商标的问题。驰名商标应当根据当事人的请求,作为处理涉及商标案件需要认定的事实进行认定。认定驰名商标应当考虑下列因素:相关公众对该商标的知晓程度;该商标使用的持续时间;该商标的任何宣传工作的持续时间、程度和地理范围;该商标作为驰名商标受保护的记录;该商标驰名的其他因素。

《最高人民法院关于审理涉及驰名商标保护的民事纠纷案件应用法律若干问题的解释》第5条规定,当事人主张商标驰名的,应当根据案件具体情况,提供下列证据,证明被诉侵犯商标权或者不正当竞争行为发生时,其商标已属驰名:使用该商标的商品的市场份额、销售区域、利税等;该商标的持续使用时间;该商标的宣传或者促销活动的方式、持续时间、程度、资金投入和地域范围;该商标曾被作为驰名商标受保护的记录;该商标享有的市场声誉;证明该商标已属驰名的其他事实。前款所涉及的商标使用的时间、范围、方式等,包括其核准注册前持续使用的情形。对于商标使用时间长短、行业排名、市场调查报告、市场价值评估报告、是否曾被认定为著名商标等证据,人民法院应当结合认定商标驰名的其他证据,客观、全面地进行审查。

从相关公众对涉案"新华字典"的知晓程度来看,"新华字典"已经在全国范围内被相关公众广为知晓;从商务印书馆使用"新华字典"持续的时间和销售数量来看,"新华字典"在近60年间已经在全国范围内销售数亿册,销售量巨大,销售范围非常广泛;从商务印书馆对"新华字典"进行宣传所持续的时间、程度和地理范围来看,"新华字典"已经获得较大的影响力和较高的知名度。

商标法保护的商标权本身即为对商标独占使用的权利,这种独占使用针对的是商标本身,而非商标所附着的商品。即便给予商务印书馆"新华字典"未注册驰名商标的保护,给予的仅为独占使用"新华字典"商标的权利而非出版相关辞书的专有权,不会因此直接造成辞书行业所谓的垄断,更不会因此破坏辞书市场正常的经营管理秩序。"新华字典"作为商标,其商誉亦与其内容紧密相连,商务印书馆作为"新华字典"未注册商标持有人不仅享有权利,更承担了商标法意义上商标持有人对其提供商品质量的保障义务及与其驰名商标美誉度相称的传播正确汉语言文字知识的社会责任。将"新华字典"作为商务印书馆的未注册驰名商标给予保护,不仅是对于之前商务印书馆在经营"新华字典"辞书商品中所产生的商誉给予保护,更是通过商标授予的方式使其承担法定义务和社会责任。因此,"新华字典"作为未注册驰名商标给予保护,不会破坏出版行业正常的经营管理秩序,损害知识的传播。

综上,现有证据能够证明"新华字典"已经达到驰名商标的程度,商务印书馆关于"新华字典"作为未注册商标符合驰名商标保护要件的主张具有事实和法律依据,法院予以支持。

本案中,商务印书馆和华语教学出版社使用"新华字典"的商品均为第16类辞书,属于相同商品,且华语教学出版社在其出版的字典上使用了与商务印书馆未注册驰名商标"新华字典"完全相同的商标,该行为属于以复制的方式使用商务印书馆的未注册驰名商标。关于是否容易导致混淆的问题,现有证据证明华语教学出版社在其出版的第16类字典商品上使用"新华字典"标识,已经使消费者在购买和使用字典的过程中将华语教学出版社出版的《新华字典》误认成商务印书馆出版的《新华字典》。华语教学出版社的上述行为已经导致相关公众发生混淆和误认。因此,华语教学出版社在第16类辞书上使用"新华字典"标识的行为已经构成在相同商品上复制他人未在中国注册的驰名商标,容易导致混淆,违反了《商标法》第13条第2款的规定。

【裁判要旨】

驰名商标的认定应该考虑的因素包括:使用该商标的商品的市场份额、销售区域、利税等;该商标的持续使用时间;该商标的宣传或者促销活动的方式、持续时间、程度、资金投入和地域范围;该商标曾被作为驰名商标受保护的记录;该商标享有的市场声誉;证明该商标已属驰名的其他事实。

【案号】

(2016)京73民初277号

八、法理分析

商标最核心的功能在于区分不同商品和服务的来源,商标往往承载着企业的商誉和质量，凝聚了企业经营过程中在相关市场积累的口碑，能够显著影响消费者的选择，这正是商标的价值所在。其他市场主体在相同或类似商品上使用相同或近似商标，会使相关公众对商品或服务的来源产生混淆误认，进而对商标识别功能造成侵害，属于法律禁止的商标侵权行为。根据我国商标法的相关规定，商标侵权样态中最为典型的行为是行为人未经商标权人的许可，在相同或者类似商品上使用与其注册商标相同或者相近似的商标。此外，还存在其他干涉、妨碍商标权人使用其注册商标，损害商标权人合法权益的行为。

当对图书作品的名称是否侵犯他人已经注册的商标专用权的认定具有争议之时，法院应当从以下三方面进行考量。第一，相对人的涉案行为是否具有正当性。《商标法》第59条第1款规定，注册商标中含有的本商品的通用名称、图形、型号，或者直接表示商品的质量、主要原料、功能、用途、重量、数量及其他特点，或者含有的地名，注册商标专用权人无权禁止他人正当使用。首先，若图书名称中涉及的文字是对作品特征的描述性使用，则具有正当性。其次，应当考虑使用者是否具有善意。再次，对于外文的翻译，应当考虑中文译名与外文的对应关系。最后，对于已经进入公共领域的作品，商标专用权人不得排除他人对该作品的正当性使用。第二，作品名称的使用是否为商标法意义上的使用。商标法上的使用区别于描述性使用及自然词义的使用。商标应当起到标示商品或者服务来源的作用。对于图书名称中的使用而言，应当同时兼顾图书封面、封底、装帧设计等。是否突出使用，与封面上的其他内容相比的字体字号大小、位置是否显著突出、是否能够起到识别商品来源的作用。第三，图书名称中对相关文字的使用是否有造成消费者混淆的可能性。语言文字是人类共有的知识，任何人都无权禁止他人对语言文字的合理使用。以文字词语进行商标注册，注册商标专用权的范围，是对文字字形、字体和颜色的特定组合在生产产品和提供服务过程当中所享有的专有权利，而并非对于这一词汇语意的垄断性权利。只有他人在使用这一词汇时与注册商标构成相同、近似，导致公众混淆的，方构成侵犯注册商标专用权的行为，而对其他因表述需要正当使用该词汇的行为，不应视为侵权。在混淆可能性的判断上，会考虑请求保护的商标的显著性。对于显著性较强的商标，图书名称中若进行了商标性使用，则构成侵犯商标专用权；对于显著性不强的商标，若其通过使用在相关公众中建立起该词汇与商品来源之间的对应关系，则也应当获得商标法的保护。另外根据《商标法》第 14 条的规定，可从相关公众对该商标的知晓程度、该商标使用的持续时间、宣传情况、作为驰名商标受保护的记录等因素判定涉案商标是否属于驰名商标，若涉案商标为驰名商标，则可获得跨类保护。

在侵犯商标权的责任承担上，根据《商标法》第 60 条的规定：有本法第 57 条所列侵犯注册商标专用权行为之一，引起纠纷的，由当事人协商解决；不愿协商或者协商不成的，商标注册人或者利害关系人可以向法院起诉，也可以请求工商行政管理部门处理。工商行政管理部门处理时，认定侵权行为成立的，责令立即停止侵权行为，没收、销毁侵权商品和主要用于制造侵权商品、伪造注册商标标识的工具，违法经营额 5 万元以上的，可以处违法经营额五倍以下的罚款，没有违法经营额或者违法经营额不足 5 万元的，可以处 25 万元以下的罚款。对五年内实施两次以上商标侵权行为或者有其他严重情节的，应当从重处罚。销售不知道是侵犯注册商标专用权的商品，能证明该商品是自己合法取得并说明提供者的，由工商行政管理部门责令停止销售。对侵犯商标专用权的赔偿数额的争议，当事人可以请求进行处理的工商行政管理部门调解，也可以依照民事诉讼法向人民法院起诉。经工商行政管理部门调解，当事人未达成协议或者调解书生效后不履行的，当事人可以依照民事诉讼法向法院起诉。

《最高人民法院关于审理商标民事纠纷案件适用法律若干问题的解释》第 21 条规定，法院在审理侵犯注册商标专用权纠纷案件中，依据《民法典》第 179 条、《商标法》第 60 条的规定和案件具体情况，可以判决侵权人应当承担停止侵害、排除妨碍、消除危险、赔偿损失、消除影响等民事责任，还可以作出罚款，收缴侵权商品、伪造的商标标识和专门用于生产侵权商品的材料、工具、设备等财物的民事制裁决定。罚款数额可以参照《商标法》第 60 条第 2 款的有关规定确定。我国商标法中并没有明确规定赔礼道歉的责任形式，因此在商标专用权侵权纠纷中适用赔礼道歉并无明文立法可依。注册商标专用权是一项财产性的权利，不具有人身属性，因此不能适用赔礼道歉这一对人身性权利的救济。

在商标授权确权行政纠纷案件中，根据商标法的规定，不予注册的理由分为绝对理由和相对理由。绝对不予注册的情形主要指标志不具备显著性、三维标志具有实用功能性和美学功能性、标志的内容或注册违反法律的禁止性规定、注册该商标破坏了社会的公共秩序和损害公共利益、不以使用为目的的恶意商标注册。相对不予注册的几种情形包括商标的注册损害的是特定民事主体的利益，而非社会公共利益。主要为误导性使用地理标志、以不正当手段抢注他人已经有一定影响的未注册商标、与他人在相同或类似商品或服务上已注册的或初步审定的商标相同或近似、与他人驰名商标相同或近似以及侵犯他人的其他在先权益等。

在绝对理由中，商标因为缺乏显著性而被驳回或者被宣告无效较为常见。根据《商标法》第11条，下列标志不得作为商标注册：仅有本商品的通用名称、图形、型号的；仅直接表示商品的质量、主要原料、功能、用途、重量、数量及其他特点的；其他缺乏显著特征的。前款所列标志经过使用取得显著特征，并便于识别的，可以作为商标注册。通用名称约定俗成，是指行业规范或社会公众约定俗成的对某一商品的通常称谓。注册商标中含有的本商品的通用名称、图形、型号，或者直接表示商品的质量、主要原料、功能、用途、重量、数量及其他特点，或者含有地名，注册商标专用权人无权禁止他人正当使用。

一些出版机构和传播机构将图书名称申请商标，但一些商标因不具有显著性、与他人在先权利相冲突等原因无法获得注册或者被宣告无效。尤其是对于仅仅描述图书作者、概括图书内容的文字，获得注册的可能性较低。所以，将书名作为商标进行注册，通常情况下存在一些障碍。然而，如果特定标识能够起到识别图书来源的作用，则可以作为商标进行注册和保护。尤其是对于丛书或连续性出版物，作品名称能够发挥标示出版者的功能。① 在使用人未就该特定标识进行注册的情况下，如果法院认定该标识构成使用人的未注册驰名商标，则依然可以获得商标法的保护。

与他人商标相同或近似是较为常见的图书名称无法注册的理由。根据相关商标法司法解释的规定，认定商标相同或者近似应当按照以下原则：以相关公众的一般注意力为标准；既要进行对商标的整体比对，又要进行对商标主要部分的比对，比对应当在比对对象隔离的状态下分别进行；判断商标是否近似，应当考虑请求保护注册商标的显著性和知名度。在综合考虑以上因素之后，法

---

① 蔡慧永：《图书书名商标权保护解析》，载《法学杂志》2018年第3期，第102页。

院可对争议商标是否与其他注册商标相同或者近似予以初步评定,这是解决此类的行政纠纷的关键一步。

第二节 文学作品中的角色元素的法律保护

文学作品中所塑造的角色有其商业价值。新文创时代,数字文化产业的发展不仅依赖于艺术家们的创作,非职业的创作者也是当下内容创作的中流砥柱。"文化+""版权+"新产业生态的出现,形成了新的产业生态链条。在文学、影视、游戏、漫画等多元艺术形态的互动过程中,出现了对文学中的知名"IP"的衍生开发,从而引发了对文学角色可版权性的讨论。

知名作品中所塑造的角色具有很大的影响力。因此,一些网络游戏未经授权使用知名小说中的人物、道具、武器装备、故事情节等元素。以武侠主题的网络游戏为例,随着手中常伴一本金庸小说,时常做着"武侠梦"的一代人逐渐成为消费市场的中坚力量,网络游戏开发商也将眼光投向了武侠类游戏的研发。为了获得较大的市场竞争优势,网络游戏公司往往会以拥有较多读者的武侠小说中的元素为基础设计游戏。读者对这些作品中的角色的喜好成为他们选择该游戏的重要原因之一。因此,使用武侠小说中的人物、武功、武器、情节等元素能够给网络公司带来较多的商业利益,成为具有商业价值的经济资源。但是,此种使用行为会对著作权人或者从其手中获得游戏改编权的市场主体,在相同领域内的市场竞争优势造成较大的冲击,损害了其经济利益。实务中,因利用小说中的人物等元素引发的纠纷不在少数。本节涉及了一起著作权侵权纠纷和一起不正当竞争纠纷。

除了游戏可能会使用到文学作品中的角色之外,在文学界,同人作品的出现使得角色的可版权性争议更加激烈。"同人作品"一般是指使用既有作品中相同或近似的角色创作新的作品。由于同人作品并非在原作品的情节基础上进行改编和再度创作,所以,难以落入原作品改编权的范围。实务中,反不正当竞争法发挥着对有一定影响的文学角色的保护功能。

本节选取了图书名称的版权纠纷和商标侵权纠纷,以及网络游戏公司未经授权不正当使用金庸武侠小说中的人物元素而导致的侵权纠纷、同人作品引发的纠纷、续写作品纠纷。

一、人物名称的可版权性困境

【基本案情】

王某某笔名九夜茴，是《匆匆那年》小说的作者。该小说曾由东方出版社于 2008 年 1 月出版，广受读者欢迎。2012 年 4 月 5 日，金狐公司与王某某订立转让协议，约定金狐公司独家购买《匆匆那年》小说，获得该小说的网络剧改编权等权利，后金狐公司制作完成网络剧《匆匆那年》。由于该剧热播，反响较好，金狐公司又组织拍摄了 16 集网络剧《匆匆那年：好久不见》，金狐公司为出版单位，梦幻星公司为摄制单位。该剧于 2015 年 12 月开始在搜狐网的搜狐视频栏目下供用户点播。经查明，《匆匆那年：好久不见》与《匆匆那年》小说相比，相同的内容主要是方茴、陈寻、乔燃、赵烨和林嘉茉这五个人物名称，人物关系、性格特征、故事背景、故事情节等内容都不同。

王某某认为搜狐公司、金狐公司、梦幻星公司共同摄制发行《匆匆那年：好久不见》，侵害了《匆匆那年》小说的保护作品完整权和改编权，而且，在《匆匆那年：好久不见》剧中擅自使用《匆匆那年》小说名称，构成仿冒，属于不正当竞争。故提起诉讼。

【争议焦点】

（1）涉案作品的名称是否受反不正当竞争法的保护。

（2）涉案人物名称能否构成作品。

【裁判推理】

本案审理的范围为一审法院作出判决之前的被诉行为，上述行为发生于 1993 年反不正当竞争法施行期间，故依据上述规定中的法不溯及既往原则，本案适用 1993 年反不正当竞争法。

首先，1993 年《反不正当竞争法》第 5 条规定，经营者不得采用下列不正当手段从事市场交易，损害竞争对手：擅自使用知名商品特有的名称、包装、装潢，或者使用与知名商品近似的名称、包装、装潢，造成和他人的知名商品相混淆，使购买者误认为是该知名商品。《匆匆那年：好久不见》与原小说在故事背景、主线脉络、主要情节等方面均不相同，明显不属于以小说为故事中心进行的延伸扩编或改编。此外，虽然金狐公司于2014年制作的网络剧《匆匆那年》也获得了一定的知名度，但该剧的知名度是以《匆匆那年》小说的影响力为基础，不影响"匆匆那年"本身作为他人知名商品的特有名称获得保护，也不能成为金狐公司制作与《匆匆那年》小说无关的影视剧时使用该名称的正当理由。综上，金狐公司未经王某某许可，在《匆匆那年：好久不见》的名称中使用"匆匆那年"，足以使人产生混淆误认，属于擅自使用王某某知名小说名称的行为。

只有具有独创性的表达才能构成著作权法意义上的作品。独创性要求该表达系作者独立完成，并体现作者的个性。在判断名称、标题等词组或短语是否构成作品时，主要考察其是否体现作者的独创性劳动，同时能否相对完整地表达作者的思想、传达一定信息。本案中，在判断方茴、陈寻、乔燃、赵烨和林嘉茉五个人物名称是否构成作品时，应在不考虑《匆匆那年》小说的具体故事情节的情况下进行，方茴、陈寻、乔燃、赵烨和林嘉茉这五个人物名称显然无法相对完整地表达作者的独创性思想，无法实现作品的基本功能，因此，涉案名称不能构成作品。在方茴、陈寻、乔燃、赵烨和林嘉茉这五个人物名称不构成作品的情况下，《匆匆那年：好久不见》中对于上述人物名称的使用不属于对作品的使用，不侵犯王某某对《匆匆那年》小说享有的著作权。

【裁判要旨】

被许可人应当在合同授权范围内正当行使其权益。未经授权将知名小说的名称擅自使用在与小说无关的影视剧，足以使人产生混淆误认时，属于擅自使用知名小说特有名称的不正当竞争行为。

【案号】

（2017）京73民终2113号

二、使用原著人物进行续写的行为性质

【基本案情】

2007年1月，张某某（笔名天下霸唱）将小说《鬼吹灯Ⅰ（盗墓者的经历）》及《鬼吹灯Ⅱ（魁星踢斗）》著作权中的财产权全部转让给原告玄霆公

司。原告授权万达影视根据该小说改编拍摄了电影《寻龙诀》。

2012年11月，张某某授权先锋出版公司独家享有《鬼吹灯之镇库狂沙》的全部著作权及附属权利。后因张某某无法完成上述作品的创作。2014年4月，被告先锋出版公司与案外人刘某（笔名御定六壬）签订著作权委托改编协议。协议约定，先锋出版公司将原作品的框架性故事走向和结构构想等委托刘某以小说形式对该作品在原著基础上进行改编创作并完稿。刘某保证该作品改编内容与原著大纲一致。刘某改编后的著作权等其他著作权归先锋出版公司所有。作品署名为"天下霸唱原著，御定六壬改编"。

2014年5月13日，被告先锋出版公司授权天津人民出版社出版《鬼吹灯之镇库狂沙》，作品署名为"天下霸唱原著，御定六壬改编"。

原告玄霆公司主张被告出版的《鬼吹灯之镇库狂沙》侵犯了其享有著作权的《鬼吹灯I》《鬼吹灯II》，并构成不正当竞争。

法院查明，原告图书《鬼吹灯I》《鬼吹灯II》讲述的系主要人物胡八一、Shirley杨和王胖子（胖子）在各处盗墓探险的故事，该系列小说共两部八本书，每本书均有相对独立的故事情节。被控侵权图书《镇库狂沙》也是一部盗墓探险小说，主要人物名称及人物形象、人物背景、人物关系、人物性格与《鬼吹灯》系列小说中的胡八一、Shirley杨和王胖子（胖子）完全一致；在盗墓探险过程中遵循的盗墓规矩及禁忌手法等要素与《鬼吹灯I》《鬼吹灯II》基本一致。但被控侵权图书与《鬼吹灯I》《鬼吹灯II》的故事情节、故事内容完全不同。

【争议焦点】

（1）图书中的人物等要素是否应受到保护。

（2）在作者已经将其作品著作权转让的情形下，其是否有权利用其曾在作品中塑造的标识性要素创作新作品。

【裁判推理】

根据著作权"思想与表达二分法"原则，受著作权法保护的作品必须是能够被他人客观感知的外在表达，即作品中抽象的思想本身是不受著作权法保护的，只有对思想的具体表达才受著作权法保护。实践中，受保护的表达与不受保护的思想观念往往需要根据作品的种类、性质和特点等做出个案认定。本案原告主张其权利作品中的人物名称、形象、关系、盗墓规矩、禁忌等应当受到著作权法保护，对此项主张的判断亦应遵循这一思路。

涉案作品中的人物形象等要素源自文字作品，其不同于电影作品或美术作品中的人物形象等，后者借助于可视化手段能够获得更为充分的表达，更容易清晰地被人所感知。而文字作品中的人物形象等要素往往只是作品情节展开的媒介和作者叙述故事的工具，从而难以构成表达本身。只有当人物形象等要素在作品情节展开过程中获得充分而独特的描述，并由此成为作品故事内容本身时，才有可能获得著作权法保护。

离开作品情节的人物名称与关系等要素，因其过于简单，往往难以作为表达受到著作权法的保护。故被控侵权图书是否侵犯了原告玄霆公司作品的著作权，尚需审查被控侵权图书使用人物名称、关系等要素后所呈现出的故事情节是否与原告作品的故事情节有相同或相似之处。

经比对，被控侵权图书虽然使用了与原告权利作品相同的人物名称、关系、盗墓规矩、禁忌等要素，但被控侵权图书有自己独立的情节和表达内容，被控侵权图书将这些要素和自己的情节组合之后形成了一个全新的故事内容，这个故事内容与原告作品在情节上并不相同或相似，也无任何延续关系。故本案原告主张其权利作品中人物形象、盗墓规矩、禁忌受著作权法保护的依据不足，原告关于被告实施著作权侵权行为的主张，法院不予支持。

涉案作品中的人物形象等要素从著作权法角度来说不属于表达，不能作为著作权的客体受到保护，但这并不意味着涉案作品中的人物形象等要素可以不受任何限制地任意使用。作者对作品主要人物形象、盗墓规矩、禁忌的创作付出了较多心血，通过故事情节和背景的铺陈叙述，作者笔下的人物形象得以塑造和丰满。原告权利小说共两部八本，每本书的故事情节相对独立，该八本书中共同的特点即为原告所主张的上述要素。这些要素相互交织、密切结合，贯穿了《鬼吹灯》系列小说，整体起到了《鬼吹灯》系列小说的标识性作用。在涉案作品取得巨大商业成功的同时，上述要素已经广为人知，并拥有庞大的"粉丝"基础。这时的人物形象等要素即使不受著作权法的保护，其整体仍有可能受到反不正当竞争法的保护。

这是由于在读者群体中人物形象等要素与作品之间已经建立起了较为稳定的联系，具备了特定的指代和识别功能，这一功能使其明显区别于一般著作权保护客体。特别是这样的人物形象等要素显然具备较高的商业市场价值，利用这些人物形象等要素创作新的作品,完全可以借助其市场号召力与吸引力提高新作的声誉,轻而易举地吸引到原作的大量粉丝,并由此获取经济利益,增强竞争优势。显然,新作品创作时对原作人物形象等要素的使用应当遵循行业规范,对这一使用行为的法律调整要考虑使用人的身份、使用的目的、原作的性质、使用对原作市场的潜在影响等因素,一方面应充分尊重原作的正当权益,另一方面也要保障创作和评论的自由,从而促进文化传播,推动文化繁荣。

第三人张某某作为原著的作者,有权使用其在原著小说中创作的要素创作出新的作品。根据对双方合同约定的分析,第三人张某某与原告就《鬼吹灯II》签订的协议第4.1.3条中虽然约定原告有权对该作品进行再创作,但并不意味着第三人张某某就此放弃了自己再创作的权利。根据第三人张某某的陈述及案外人刘某与被告先锋出版公司签订的协议,刘某系在第三人张某某提供的大纲基础上创作了被控侵权图书。第三人张某某知晓刘某的创作行为并认可图书的内容。因此,第三人张某某参与了被控侵权图书的创作过程。第三人张某某利用自己在权利作品中创造的这些标识性要素参与创作出不同于权利作品表达的新作品的行为并无不当。因此,被告先锋出版公司组织创作被控侵权图书文字内容的行为并未违反著作权法的规定。

【裁判要旨】

文字作品中的人物形象等要素不同于电影作品或美术作品中的人物形象等,其往往只是作品情节展开的媒介和作者叙述故事的工具,从而难以构成表达本身。只有当人物形象等要素在作品情节展开过程中获得充分而独特的描述,并由此成为作品故事内容本身时,才有可能获得著作权法保护。但这并不意味着文字作品中的人物形象等要素可以不受任何限制地任意使用,当上述要素对作品整体起到标识性作用并具有相当程度的商业价值时,仍有可能受到反不正当竞争法的保护。

【案号】

(2015)浦民三(知)初字第1957号

三、同人创作的法律性质

【基本案情】

原告金庸所著《射雕英雄传》《笑傲江湖》《天龙八部》《神雕侠侣》四书（以下简称原告作品）由三联书店于1994年5月在内地出版，对应新修版由广州出版社于2013年4月在内地出版，新修版对三联版的故事时间线等有所修改。原告及其涉案四部作品享有较高的社会知名度，其作品曾多次入选内地、香港及外国教材。

被告杨某于2000年创作《此间的少年》并发表于网络，2002年，该作品由西北大学出版社出版，书名为《此间的少年：射雕英雄的大学生涯》。另有联合出版公司2012年版以及《此间的少年2》（网络版）。《此间的少年》各个版本中郭靖、黄蓉、杨康、穆念慈、乔峰、康敏、令狐冲等七个主要人物的人物名称、人物关系、性格特征和故事情节基本一致。杨某于2011年将其享有的《此间的少年》著作权（包括但不限于中文简体图书出版、发行、销售，信息网络传播权）及其转授权独家授权给九州公司，九州公司后授予精典博维公司《此间的少年》的专有使用权，有效期限至2016年9月10日止。

原告认为《此间的少年》各个版本大量使用了其小说《射雕英雄传》等作品中的主要人物名称、关系、性格特征，该行为构成著作权侵权及不正当竞争，故提起诉讼。

【争议焦点】

（1）《此间的少年》是否侵害原告的著作权。

（2）被告的行为是否构成不正当竞争。

【裁判推理】

著作权法所保护的是作品中作者具有独创性的表达，即思想的表现形式，不包括作品中所反映的思想本身。这里的思想，包括对物质存在、客观事实、人类情感、思维方法的认识，是被描述、被表现的对象，属于主观范畴。作者借助物质媒介，将构思诉诸形式表现出来，将意象转化为形象、将抽象转化为具体、将主观转化为客观、将无形转化为有形且可以被他人感知的过程即为创作，创作形成的有独创性的表达属于受著作权法保护的作品。

在文学创作领域中，文字作品以小说为例，其内容主要由人物、情节、环境三个要素构成。人物是核心，人物关系、性格特征、故事情节均围绕人物展开；情节是骨架，人物名称、人物关系、性格特征均通过故事情节塑造构建而成；环境是背景，包括自然环境与社会环境，时代背景与空间背景。当具有特定性格特征与人物关系的人物名称以具体的故事情节在一定的时空环境中展开时，其整体已经超越了抽象的思想，属于对思想的具体表达。反之，脱离了具体故事情节的人物名称、人物关系、性格特征的单纯要素，往往难以构成具体的表达。杨某作为原告作品的读者，在创作之前即已接触原告作品，故判断《此间的少年》是否侵害原告著作权，需要认定《此间的少年》与原告作品是否构成实质性相似。

判断同人作品是否为侵权作品的关键，在于正确地划分思想与表达的界限。独创且细致到一定程度的情节属于表达，未经许可使用实质相似的表达就可能侵权。在同人小说中直接借用经充分描述的角色和复杂的关系，可能将以角色为中心的情节带入新作品，从而形成与原作品在表达上的实质性相似。但仅使用从具体情节中抽离的角色名称、简单的性格特征及角色之间的简单关系，主要是起到识别符号的作用，难以构成与原作品的实质性相似。

从整体上看，虽然《此间的少年》使用了原告四部作品中的大部分人物名称、部分人物的简单性格特征、简单人物关系以及部分抽象的故事情节，但上述人物的简单性格特征、简单人物关系以及部分抽象的故事情节属于小说类文字作品中的惯常表达，《此间的少年》并没有将情节建立在原告作品的基础上，基本没有提及、重述或以其他方式利用原告作品的具体情节，而是在不同的时代与空间背景下，围绕人物角色展开撰写故事的开端、发展、高潮、结局等全新的故事情节，创作出不同于原告作品的校园青春文学小说，且存在部分人物的性格特征缺失，部分人物的性格特征、人物关系及相应故事情节与原告作品截然不同，情节所展开的具体内容和表达的意义并不相同。在此情况下，《此间的少年》与原告作品的人物名称、人物关系、性格特征和故事情节在整体上仅存在抽象的形式相似性，不会导致读者产生相同或相似的欣赏体验，二者并不构成实质性相似。因此，《此间的少年》是杨某重新创作的文字作品，并非根据原告作品改编的作品，无需署上原告的名字，相关读者因故事情节、时空背景的设定不同，不会对原告作品中人物形象产生意识上的混乱，《此间的少年》并未侵害原告所享有的改编权、署名权、保护作品完整权。

对于被告杨某的行为是否构成不正当竞争,需要从以下几个方面进行分析。首先,杨某使用原告作品元素创作《此间的少年》并出版发行的行为不属于《反不正当竞争法》第二章列举的不正当竞争行为,原告也并未依据该列举式规定主张权利,而是直接主张被告的行为违反了《反不正当竞争法》第2条的规定。其次,原告对作品中的人物名称、人物关系等元素创作付出了较多心血,这些元素贯穿于原告作品中,从人物名称的搜索结果数量可见其具有极高的知名度和影响力,在读者群体中这些元素与作品之间已经建立了稳定的联系,具备了特定的指代与识别功能。杨某利用这些元素创作新的作品《此间的少年》,借助原告作品整体已经形成的市场号召力与吸引力提高新作的声誉,可以轻而易举地吸引到大量熟知原告作品的读者,客观上增强了自己的竞争优势,同时挤占了原告使用其作品元素发展新作品的市场空间,夺取了本该由原告所享有的商业利益。最后,诚实信用原则是民法的基本原则,是民事活动最为基本的行为准则。在本案中,杨某作为读者"出于好玩的心理"使用原告大量作品元素创作《此间的少年》供网友免费阅读,在利用读者对原告作品中武侠人物的喜爱提升自身作品的关注度后,以营利为目的多次出版且发行量巨大,其行为已超出了必要的限度,属于以不正当的手段攫取原告可以合理预期获得的商业利益,在损害原告利益的前提下追求自身利益的最大化,对此杨某并非善意。

特别需要指出的是,杨某于2002年首次出版时将书名副标题定为"射雕英雄的大学生涯",将自己的作品直接指向原告作品,其借助原告作品的影响力吸引读者获取利益的意图尤为明显。因此,杨某的行为具有不正当性,与文化产业公认的商业道德相背离,应为反不正当竞争法所禁止。综上,杨某未经原告许可在其作品《此间的少年》中使用原告作品人物名称、人物关系等作品元素并予以出版发行,其行为构成不正当竞争。

【裁判要旨】

判断同人作品是否为侵权作品的关键,在于正确地划分思想与表达的界限。独创且细致到一定程度的情节属于表达,未经许可使用实质相似的表达就可能侵权。在同人小说中直接借用经充分描述的角色和复杂的关系,可能将以角色为中心的情节带入新作品,从而形成与原作品在表达上的实质性相似。但仅使用从具体情节中抽离的角色名称、简单的性格特征及角色之间的简单关系，主要是起到识别符号的作用，难以构成与原作品的实质性相似。

【案号】

（2016）粤 0106 民初 12068 号

四、网络游戏侵犯文学作品改编权的认定

【基本案情】

完美世界公司系手机在线游戏开发及运营商。2016 年 1 月 20 日，完美世界公司从作家查良镛（笔名金庸）处获得《射雕英雄传》等四部小说及其元素在游戏改编开发、发行及运营方面的独占权利。

2013 年 1 月，完美世界公司发现玩蟹公司开发、运营的游戏《大掌门》上线。玩蟹公司未经完美世界公司或查良镛许可，在涉案游戏中使用涉案小说中的人物、武功、武器装备、故事情节等元素。随后，完美世界公司与玩蟹公司签署协议书，约定玩蟹公司支付授权金，可继续使用涉案小说内容至 2015 年 7 月 31 日。但玩蟹公司在授权到期日后仍继续使用涉案小说内容。

完美世界公司认为玩蟹公司侵犯了其对涉案小说的改编权，并且，在涉案游戏宣传中使用金庸及涉案小说元素的行为构成不正当竞争，故提起诉讼。

【争议焦点】

（1）玩蟹公司是否侵犯原告对涉案小说享有的改编权。

（2）玩蟹公司的广告宣传中使用小说元素是否构成不正当竞争。

（3）玩蟹公司如果构成侵权，应当承担何种民事责任。

【裁判推理】

玩蟹公司的涉案游戏侵害了涉案小说改编权，具体理由论述如下：其一，涉案小说中的人物名称、武功、装备、人物间关系、人物与武功间关系及人物与装备间关系等元素的结合，体现了作者的选择、取舍、安排及设计的具有独创性的表达，应当受到著作权法的保护。判断涉案游戏是否构成对涉案小说的改编，首先应判断涉案游戏中使用的涉案小说元素是否属于著作权法保护的独创性表达。通常而言，对于一部由主题、故事脉络、情节设计、人物关系等要素组成的小说而言，故事的主题、单纯的人物关系应归于"思想"的范畴；

但围绕故事主题展开的特定情节、人物关系的具体化,能够达到反映作者独特选择、判断、取舍的程度,即成为著作权法保护的表达。本案中,涉案小说中的人物名称、武功、装备等元素相互结合,较为完整地展现了不同人物的身世背景、性格特征、独门绝技、人物关系等,查良镛基于上述元素创作出包括涉案小说在内的诸多武侠故事,该元素系查良镛武侠小说中的重要组成部分,其通过特定形式的组合,相对完整地表达了作者对特定人物的塑造和故事脉络的构思,体现了作者在作品表达中的选择、取舍、安排及设计。

其二,玩蟹公司的涉案游戏对涉案小说相关元素的使用,是以卡牌网络游戏形式对涉案小说中独创性表达进行的截取式、组合式使用,其对涉案小说中相关人物的技能、经历、不同人物之间的相互关系等进行高度提炼,将不同元素进行结合使用,涉案游戏的卡牌人物设置、人物背景、配备装备、武功及人物间关系、关卡等均依托于涉案小说的内容与架构,卡牌组合规则更与涉案小说中的人物、装备、武功、人物关系等具有对应关系,保留了与涉案小说实质性相似并且能够构成表达的独创性元素及设定,与涉案小说具有高度的关联性及依存性,显然并非对涉案小说的单纯借鉴。

其三,涉案游戏对涉案小说中独创性表达的使用仅改变了涉案作品中独创性表达的表现形式,并未形成脱离于涉案作品的全新表达,同时,涉案游戏亦非对涉案小说进行了简单复制,而系通过具有独创性的创作行为而形成。

具体而言,一方面,涉案游戏对涉案小说中的人物名称、武功、装备、人物间关系、人物与武功间关系及人物与装备间关系等元素结合进行的使用,是以卡牌游戏这一新的表现形式进行再现,但由此所表现的人物特征、人物关系以及其他要素间的组合关系与涉案小说中的选择、安排、设计等并不存在实质性差别,尚未形成完全脱离涉案小说中独创性表达的全新表达。另一方面,涉案游戏虽依托于涉案小说的内容与架构,但其根据游戏特性而设计的对白、游戏关卡等在涉案小说中显然无法一一对应,且人物简介等内容亦系对涉案小说相关内容的选取、整合,使涉案小说的表现形式有了根本性的转变。因此,涉案游戏属于对涉案小说的改编。综上,玩蟹公司未经许可,擅自将涉案小说改编成涉案游戏,侵犯了完美世界公司对涉案小说享有的改编权。

《反不正当竞争法》第 2 条规定,经营者在生产经营活动中,应当遵循自愿、平等、公平、诚信的原则,遵守法律和商业道德。本法所称的不正当竞争行为,是指经营者在生产经营活动中违反本法规定,扰乱市场竞争秩序,损害其他经营者或者消费者的合法权益的行为。

根据本案查明的事实,首先,玩蟹公司在其运营的域名为 playcrab.com 的网站、"大掌门游戏"微博、"大掌门"微信公众号中发布了大量文章,文中大量使用涉案小说中的人物名称、故事梗概等元素,还有部分文章直接使用"《大掌门》中囊括了金庸 200 多位耳熟能详的知名豪侠,还将金庸中经典剧情再现"等表述,上述内容直接利用了涉案小说的知名度以及相关公众对涉案小说的喜爱,不当夺取了完美世界公司依据涉案小说进行游戏开发的机会,亦使相关公众对涉案游戏的来源产生误解,损害了其他经营者及消费者的合法权益。其次,玩蟹公司曾于 2013 年 10 月 1 日与查良镛等案外主体签署协议书并出具致歉信,但其在 2015 年 7 月 31 日协议书终止之日后继续在同款游戏中使用涉案小说中的相关元素,表现出明显的主观恶意。最后,玩蟹公司在前述文章中使用涉案小说中相关元素的行为不符合《反不正当竞争法》第二章规定的具体不正当竞争行为要件,但确有依法予以规制的必要。因此,法院认定玩蟹公司在宣传过程中使用小说元素的行为构成不正当竞争行为。

关于停止侵害,由于涉案游戏系卡牌类游戏,虽然其整体游戏规则与胜负标准均一定程度上依托于涉案小说,但删除或更改涉案小说中相关元素后,涉案游戏仍有继续运营的空间,故为更好地实现双方当事人之间的利益以及当事人利益与公共利益之间的平衡,法院合理界定停止侵权的效力范围,判令玩蟹公司停止在涉案游戏开发、运营及宣传中使用涉案小说中的相关元素。

关于消除影响,鉴于玩蟹公司对涉案游戏进行的大量宣传、推广会导致相关公众对涉案游戏来源产生混淆、误认,故玩蟹公司应当承担消除影响的民事责任。由于涉案游戏系通过互联网进行传播,且注册用户数量众多,宣传、推广的受众范围广泛,法院要求玩蟹公司在中国知识产权报、玩蟹公司官方网站和 17173 游戏网站上公开发表声明。

关于赔偿损失,法院在确定本案损害赔偿数额时主要考量如下因素:第一,涉案小说的知名度极高,完美世界公司为获得涉案小说的独家游戏改编权授权付出了巨额许可费。第二,涉案游戏的侵权时间长、知名度高、注册用户规模庞大、侵权获利巨大。第三,涉案小说中相关元素对涉案游戏收益的贡献率较高。第四,2013 年 10 月 1 日,玩蟹公司之前曾存在侵权行为,后来签署了授权协议,但在协议到期后未经权利人许可继续使用涉案小说相关元素,表现出明显的主观恶意。第五,涉案游戏并非全部由涉案小说元素构成,完美世界公司获取的涉案小说授权范围较涉案游戏的改编行为更加广泛,涉案游戏的收益存在随时间而减少的趋势。第六,玩蟹公司应承担的经济损失赔偿责任不仅包括其因实施著作权侵权所承担的赔偿责任,还包括其因实施涉案不正当竞争行为应承担的赔偿责任。最终,法院判决被告赔偿完美世界公司因著作权侵权及不正当竞争造成的经济损失2000万元。

【裁判要旨】

在利用原作品表达的基础上创作出不同原作品的新作品,且这种改动体现了改编者的独创性,属于改编行为。

【案号】

(2021)京73民终1265号

五、网络游戏使用小说元素构成不正当竞争

【基本案情】

金庸为涉案作品《射雕英雄传》《神雕侠侣》《倚天屠龙记》《笑傲江湖》的著作权人。2002年1月1日,金庸与明河社签订《著作权许可使用合同》,将涉案作品的改编权授权给明河社。2013年4月30日,金庸与完美世界公司就《射雕英雄传》《神雕侠侣》《倚天屠龙记》《笑傲江湖》四部作品分别签订移动终端游戏软件改编授权合约,将以上作品的移动终端游戏软件改编权授权给原告完美世界公司。

被告火谷网开发了武侠Q传游戏软件并自称该游戏系一款"武侠RPG兼策略类游戏,在游戏中玩家会带领金庸经典武侠小说中众多耳熟能详的英雄豪杰一同闯荡江湖"。火谷网及昆仑乐享公司为武侠Q传游戏软件的著作权人,昆仑万维公司系武侠Q传游戏的运营公司,通过其官方网站提供武侠Q传游戏客户端的下载。昆仑万维公司还向多个渠道商诸如91助手、360手机助手等提供武侠Q传游戏客户端并由相关渠道商提供下载服务。在运营武侠Q传游戏的过程中,被告通过将小说人物、武器、武功等设置为游戏卡牌的方法获得收益。经统计,原告公证取证时,武侠Q传游戏共设有弟子110个,武侠Q

传游戏中设定的弟子角色与涉案作品中的角色存在对应关系的共 76 个，占游戏总人物角色数量的近 70%，涉及涉案作品中的全部核心人物；武侠 Q 传游戏共设有武功 116 种，武侠 Q 传中设定的武功与涉案作品中描述的武功存在对应关系的共 82 个，占比为 71%；武侠 Q 传游戏中，设置的关卡与涉案四部小说中的故事场景存在对应关系的有 8 个，占总关卡数的 25%。

明河社及完美世界公司认为火谷网、昆仑乐享公司及昆仑万维公司侵害其作品改编权并构成不正当竞争，遂诉至法院。

【争议焦点】

被告是否实施了不正当竞争行为。

【裁判推理】

对于二原告来说，其拥有涉案作品的改编权是其参与市场竞争的优势所在。完美世界公司取得涉案小说的移动终端游戏软件改编权是为了凭借涉案作品的知名度及美誉度助力其参与移动终端游戏市场的竞争。明河社取得在中国境内除以图书形式出版发行本作品简体字中文版本以外的其他专有使用权，是为了凭借涉案作品的知名度及美誉度自行行使专有使用权或从版权许可市场获利。

火谷网未经许可无偿使用涉案作品中的相关元素开发武侠 Q 传游戏软件，在获得合法授权的完美世界公司向市场推出相关的移动终端游戏软件前，与昆仑乐享公司、昆仑万维公司合作运营武侠 Q 传的行为，一方面不正当地取得了成本上的优势，另一方面破坏了完美世界公司凭借涉案作品移动终端游戏软件改编权在移动终端游戏市场的竞争优势，抢占了本应属于完美世界公司的相关游戏市场，抢夺了本应属于原告完美世界公司的玩家群体，对完美世界公司运营相关游戏造成了现实的、可以预见的损害。

对明河社来说，三被告的涉案行为破坏了明河社凭借涉案作品的改编权等著作权在版权许可市场的竞争优势，减少了其未来可预期的版权许可的收入，对明河社的经营活动造成了现实的、可以预见的损害。涉案作品中的相关元素对受众的吸引力可以转化为游戏玩家消费的动力，这种吸引力对于武侠 Q 传游戏打开与占领市场是有促进作用的。游戏的开发者、运营者借用这些吸引力可以获得更多的商业机会，赚取更多的商业利益。涉案作品中的相关元素已经成为一种具有商业价值的经济资源。本质上由作品的著作权人及其被许可人通过智力创作与资本投入所创造，其利益应归属于对商业价值的创造有贡献的主体。

在市场经济条件下，商业使用他人具有商业价值的资源，应获得他人的许可并支付相应的成本，这是基本的商业道德。对商业价值的创造没有贡献的其他商业主体未经权利人许可，不得使用。本案中，三被告未经许可且无偿将他人具有商业价值的资源投入商业领域使用的行为违背诚实信用、等价有偿的基本商业道德，具有不正当性，应当予以规制。

【裁判要旨】

网络游戏未经著作权人许可擅自使用小说中人物名称及性格特征、兵器、武功招式、阵法、场景设置等相关元素，虽因未包含足够具体的单部涉案小说的表达，不构成侵犯著作权，但侵犯了权利人市场的竞争优势，减少了其未来可预期的著作权许可的收入，对权利人的经营活动造成了现实的、可以预见的损害，构成不正当竞争。

【案号】

（2014）一中民初字第5146号

六、法理分析

作品名称仅是原作的组成，小说整体享有著作权并不意味着作品名称亦同时享有单独著作权。就世界范围来看，对作品名称的保护主要有三种观点：一是以法国为代表的绝对保护主义，认为只要具有独创性就予以保护；二是以美国为代表的反对给予作品名称以著作权法保护；三是以德国为代表的将其纳入其他法律给予保护。目前我国法律没有对作品名称的著作权问题作出明确规定。国家版权局版权管理司在1996年7月17日《关于作品标题是否受著作权保护的答复》认为："作品的标题宜由反不正当竞争法保护，而不宜由著作权法保护。这样，不管标题是否具有独创性，只要被他人用于商业目的，都有可能寻求法律援助。"

我国著作权法上所保护的"作品"是指文学、艺术和科学领域内具有独创性并能以一定形式表现的智力成果。因此，图书的名称若要构成著作权法所保护的作品，是否具有独创性是判断的关键。受保护的"作品"必须满足独创性的要求，需要同时符合"独立创作"和"具有最低限度的创作性"两方面的条件。作品需满足最小创作单位的要求，该最小创作单位必须能够完整地表达作者的思想感情、展示文艺美感、传递一定量的信息。若仅仅是个别的字或者通用词语的组合抑或是对客观情况进行描述的书名，难以形成个性化的表达，难以达到"创"的要求。因此，作品的书名缺乏相应的长度和必要的深度，无法充分地表达和反映作者的思想感情或研究成果，无法体现作者对此所付出的智力创作性，故不属于著作权法所保护的作品。而且，在很多情况下，书籍名称所描述的是作者通过这本书的内容所要实现的目的，是一种客观情况的描述或者属于公有领域的词组，其本身必须与书的内容结合起来才构成著作权法意义上的作品，单独的这一句话本身由于其表达的是客观情况，缺乏独创性，且这种客观情况的表达方式单一，因此一般不受著作权法的保护。

文学角色与思想很难分离。不同于影视角色或漫画角色这一类可视化的形象，文学角色的表现方式是抽象的。作者通过文字描述和情节设计塑造文学作品中的角色，读者从文字中抽象地认识角色的特征，进而在脑海中构造其所理解的角色形象。随着文学情节的展开，角色在读者脑海中被不断地发展和丰富。因此，角色只是从文学中提取的一个存在于读者脑海中的浓缩形象，其无法被稳定地定型，也无法以有形载体的形式成为一个可被感知的表达，不满足作品的可复制性要件。若给予文学角色独立于作品的著作权保护，与著作权法的基础理论相悖。

角色无法独立于塑造它的文学作品而存在。如果给予其独立于作品的著作权保护，有违我国著作权法的理念与宗旨。著作权法旨在促进文化的繁荣，促进更多作品的产生和传播。从作者的角度，他人在其作品所塑造角色形象的基础上进行再创作，这对于作者的创作动力来说并无实质影响。著作权法的根本目的不是让作者的经济回报最大化，更何况作者已经从其整部作品中获得了著作财产权保护。从社会公众角度来看，允许读者在已有作品所塑造的形象基础上进行同人创作或者续写，不仅是读者的表达自由权的一种实现方式，而且能使公众获取更多的文化产品、拥有更多的文化选择。

知名角色具有独立于塑造它的作品的商业价值和文学价值，但这并不代表其一定可以构成法律意义上可版权性的客体，也并非意味着要用著作权法来保护它。角色的商业价值高低，亦不是判断其是否是作品的因素。制度设计与司法裁判均应在保护自由表达与激励创作之间保持平衡。从产业—创新—文化繁荣—创作自由这一正向链条的角度,知识产权产业发展带来了创新,创新带来了文化的繁荣,文化的繁荣会激发更多的创作源泉;从反向链条的角度,给予社会更多的创作自由会促进文化的繁荣、带来更多的创新,进而有利于产业的多元发展。因此,在作者已经可以通过整部文学作品获得版权保护的情形下,不应再就其塑造的角色单独给予著作权保护。①

总之,文字作品中的人物形象等要素往往只是作品情节展开的媒介和作者叙述故事的工具,难以构成表达本身。同人作品或续写作品往往会使用原作品中的人物名称等要素,这些元素如果脱离原作品,仅仅起到识别符号的作用,则难以构成著作权法上的作品。一般来说,创作与前一作品情节不同的同人作品或者续写作品,不侵犯前一作品的著作权。但是这并不意味着文字作品中的人物形象可以不受任何限制任意使用,当这些要素整体起到标识作用并具有相当程度的商业价值时,仍有可能受到反不正当竞争法的保护。

若"同人作品"创作仅为满足个人创作愿望或原作读者的需求,不以营利为目的,新作具备新的信息、新的审美和新的洞见,能与原作形成良性互动,将可作为思想的传播而丰富文化市场。但同人作品的作者若以营利为目的,使用原作品超出必要的限度,侵害原作著作权人的相关利益,则可能涉及不正当竞争等问题。能否适用反不正当竞争法一般条款保护文学角色,涉及一般条款的适用条件。我国《反不正当竞争法》第2条第2款规定:"本法所称的不正当竞争行为,是指经营者在生产经营活动中,违反本法规定,扰乱市场竞争秩序,损害其他经营者或者消费者的合法权益的行为。"司法实践中,法院适用《反不正当竞争法》第2条作为一般条款时需同时具备以下基本条件:第一,法律对该种竞争行为未作出特别规定;第二,其他经营者的合法权益确因该竞争行为而受到了实际损害;第三,该种竞争行为因确属违反诚实信用原则和公认的商业道德而具有不正当性或者说可责性。涉案行为中未经他人许可,擅自使用小说中的人物元素的行为,利用了小说对读者的吸引力和潜在的市场优势。这种行为是对他人商业资源的非法使用,损害权利人的竞争优势,

---

① 本小段部分内容,节选自本人2020年已在《中国知识产权杂志》上发表的《文学角色的可版权性批判》一文。

违背商业道德,是一种不正当竞争行为。司法实务中一般会考虑使用人的身份、使用的目的、原作品的性质、使用对原作品市场的潜在影响等因素。一方面应保障创作和评论的自由,促进文化传播,另一方面也应充分尊重原作者的正当权益。

第三节 图书名称与作者姓名的竞争法保护

图书的名称往往刊印在作品的封面醒目位置,起到标识作品的作用。形象而切题的作品名称能对作品起到画龙点睛的作用,因而作品名称的选用备受作者重视。不同的作者可能在独立创作的作品上命名相同。若一部作品中的内容及表述与另一部作品或另一部作品中的片段相同或相近,则属于抄袭,构成著作权侵权。但是,作者在各自独立创作的作品上署以相同的作品名称,则不一定构成著作权侵权。虽然图书内容属于著作权法意义上的文字作品,是著作权法保护的客体,但是图书的名称往往长度较短或属于描述性词语,所描述的是作者通过这本书的内容或者其所要实现的目,是一种客观情况的描述,其本身必须与书的内容结合起来才构成著作权法意义上的作品,单独的这一句话或者一个短语本身缺乏独创性,且这种客观情况的表达方式单一,因此难以构成作品。

本章第一节论及了图书领域的商标注册与保护,此外,对于有一定影响的图书名称,能够获得反不正当竞争法的保护。反不正当竞争法作为规范市场竞争的法律,侧重于鼓励和保护公平竞争,制止经营者违反法律的规定损害其他经营者的合法权益、扰乱社会经济秩序、违反市场秩序和市场规则的竞争行为。知名商品因有较好的声誉、庞大的受众及良好的市场,因此很多竞争者会争相仿冒其名称、装潢等具有识别性的元素,采用不正当的竞争手段谋取利益。在出版行业,知名图书有较多的读者,拥有较大的市场,因此也引得其他图书出版者故意使用相同或相近似的书名、装潢等,目的在于让消费者在购买时产生误认和混淆。

根据《反不正当竞争法》第 6 条,经营者不得实施下列混淆行为,引人误认为是他人商品或者与他人存在特定联系:擅自使用与他人有一定影响的商品名称、包装、装潢等相同或者近似的标识;擅自使用他人有一定影响的企业名称(包括简称、字号等)、社会组织名称(包括简称等)、姓名(包括笔名、艺名、译名等);擅自使用他人有一定影响的域名主体部分、网站名称、网页等;其他足以引人误认为是他人商品或者与他人存在特定联系的混淆行为。其中与图书名称、装潢等相关的是第一项和最后一项。图书名称的不正当竞争问题,在本节进行介绍。图书装潢的法律保护,已在本书第四章第二节进行了介绍。

除了有一定影响的图书名称和装潢受到反不正当竞争法的保护之外,有一定影响的作者姓名、笔名、译名,能够作为一种反不正当竞争法所保护的图书标识。根据我国著作权法的规定,作者拥有在其作品上署名的权利。制作、出售假冒他人署名的作品的,属于侵犯署名权的行为。从反不正当竞争法的角度上讲,知名作家因为其自身的写作能力和魅力,吸引着较多的读者,因此知名作家的署名往往起到了一种引导消费的品牌作用。可以说,作家群体通过出售图书等形式参与到市场竞争当中,彼此之间存在着一定的竞争关系。但是,在经济利益的驱动之下,极少数的作家通过不正当手段借鉴、仿冒或者攀附知名作家的姓名,误导读者消费。这种行为扰乱了市场秩序,违背了诚实信用原则。所以,仿冒他人的署名的行为,也涉嫌不正当竞争。

本节的案例涉及了仿冒署名的认定、同名作者之间的纠纷,还涉及了对有一定影响的书名的认定、书名混淆的认定。

一、仿冒署名的认定

【基本案情】

马爱农在翻译界具有很高的影响力和知名度。自 1987 年至 2013 年,马爱农翻译了几十部世界成人文学及儿童文学名著,并公开出版发行。

2012 年 6 月 18 日至 2013 年 1 月 4 日,新世界出版社与兴盛乐公司就出版《爱的教育》等 13 本外国儿童文学翻译作品分别签订了 13 份图书出版合同,约定兴盛乐公司授予新世界出版社在合同有效期内以图书形式出版发行上述作品的专有权利。合同约定作者的署名为"马爱侬编译"。2012 年 10 月至 2013

年6月,新世界出版社出版发行了上述13本图书,这些图书的封面、书脊、扉页及版权页上均署有"马爱侬编译"。新世界出版社在诉讼中提供了兴盛乐公司、孙某某出具的说明,称孙某某是兴盛乐公司编译部负责人,笔名马爱侬。

马爱农认为新世界出版社仿冒其姓名,构成了不正当竞争,故诉至法院。

【争议焦点】

(1)原告马爱农是不是反不正当竞争法规范的经营者。

(2)被告出版的书籍中署名为"马爱侬编译"是否构成不正当竞争。

【裁判推理】

马爱农与新世界出版社均属于文化市场中的经营者,他们之间存在竞争关系,本案可适用反不正当竞争法调整。

马爱农的姓名已经成为其翻译作品的来源标识,他人不得在相同或类似的商品上擅自使用马爱农的姓名或与之近似的姓名误导读者。涉案图书所署名的"马爱侬"与"马爱农"读音相同,足以使读者误认为是马爱农所翻译,显然属于仿冒马爱农姓名的图书。新世界出版社未对涉案图书的署名尽到合理的注意义务,且具有放任在涉案图书上署名"马爱侬编译"从而利用马爱农的知名度和影响力不正当地增加涉案图书销量,以此获取不正当利益的主观意图,新世界出版社对马爱农构成了不正当竞争,应当承担停止侵权、赔偿经济损失的法律责任。

【裁判要旨】

作者与出版者均属于文化市场中的经营者,他们之间存在竞争关系。出版仿冒作者署名的图书,构成不正当竞争。

【案号】

(2014)三中民终字第04839号

二、同名作者的不正当竞争

【基本案情】

原告王跃文系国家一级作家,以官场小说见长,在全国范围内享有较高知名度,其1999年创作的代表作《国画》更是被"中华读书网"称为十大经典反腐小说。2004年6月，原告王跃文在被告叶某某经营的叶洋书社处购买了长篇小说《国风》，封面标注作者为"王跃文"。在封三下方（浓墨书写的国风二字的下部）以小字体标明作者简介"王跃文，男，38岁，河北遵化人氏，职业作家，发表作品近百万字，小说因触及敏感问题在全国引起较大争议"。该书由华龄出版社出版，由中元公司负责发行事宜。该书发行商给书商配发了《国风》大幅广告宣传彩页，彩页用黑色字体写明"王跃文最新长篇小说""《国画》之后看《国风》""华龄出版社隆重推出""风行全国的第一畅销小说"。被告王跃文原名王立山，2004年改名为王跃文。在《国风》一书出版前，未发表任何文字作品。

【争议焦点】

（1）本案各被告的行为是否构成对原告的不正当竞争。

（2）各被告的行为是否侵犯了原告的著作权。

【裁判推理】

首先，作家通过出售作品的出版发行权等途径而换取交换价值，这种交换就是对其作品的经营，此时的作品即商品，作家符合反不正当竞争法对竞争主体的要求。其次，原告王跃文创作了以《国画》为代表作的系列官场题材小说并在作品上以本名署名。该署名直接指向原告本人，明示作品的提供者身份；该署名在新作品上，能使人产生与原告创作的《国画》等优秀作品相关的联想；同样，原告由于其先前的创作行为而享有声誉，其署名作品也因此较为容易被消费者接受，有益于提高新作品的市场认同度。原告王跃文姓名的商业标识作用，应予认可。

被告王跃文虽然在原告王跃文成名后改名为王跃文，其改名行为并不违反法律规定，被告王跃文依法享有自己的姓名权，但公民在行使自己权利时，不得侵害他人的合法权利，故其使用姓名的方式不得与他人在特定领域已具有的标识作用相冲突。虽然被告王跃文、中元公司及华龄出版社共同构成对原告署名在文化市场已具有的标识利益的侵犯，但该侵权并不能必然构成著作权法意义上的假冒。公民从事的职业与文化背景并不影响其独立创作作品，原告又不能举证证明各被告假冒的事实，故被告行为不构成著作权侵权。

被告王跃文、中元公司借鉴原告在文化市场具有的声誉，对其作品进行引人误解的宣传，使消费者对作品的来源产生混淆，违背诚实信用原则，实施不正当竞争,其行为应予制止,并应对此承担相应的民事责任;被告华龄出版社未尽合理审慎义务,对被告王跃文、中元公司所造成的不正当竞争结果负有主观过错,亦应对两被告的行为承担连带责任。被告叶某某已尽合理注意义务,不承担赔偿责任,但应停止销售、宣传《国风》图书的行为。

【裁判要旨】

作家通过出售作品的出版发行权等途径而换取交换价值,这种交换就是对其作品的经营,此时的作品即商品,作家为文化市场的商品经营者,属于反不正当竞争法调整的主体。当作家实施仿冒或者攀附知名作家的姓名,误导读者消费等不正当行为时,应当承担相应的民事责任。

【案号】

(2004)长中民三初字第221号

三、图书书名难以受到著作权法的保护

【基本案情】

2006年8月,中国青年出版社出版了《舌尖上的中国》一书,该书署名马某某、肖某选编,图书封面右下角标有"文化名家说名吃"。该书内部收录了15篇文章,搜集了106篇有关饮食主题的名家散文。

2012年6月,被告光明日报出版社和被告凤凰联动公司共同出版发行了《舌尖上的中国》一书。该书署名编者为中央电视台纪录频道。

原告马某某、肖某认为:光明日报出版社与被告凤凰联动公司联合出版发行的《舌尖上的中国》一书与原告汇编出版的前述图书书名完全一致,且都是饮食题材书籍,构成著作权侵权,故提起诉讼。

【争议焦点】

图书名称"舌尖上的中国"是否为受著作权法保护的作品。

【裁判推理】

我国著作权法只保护符合独创性要求的劳动成果,因此任何劳动成果只有同时符合"独立创作"和"具有最低限度的创作性"两方面的条件才能成为著作权法意义上的作品。涉案书名"舌尖上的中国"系两个通用名词的简单组合,且该书名仅有六个字,缺乏相应的长度和必要的深度,无法充分表达和

反映作者的思想感情或研究成果,无法体现作者对此所付出的智力创作性,故该书名本身不包含任何思想内容,不符合作品独创性的要求,并不是作者思想的独特表现,故二原告据此主张其拥有著作权与我国著作权法的规定不符。"舌尖上的中国"六个字的组合不是我国著作权法所保护的作品。

【裁判要旨】

著作权法意义上的作品需要同时符合"独立创作"和"具有最低限度的创作性"两方面的条件,需要充分反映和表达作者的思想感情或研究成果,通用名词的简单组合不符合著作权法所保护的作品的特征。

【案号】

(2012)东民初字第 9636 号

四、有一定影响的书名的认定

【基本案情】

北京科技出版社于 2013 年 1 月出版了《我会表达自己》图书,重印了 18 次和 11 次,共计印刷 70 余万册。该书获得中央人民广播电台《睡前故事》栏目、一些行业杂志以及育儿专家微博推荐阅读。

黑龙江美术出版社于 2016 年 12 月出版的《我会表达我自己》共 8 册,采用了统一的丛书名"我会表达我自己",分册书名采用了与北京科技出版社丛书分册书名"不提倡的和正面引导相结合"基本相似的方式。

北京科技出版社认为,黑龙江美术出版社擅自使用与其有一定影响的图书名称《我会表达自己》相同的标识,构成不正当竞争,故提起诉讼。

【争议焦点】

"我会表达我自己"是否是有一定影响的商品名称。

【裁判推理】

从北京科技出版社一审提交的其涉案图书印单、相关媒体、杂志、自媒体对其涉案图书的引用、宣传来看,北京科技出版社的涉案图书发行时间较长,发行量较大,且被中央媒体节目引用播出,也曾被相关法院判决认定为"知名商品",因此依据本案现有证据应当认定其在相关领域具有一定影响,其丛书名"我会表达自己"属于反不正当竞争法规定所述的"有一定影响的商品名称"。

黑龙江美术出版社作为同行业竞争者，在自己出版发行的同类型图书中使用与"我会表达自己"极为近似的"我会表达我自己"作为丛书名（商品名称），容易引人误认为其涉案图书与北京科技出版社涉案图书存在特定联系，且其在分册书名中采取与北京科技出版社涉案图书命名逻辑（不提倡的和正面引导相结合）一致的命名方式，更增加了相关公众混淆的可能，因此黑龙江美术出版社的涉案出版发行行为构成上述法律规定的不正当竞争行为。

关于黑龙江美术出版社所称"我会表达自己"不具有显著性，从而不应认定其为"有一定影响的商品名称"的主张。法院认为，包括商品名称在内的各种商业标识的显著性并非一成不变，简单文字构成或者存在其他普通含义的商业标识可以因为使用人的持续使用而获得区别于其他普通含义的显著性，即使这种显著性可能局限于特定主体和特定领域。在本案中，北京科技出版社即是通过其出版发行和长期重印销售等持续使用行为使得"我会表达自己"作为幼儿图书的商品名称在该领域具有了一定影响，而黑龙江美术出版社提供的与北京科技出版社无关的案外人对"我会表达自己"的商标申请结果并不能否定上述认定。

综上，黑龙江美术出版社构成不正当竞争。法院判令其赔偿北京科技出版社经济损失及合理维权费用共计10万元。

【裁判要旨】

缺乏固有显著性的标识，可以通过使用而取得显著性。

【案号】

（2019）冀民终384号

五、图书领域书名混淆的认定

【基本案情】

2014年2月13日，青岛出版社经著作权人授权，获得《少年读史记》系列共5册中文简体字版本在中国大陆地区独家出版发行的权利，有效期至2024年2月13日。

2015年，青岛出版社出版发行《少年读史记》共5册，书名分别为《少年读史记：帝王之路》《少年读史记：汉帝国风云录》《少年读史记：辩士纵横天下》《少年读史记：绝世英才的风范》《少年读史记：霸主的崛起》。该套图书自出版发行以来，先后荣获多个奖项和荣誉，并连续多年在"当当网""京东网"畅销童书排行榜中名列前茅。此外，《少年读史记》系列还曾被多次盗版侵权。

广东人民出版社2018年出版发行了《少年读史记》系列图书共8册，书名分别为《少年读史记帝王之路》《少年读史记春秋争霸》《少年读史记叱咤风云的纵横家》《少年读史记大汉群英风云录》《少年读史记话说谋国之臣》《少年读史记名将风范》《少年读史记士人风骨》《少年读史记应对时局的智者》。

青岛出版社认为，广东人民出版社所出版的图书《少年读史记》在图书书名、部分丛书名、书籍介绍、市场定位等多处与青岛出版社出版的图书一致，这种依靠青岛出版社作品在市场上的知名度进行搭便车的行为，构成不正当竞争，故提起诉讼。

【争议焦点】

（1）青岛出版社的权利图书是否属于"有一定影响的商品"。

（2）广东人民出版社是否构成不正当竞争。

【裁判推理】

在市场竞争中，不同图书出版者之间既存在利益与共的关系，也存在利益对立的关系。图书出版者如果出版发行"与他人有一定影响"的图书书名相同或者近似的图书，将引人误认为是"他人有一定影响"的图书或与"他人有一定影响"的图书存在特定联系，那么，会导致该"有一定影响"的图书销量减少，并给其造成不利影响。青岛出版社和广东人民出版社作为同业经营者在市场竞争中应遵循诚实信用原则，不得采用引人误解的方式谋取市场竞争优势。

青岛出版社出版的《少年读史记》自2015年2月至今已多版数次印刷发行，先后荣获多个奖项和荣誉，并连续多年在"当当网""京东网"畅销童书排行榜中名列前茅，且多次成为盗版侵权对象，可以被认定为"有一定影响的商品"。

广东人民出版社与青岛出版社存在直接竞争关系。广东人民出版社出版的被控侵权图书使用了与权利图书完全相同的图书系列名"少年读史记"和部分分册名"帝王之路",且"少年读史记"在被控侵权图书的封面上位置显著突出。

广东人民出版社首次出版被控侵权图书的时间为 2018 年,青岛出版社使用"少年读史记"作为图书名称出版书籍是 2015 年 2 月。广东人民出版社实施的上述行为,在一定程度上会引人误认为其出版被控侵权图书与青岛出版社出版的《少年读史记》存在特定联系,构成反不正当竞争法意义上的混淆行为。

法院综合考虑青岛出版社出版物的知名度、广东人民出版社实施侵权行为的性质、时间长短、侵权行为的情节、维权合理费用等因素,酌定广东人民出版社赔偿青岛出版社经济损失以及合理维权费用 8 万元。

【裁判要旨】

图书出版者不得出版发行"与他人有一定影响"的图书书名相同或者近似的图书,将引人误认为是"他人有一定影响"的图书或与"他人有一定影响"的图书存在特定联系,该行为构成不正当竞争。

【案号】

(2020)鲁 02 民终 10212 号

六、不构成混淆的图书名称的使用

【基本案情】

1979—1981 年,傅雷次子傅敏将家信整理编选汇编成《傅雷家书》公开发表。经过几十年的不断发掘整理、丰富选编内容,《傅雷家书》逐步形成如今拥有十余个品种的《傅雷家书》系列。

2017 年作家出版社出版《傅雷家书》(以下简称作家版《傅雷家书》)。傅敏认为作家出版社以营利为目的,将汇编的傅雷家信作品命名为《傅雷家书》,容易造成与傅敏编《傅雷家书》的混淆,构成不正当竞争,故诉至法院。

【争议焦点】

作家出版社出版的图书以《傅雷家书》作为名称是否构成不正当竞争。

【裁判推理】

本案适用的是 1993 年反不正当竞争法，擅自使用知名商品特有的名称，造成和他人的知名商品相混淆，使购买者误认为是该知名商品的，构成不正当竞争。作家出版社使用"傅雷家书"作为图书名称出版涉案图书，是否构成不正当竞争行为，应从以下四个维度予以考虑。

第一，关于傅敏编《傅雷家书》的影响力。人民法院认定商品的知名度时，应当考虑该商品的销售时间、销售区域、销售额和销售对象，进行任何宣传的持续时间、程度和地域范围，作为知名商品受保护的情况等因素，进行综合判断。原告应当对其商品的市场知名度负举证责任。本案中，傅敏于 1981 年首次编辑出版《傅雷家书》，迄今为止，已经形成 10 余个版本系列。三十多年来"傅敏编"《傅雷家书》多次登上各类畅销书榜，在实体书店以及电子商务平台上获得了极高的关注度和赞誉。这本书问世以来，对人们的道德、思想、情操、文化修养的启迪作用既深且远。对于该事实，作家出版社亦不持异议，故法院对傅敏编《傅雷家书》已在相关公众间具备了极高的知名度和影响力之事实予以认定。

第二，关于"傅雷家书"作为图书名称是否具备有一定影响商品名称所要求的特有性。判断商品名称是否特有，应以该商品名称是否具备区别商品来源的显著特征及该名称与商品及商品提供者是否存在对应关系为依据。具体到本案，首先，"傅雷家书"作为图书名称，未能与具体的图书商品形成稳定联系。作品本身并不是商品，只有当其附着在一定介质之上，并以某种有形实体呈现方能成为商品。本案中，傅敏没有明确请求保护的具体版本，而是笼统地请求保护署名"傅敏"的《傅雷家书》全部版本。傅敏曾授权多家出版社出版发行数个版本的《傅雷家书》，不同版本的《傅雷家书》装帧、设计均有所不同。傅敏编《傅雷家书》指向的商品并不是唯一、特定的，傅敏的主张实质上仍然是请求保护作品名称"傅雷家书"。其次，"傅雷家书"作为图书名称，未能与傅敏之间建立稳定的联系，产生识别商品来源的功能。图书作为一种特殊的商品，其提供者应当是作者或出版社。傅敏作为"傅雷家书"的编者，虽然对《傅雷家书》的编辑、发行以及推广都做出了巨大贡献，但其所起的作用仍然是辅助性的，一般读者难以通过阅读该书名即联想到编者傅敏。最后，"傅雷家书"作为商品名称显著性较弱。"傅雷家书"由作者姓名与作品类型方式构成，该等命名方式作为作品名称较为常见和普遍。该作品名称作为图书商品名称直接表征了商品的原材料，具有典型的通用名称属性。傅敏亦未能举证"傅雷家书"通过使用获得了识别商品来源的功能。综上，"傅雷家书"不具备有一定影响商品名称所要求的特有性。

第三，作家出版社使用"傅雷家书"书名出版涉案书籍是否会造成相关公众误认和混淆。反不正当竞争法对有一定影响力商品名称给予保护，是因为商品名称具有识别商品来源的功能，以便相关公众通过商品名称区分不同商品提供者所提供商品的品质。本案中，作家版《傅雷家书》与傅敏编《傅雷家书》在内容上具有同质化特点。"傅雷家书"作为作品名称，本身亦是作品不可分割的一部分，相关公众不应当通过书名区分不同版本的《傅雷家书》，而应当从图书名称、装帧、设计、编排体例等方式整体性识别不同版本的《傅雷家书》商品。如前所述，傅敏曾授权多家出版社出版发行《傅雷家书》，荣登图书畅销榜的版本亦涉及多家出版社，傅敏未明确其请求保护的具体版本，因而法院也无法将被控侵权图书与权利人主张权利的商品进行比对，以确认两者是否构成相同或近似，是否会造成消费者误认和混淆。仅就傅敏在本案中举证的版本而言，傅敏亦认可两者的相同之处仅体现在书名和内容上，而读者完全能够通过两本图书的编排、装帧、设计等元素区分不同的版本，不会误认和混淆。

第四，赋予傅敏对"傅雷家书"名称享有专用权不利于《傅雷家书》作品的传播。自1981年以来，傅敏一直致力于《傅雷家书》的编辑、整理和传播，其对"傅雷家书"作品成为中国文学史上一部具有重要影响的图书作出了卓越的贡献。同时应当看到，《傅雷家书》能够获得巨大成功具有多重因素，其中作者傅雷的名人效应、作品本身理智而又深刻的情感表达以及各大图书出版社对作品的推广和传播，都是助推该图书成功的重要原因。傅敏作为傅雷的继承人及涉案作品的汇编人，已经基于著作权法获得了充分的保护。著作权法给予作品一定保护期限，意在寻求作者与社会公众利益之间的平衡，如果在著作权法规定的保护期限届满之后再通过反不正当竞争法给予相关主体额外的保护，客观上必然会造成相关主体对作品名称的垄断，损害社会公众的利益，客观上亦不利于该作品的传播。

综上，法院认为作家出版社的涉案行为不构成不正当竞争行为。

【裁判要旨】

图书的书名如果仅是对图书内容的有限表达，缺乏显著性，且并未通过使用成为识别图书商品来源的标识，不应认定为"有一定影响的商品名称"，从而受到反不正当竞争法的保护。

【案号】

（2019）皖民终641号

七、法理分析

在出版行业当中，作家通过对外许可其作品的复制权、发行权、改编权、信息网络传播权等实现作品的经济价值。出版单位通过其获得的出版权发行图书获得经济利益。图书是一种文化市场中的文化产品。在市场竞争的语境之下，出版单位、作者、书商均可以被"经营者"这一词语所涵盖，其行为可以受到反不正当竞争法的规制。反不正当竞争法所称的经营者，是指从事商品生产、经营或者提供服务的自然人、法人和非法人组织。根据2022年《最高人民法院关于适用〈中华人民共和国反不正当竞争法〉若干问题的解释》，与经营者在生产经营活动中存在可能的争夺交易机会、损害竞争优势等关系的市场主体，人民法院可以认定为《反不正当竞争法》第2条规定的"其他经营者"。

图书作为一种文化市场中的商品，书名即为该商品的名称。单部作品名称具有通用标识的属性，因此单部作品名称的法律保护以其获得第二含义为前提，该第二含义指向的来源是作品版权人。未经许可利用单部作品名称导致的混淆是对作品来源和作品版权授权关系的混淆，作品名称可被列入反不正当竞争法的保护范围。[①] 若图书在公众中具有较高的知名度，在提及书名相关词汇时，公众可以将其与图书建立较为固定的联系，图书名称具备区分商品来源的作用，则可以认定该图书的书名为有一定影响的商品名称。商品名称的显著性并非一成不变，简单文字构成或者存在其他普通含义的商业标识可以因为使用

[①] 陈绍玲：《我国单部作品名称法律保护的困境及突破——兼评麦卡锡作品名称保护理论》，载《政法论坛》2021年第6期，第96页。

人的持续使用而获得区别于其他普通含义的显著性，即使这种显著性可能局限于特定主体和特定领域。在图书出版领域，图书名称与装潢是引发反不正当竞争的主要标识。在认定图书名称是否具有一定影响时，可以考察图书销售时间、销售区域、销售额和销售对象，进行任何宣传的持续时间、程度和地域范围，受法律保护的情况，消费者的认知程度调查报告等等方面。这是一个综合判断的过程，需要考量各种因素，而每种因素在具体案件中的作用取决于个案情况。需要考虑的因素仅仅是一种指引，并非在任何案件中均需考虑全部因素。如果其中一种因素足以证明该图书名称具有一定影响，则可以根据该种因素认定该图书名称具有显著性继而应当受到反不正当竞争法的保护，无需对所有因素均进行一一考量。

根据1993年《反不正当竞争法》第5条的规定，经营者擅自使用知名商品特有的名称、包装、装潢，或者使用与知名商品近似的名称、包装、装潢，造成和他人知名商品相混淆，使购买者误认为是该知名商品的，构成不正当竞争。在2017年反不正当竞争法修订之后，第6条规定，经营者不得擅自使用与他人有一定影响的商品名称、包装、装潢等相同或者近似的标识，引人误认为是他人商品或者与他人存在特定联系，否则构成不正当竞争。反不正当竞争法修订之前，人民法院在认定知名商品时通常会结合商品的销售时间、销售区域、销售额和销售对象，进行任何宣传的持续时间、程度和地域范围，作为知名商品受保护的情况等因素，进行综合判断。在判定具体案例中是否侵犯知名图书的特有名称或装潢、是否构成不正当竞争时，法院的通常做法如下：其一，判定是否有使用要件，即被告是否使用与知名商品相同或者相近似的商品名称。第二，判定是否有授权要件，即使用人使用该名称没有得到授权。第三，判定是否有混淆要件，即该使用行为导致相关公众的混淆或者误认。需要注意的是，能否导致混淆、误认的判断主体是相关公众，也即图书的购买者。

修订后的反不正当竞争法虽然没有对"有一定影响"的含义进行解释，但是从字面理解，"有一定影响"的要求应当低于"知名商品"。从对"知名商品特有的名称、包装、装潢"的保护到对"与他人有一定影响的商品名称、包装、装潢等相同或者近似的标识"的保护，体现了我国加大知识产权保护力度的趋势。在认定"有一定影响"之时，人民法院可以借鉴商标法中的有关规定。根据2017年3月1日正式实施的《最高人民法院关于审理商标授权确权行政案件若干问题的规定》第 23 条，"在先使用人举证证明其在先商标有一定的持续使用时间、区域、销售量或者广告宣传的，人民法院可以认定为有一定影响"。因此，在此类不正当竞争纠纷中，法院亦可从使用时间、区域、销量以及广告宣传等维度判定图书的名称及装潢是否属于有一定影响。

擅自使用他人有一定影响的商品名称构成不正当竞争的法律构成要件包括三点：其一，使用要件，即使用与他人有一定影响的商品名称相同或者相近似的商品名称；其二，授权要件，即该使用未获得授权；其三，混淆要件，即该使用行为导致相关公众的混淆或者误认。针对使用要件，不限于使用原图书名称，例如，将知名小说改编成的电影，一旦热映后，在一定程度上也会带动电影原著小说的销量。若他人未经授权将自己的作品借用知名电影的名称作为宣传，易使相关公众误认为涉案图书系电影的原著小说。这种行为不当攀附了电影热映所带来的知名度，并且会挤占著作权人作为电影原著小说的市场份额，也会构成虚假宣传的不正当竞争行为。针对授权要件，有时候被告虽然获得了授权，但是也要谨慎认定其行为是否超越了授权范围。被许可人应当在合同授权范围内正当行使其权益。未经授权将知名小说的名称擅自使用在与小说无关的影视剧，足以使人产生混淆误认时，属于擅自使用有一定影响的小说名称的不正当竞争行为。混淆要件是涉案行为是否构成不正当竞争的关键。比如，判断将小说名称用作手机游戏名称是否构成不正当竞争时，小说和游戏虽然在功能方面有所不同，但两者的用途都是为了丰富相关公众的文化生活，经小说改编的同名游戏所涉及的内容、题材、人物是基本一致的，而基于对同一内容、题材、人物的喜欢和欣赏，使得两者在消费对象上亦存在极大的重合。将有一定影响的小说改编为游戏包括手游、网游，已经成为游戏经营者的一种主要经营方式，由于知名小说积聚了庞大且忠实的读者群，因而游戏经营者利用相关读者对知名小说的黏性，不仅可以聚集与小说同名的游戏在上线之初的人气，亦可增强该等游戏被相关公众的认可程度，以最大程度共享知名小说的读者群，因此，相关公众一般会对涉案小说与同名游戏之间产生具有共同来源、关联关系或忠于原作等特定联系的认知，符合混淆要件。

因图书创作的特殊性，作家的姓名不仅具有称呼他人、区别个人的作用，更成为消费者图书选择的重要因素之一。知名作家在其作品上的署名在读者看来已经成为图书质量的标识。若不对作家的署名问题进行规范，则会使消费者产生误解，误认为冒用知名作家姓名署名的作品为知名作家所作。这样一来有损知名作家所著图书的市场份额，也会使消费者利益受损。因此，仿冒知名作家署名的行为构成不正当竞争。公民享有姓名权，有权决定、使用、依法更改自己的姓名，在不侵犯他人合法权益之时，他人无权干涉。作家通过法定程序，更改自己的姓名，并不会侵犯到他人的合法权益。但是，如果该姓名与其他同类型的文学作品的知名作家重名，使用该姓名出版图书时应当作出明确的标示避免读者混淆。如果在图书出版和发行过程中，通过广告宣传、图书介绍等方式暗示该书与知名作家相关联，容易导致相关公众混淆或误认的，则构成不正当竞争。

第八章 出版行业的著作权合同法律问题

作品经作者创作完成后，需要由出版机构刊印、出版，才能流向市场。而出版社与作者之间签订出版合同，是保障出版社与著作权人双方权益的重要依据和保障。在出版合同中，著作权人的义务主要体现在：保证作品的原创性，不得侵犯他人著作权；依约定期限交付作品；约定期限内保证出版者的专有出版权等。出版者的主要义务体现在：依照约定质量、期限出版作品；不得擅自转让专有出版权；支付稿酬；尊重作者署名权及保护作品完整权等相关权益；重印、再版图书应当通知著作权人，并支付相应报酬；因故不能出版应当按照一定比例支付基本稿酬，并退还原稿件；妥善保管原稿件等。实践中出现的出版合同纠纷通常和作者或是出版社违反合同约定的上述义务相关。如果合同中有约定不明之处，则需要运用合同解释方法分析当事人缔约时的真实意思表示。

本章主要通过四节内容介绍实践中出版行业的版权合同纠纷常见问题。第一节主要关于出版文字作品的稿酬相关的纠纷，涉及稿酬的认定与计算等相关问题。我国著作权法规定获得报酬权为著作权人的基本权利之一，图书出版者应当和作者签订出版合同明确约定稿酬，但是在合同中未约定稿酬或约定不明的情况下，以何种标准计算稿酬往往是双方争议的焦点和案件裁判的要点。第二节关于自费出版中的法律问题，其中涉及了出版者的重印义务、超出约定数量发行图书等问题。第三节涉及的是有关出版合同的成立与履行的法律问题。如果作者和出版社磋商阶段出版社决定不予出版、不予采用或者逾期出版，出版合同是否成立及成立时间是解决双方纠纷的关键。如果因出版合同一方违约而要求解除，如何判断解除条件是否成就等。第四节是关于合作出版的法律问题。有时候出版合同会明确规定双方的销售渠道、加印版数、出版时间等，此时如有一方违反合同约定应当承担侵权还是违约责任。

第一节 出版文字作品的稿酬问题

在中国古代，稿酬被称作"润笔"，统指为他人写文作画所收受的钱物报酬。现今，稿酬又称稿费，是指新闻、出版机构在文稿、书稿、翻译作品被采用之后给予著译者的报酬。根据我国《著作权法》第 10 条规定，著作权包括获得报酬权。稿酬纠纷是著作权合同的重要条款。《著作权法》第 32 条规定，图书出版者出版图书应当和著作权人订立出版合同，并支付报酬。获得报酬权是著作权人实现其著作财产权的应有之义，是对著作权人劳动成果的认可，也是对其进行再创作的物质与精神的双重激励。我国稿酬的支付方式有两种，即基本稿酬和印数稿酬，以基本稿酬为主，印数稿酬为辅。稿酬的支付方式及具体数额往往由双方当事人自行约定。在作品重印和再版时，出版者应当按照合同约定再次支付稿酬。但实务中大量存在当事人未就稿酬支付问题进行约定或者虽进行约定但约定不明的情形，并因此产生纠纷。而且，随着信息网络技术的发展，书籍不再局限于纸媒的传播，电子书已经越来越成为文字作品传播的主要方式之一。因此，在稿酬的计算与支付方面，不仅需要考虑出版文字作品的稿酬计算，也应当考虑电子书稿酬的计算问题。

本节收录 6 则案例，案例一中，著作权人与出版社签署的是自费出版合同，合同中未就稿酬事项进行约定，此处情况下，支付稿酬并非出版社的法定义务；案例二涉及的是出版社与图书作者采取先出版后补签出版合同的方式时，稿酬的计算方法；案例三电子书稿酬案主要讲述著作权人与出版方对于电子书稿酬没有约定或者约定不明时，应当如何支付稿酬；案例四与案例五主要论述重印及再版作品关于稿酬纠纷的解决方式；案例六主要关于委托创作作品稿酬的支付等问题。

一、合同未约定稿酬义务如何处理

【基本案情】

2011年2月22日,贾某某与时事出版社就《对话美国》达成了图书出版协议,合同中未约定稿酬。根据合同,贾某某向时事出版社支付了出版发行费24 000元,涉案图书顺利出版。涉案图书在不到一年的时间里已四次加印,至今,涉案图书出版已近十年,销售依然火爆。贾某某多次联系时事出版社询问稿酬事宜,时事出版社拒绝支付稿酬。贾某某提起诉讼,要求支付稿酬并返还出版费用。

【争议焦点】

时事出版社是否应当向贾某某支付稿酬。

【裁判推理】

出版协议系由贾某某与时事出版社依法签订,体现了双方的真实意思表示,协议内容亦不违反我国相关法律、法规的禁止性规定,贾某某与时事出版社对此亦不持异议,故可以确认出版协议合法有效。涉案合同中并未约定时事出版社应支付贾某某稿酬,而非约定稿酬但未约定具体数额。贾某某主张时事出版社的责任编辑在涉案图书出版前曾表示涉案图书如销售情况好可支付稿费,但未提交时事出版社同意支付稿酬的证据,因此,贾某某的诉讼请求缺乏事实及合同依据,法院不予支持。

涉案合同第11条约定,贾某某向时事出版社支付出版费用。在本书付印前,贾某某必须把出版费用汇到时事出版社的账号上,本书出版后,时事出版社向贾某某提供50本样书。本案中,贾某某已按合同约定支付了全部出版费用,时事出版社也按合同约定出版了涉案作品,所以,时事出版社已经履行其合同义务,贾某某要求时事出版社返还出版费用并无事实及合同依据。

【裁判要旨】

稿酬支付义务以出版合同约定为基础。合同未有约定的情况下,出版方无支付稿酬的法定义务。

【案号】

(2019)京73民申1号

二、先出版后补签合同情形下稿酬的计算

【基本案情】

2014年5月，中国中医药出版社出版了涉案图书《孕妇对症按摩图典》，署名周某某编著，责任编辑李某某。在该书的最后一页注明：对包括于某某在内的23位工作者在本书图文创作过程中做出的大量工作表示特别感谢。后经查，于某某为涉案图书文字作品、美术作品、摄影作品以及版式设计的权利人。

2015年7月，于某某向李某某要求中国中医药出版社就包含涉案图书在内的四本图书签订出版合同、结算稿酬。李某某认为其中一本书未达到出版标准未予出版，仅同意结算实际出版的包含涉案图书在内的三本图书的稿酬和排版费，双方协商至2015年12月仍未达成一致。后于某某提起诉讼。

【争议焦点】

（1）中国中医药出版社与于某某之间的出版合同是否成立。

（2）中国中医药出版社应当向于某某支付稿酬的标准如何确定。

【裁判推理】

综合考察于某某与中国中医药出版社编辑李某某的联络过程，书稿的往返修改过程，以及于某某将最后的开印文件发送至印刷厂等事实，法院认为于某某已经以自己的实际行为履行了交付稿件的义务，而中国中医药出版社亦将涉案图书实际出版，故双方之间的出版合同已经成立。中国中医药出版社应当依据合同向涉案图书文字作品、美术作品、摄影作品以及版式设计的权利人于某某支付报酬。

关于报酬标准，双方未就此达成一致意见，法院综合如下因素予以确定：第一，本案是出版合同纠纷，在确定中国中医药出版社应当支付的报酬时，首先应当考量当事人在建立出版合同关系时确定的报酬标准，而非直接以侵权赔偿的标准确定；第二，于某某与中国中医药出版社过去的合作方式表明，双方曾经以先口头协商、出版图书、后补签合同并支付稿酬的模式合作了三本图书，结算稿酬标准为图书定价×7%×销售数量（起印数6000册），半年内支付；第三，图书出版者出版图书应当和著作权人订立出版合同，中国中医药出

版社作为专业的图书出版机构，却采用先出版后补签出版合同的合作模式，具有主观过错；第四，图书出版者应当根据排版设计工作情况支付图书版式设计费与排版工作报酬。

综上，法院判定被告向原告支付涉案图书报酬 28 000 元以及逾期利息。

【裁判要旨】

图书出版者出版图书应当和著作权人订立出版合同并约定稿酬等相关事项。如果未就稿酬进行约定，当双方就稿酬支付标准发生纠纷时，首先应当考量当事人在建立出版合同关系时确定的报酬标准，若无法判断则可以侵权赔偿的标准确定。

【案号】

（2017）京 0105 民初 68512 号

三、电子书稿酬的计算

【基本案情】

杨某某经过多年创作完成了长篇小说《别让鱼得水》。2012 年 12 月 8 日，杨某某（甲方）与百花洲文艺出版社（乙方）签订关于出版《别让鱼得水》一书的图书补贴出版合同，约定甲方授权乙方在合同有效期内，享有在中国内地以图书形式出版上述作品中文简体文本的专有使用权。

为弥补乙方在出版上述图书时出现的亏损，甲方向乙方提供补贴款 25 000 元，在本书发稿前一次付清。上述图书出版后，如需重印，乙方应及时通知甲方，并支付甲方一定的稿酬。在合同的有效期内，乙方对上述作品的数字出版（包括但不限于信息网络传播权）行使专有使用权及其转授权；对上述作品的影视改编行使专有使用权及其转授权，并将所得报酬的 50% 交付甲方。

2013 年 5 月，《别让鱼得水》作品由百花洲文艺出版社出版发行，定价 18 元。百花洲出版社还推出了《别让鱼得水》一书的数字出版，与百度、当当、网易、腾讯、京东、新媒体出版网、中国移动等网站有数字出版的合作协议。后双方因合同履行产生争议，杨某某提起诉讼。

【争议焦点】

合同对电子书稿酬是否有约定及应否支付。

【裁判推理】

双方签订的图书补贴出版合同第 13 条约定：在合同的有效期内，乙方对上述作品的数字出版（包括但不限于信息网络传播权）行使专有使用权及其转授权；对上述作品的影视改编行使专有使用权及其转授权，并将所得报酬的 50% 交付甲方。乙方永久保存上述作品的电子文档。该条"分号"前段内容是双方对数字出版如何行使权限的约定，但对数字出版应否支付稿酬及如何支付稿酬没有约定。该条"分号"后面的内容是双方对作品影视改编使用授权及转授情形下报酬支付标准的约定，百花洲文艺出版社以此作为数字出版报酬的支付标准，依据不足，法院不予采纳。

著作权法规定，图书出版者出版图书应当和著作权人订立出版合同，并支付报酬。使用作品的付酬标准可以由当事人约定，也可以按照国务院著作权行政管理部门会同有关部门制定的付酬标准支付报酬。当事人约定不明确的，按照国务院著作权行政管理部门会同有关部门制定的付酬标准支付报酬。国家版权局、国家发展和改革委员会发布的《使用文字作品支付报酬办法》第 2 条规定，除法律、行政法规另有规定外，使用文字作品支付报酬由当事人约定；当事人没有约定或者约定不明的，适用本办法。根据第 5 条规定，基本稿酬为原创作品：每千字 80—300 元。第 9 条规定，使用者未与著作权人签订书面合同，或者签订了书面合同但未约定付酬方式和标准，与著作权人发生争议的，应当按本办法第 4 条、第 5 条规定的付酬标准的上限分别计算报酬，以较高者向著作权人支付，并不得以出版物抵作报酬。第 14 条第 2 款规定，在数字或者网络环境下使用文字作品，除合同另有约定外，使用者可以参照本办法规定的付酬标准和付酬方式付酬。

本案中，图书补贴出版合同并未对数字出版的付酬方式和标准进行约定，而百花洲文艺出版社对《别让鱼得水》作品行使了数字出版使用权，故法院认为百花洲文艺出版社可以参照《使用文字作品支付报酬办法》中的上述规定向杨某某支付该作品的数字出版报酬。该书为 176 千字，百花洲文艺出版社向杨某某支付的数字出版报酬为 52 800 元（300 元/千字 × 176 千字）。

【裁判要旨】

在数字或者网络环境下使用文字作品，若合同未明确约定报酬标准，使用者可以参照《使用文字作品支付报酬办法》中的规定向著作权人支付报酬。

【案号】
（2017）湘民终 550 号

四、重印与再版作品的稿酬计算

【基本案情】

齐白石是近现代中国绘画大师，生于 1861 年 1 月 1 日，卒于 1957 年 9 月 16 日。原告齐良末、齐秉颐、齐来欢、齐展仪系齐白石涉案美术作品《孤舟》的继承人。

1994 年，湖南省文化厅、湖南省文物事业管理局、湖南省新闻出版局下发通知，确定列入国家"八五"重点出版规划，由湖南美术出版社编辑出版《齐白石全集》（共十卷）。在 1995 年和 1996 年 4 月 15 日，齐白石后人齐良迟与齐佛来分别以个人名义授权湖南美术出版社出版《齐白石全集》。在此期间，湖南美术出版社与多个图书馆、博物馆及个人签订组稿协议，拍摄齐白石书画作品，并于 1996 年 10 月编辑出版了该《齐白石全集》。现齐良末等四人主张的美术作品《孤舟》收录于《齐白石全集》第三卷。湖南美术出版社提交证据表明，该全集出版发行除得到了齐白石四子齐良迟及长子之三子齐佛来授权，亦有其他后人从湖南美术出版社先后领取了《齐白石全集》样书。

原告认为被告湖南美术出版社在没有原告合法授权的情况下，以营利为目的，多年来非法出版发行包括涉案美术作品《孤舟》在内的《齐白石全集（第三卷）》。四原告认为二被告的上述行为侵犯了原告涉案作品的著作权，故提起诉讼。

【争议焦点】

（1）湖南美术出版社的涉案出版行为是否经著作权人授权。

（2）湖南美术出版社是否应向齐良末等四人承担支付报酬的民事法律责任。

【裁判推理】

关于湖南美术出版社的涉案出版行为是否经著作权人授权的问题。

首先，齐白石家族的人数众多，湖南美术出版社欲取得涉案著作权继承人的一一授权，在现实中难以实现。其次，著作权人的授权行为既包括明示授权行为，亦应包括默示授权行为。齐白石涉案作品继承人自该全集出版时即已知晓，其一直未对出版行为提出异议。且该继承人分十支，每支领取一本涉案样书，其亦没有证据显示在合理期间内就湖南美术出版社的出版行为提出异议，故该继承人的上述行为，应认定为默示授权的意思表示。湖南美术出版社于1996年10月出版发行《齐白石全集》的行为，既获得两位继承人的明示授权，又得到了继承人代表的默示授权。最后，湖南美术出版社出版发行的《齐白石全集》是国家"八五"重点出版规划项目，属于继承和传播中华传统文化的行为，有助于促进优秀文化作品的推广与传承，有利于社会主义文化的发展与繁荣。综上，该出版发行行为不能认定是侵权行为。

关于湖南美术出版社是否应向齐良末等四人承担支付报酬的民事法律责任的问题。

图书出版者重印、再版作品的，应当通知著作权人，并支付报酬。湖南美术出版社于2001年至2004年期间，即涉案作品著作权法定保护期内，其就委托利丰雅高印刷（深圳）有限公司对涉案的《齐白石全集》进行印制的行为，应向齐良末等四人支付相应的报酬。就涉案美术作品《孤舟》报酬的计算标准，法院参考了《国家版权局关于出版美术作品适用版税问题的意见》中的相关规定，认定湖南美术出版社支付齐良末等四人支付其再次印制的相应报酬及维权损失。

【裁判要旨】

图书出版者重印、再版作品的，应当通知著作权人，并支付报酬。

【案号】

(2015) 一中民终字第0484号

五、因稿酬提起多次诉讼是否构成重复起诉

【基本案情】

1986年8月，四川科学技术出版社经作者张某某授权，出版发行《三十六闭手》，并且向张某某支付了此次出版该书的稿酬。随后十年间，四川科学技术出版社又对该书进行了四次重印，但四川科学技术出版社均未告知张某某重印一事且未支付稿酬。

1998年2月，张某某起诉至法院，要求四川科学技术出版社向其支付稿酬、利息及赔偿财产损失合计505 332元。重庆市高级人民法院认定四川科学技术出版社于1997年1月和1997年8月的两次重印行为构成对张某某著作权的侵害，判决四川科学技术出版社立即停止侵权行为并赔偿张某某损失50 930元。对于四川科学技术出版社于1987年5月、1989年5月的两次重印行为，法院认为张某某的诉请已超过诉讼时效，故对其提出的赔偿请求未予支持。

2002年，张某某以四川科学技术出版社实施了新的侵权行为为由起诉至法院。

【争议焦点】

对于已判侵权的图书的继续发行行为再次起诉，是否构成重复起诉。

【裁判推理】

法院的生效判决具有约束力。当事人应履行法院的生效判决；同一当事人不得对同一诉讼标的、同一事实和理由再行起诉。重庆市高级人民法院终审判决认定四川科学技术出版社1997年1月和1997年8月重印《三十六闭手》一书的行为侵犯了张某某的著作权，责令四川科学技术出版社立即停止侵权行为、赔偿张某某经济损失。

四川科学技术出版社在上述判决生效后，又对"1992年6月成都市第一版、1997年8月第五次印刷"的《三十六闭手》一书进行了发行，其行为属于不执行法院生效判决的行为。张某某以该书为证据，以四川科学技术出版社侵犯其复制权、发行权为由提起诉讼，属于重复起诉，法院不应受理。对四川科学技术出版社不履行重庆市高级人民法院生效判决的行为，张某某可以向有关法院申请通过执行程序来解决。

【裁判要旨】

当事人就已经提起诉讼的事项在诉讼过程中或者裁判生效后再次起诉，同时符合下列条件的，构成重复起诉：后诉与前诉的当事人相同；后诉与前诉的诉讼标的相同；后诉与前诉的诉讼请求相同，或者后诉的诉讼请求实质上否定前诉裁判结果。

【案号】

（2003）高民终字第639号

六、委托创作酬金与稿酬的关系

【基本案情】

2001年4月11日,陕西师范大学出版社与黎某签订委托书,约定出版社委托黎某编写与《中等职业学校课本》配套使用的《同步练习》,包括语文1—4册、数学1—2册、英语1—2册,三科共8册图书。随后,黎某组织人员编写该套丛书,其中的《基础版》第1—4册第1—6单元内容聘用林某编写,但是双方并未就编写涉案图书的合作方式、权利归属、报酬等相关事宜签订书面协议或达成口头协议。后双方因薪酬问题产生纠纷诉至法庭。

【争议焦点】

黎某向林某按月支付的酬金是否属于稿酬。

【裁判推理】

林某主张"《同步练习》酬金表"只是一份工资单,不能证明其已经领取了编写《基础版》第1—4册第1—6单元的酬金。法院认为,虽然"《同步练习》酬金表"列所明的按月支付酬金的方式与惯常支付稿酬的方式不同,但由于林某接受黎某聘用,并未就编写涉案图书的合作方式、权利归属、报酬等相关事宜签订书面协议或达成口头协议;且根据法院查明的事实,其在接受委托将书稿交给黎某以及进行排版校对过程中,均未对该套图书的出版提出异议;加之林某主张其曾为四川辞书出版社读者服务部工作,并提交四川辞书出版社读者服务部信息目录、定购说明以及黎某的名片,证明黎某的真实身份是四川辞书出版社读者服务部的实际负责人。法院查明的事实也表明,林某从2001年3月左右开始编写涉案图书一直到2004年6月份左右都在黎某的公司工作。由于林某并未与黎某就受委托编写书稿的报酬特别是支付方式作任何约定,法院据此认为林某为黎某工作,将领取的工资认定为黎某支付的稿酬。

【裁判要旨】

在原被告双方存在劳动聘用关系时,原告接受被告的工作安排进行创作,双方未就创作稿酬单独进行明确约定时,被告支付的工资可以认定为支付给原告的稿酬。

【案号】

(2011) 民监字第 812 号

七、法理分析

  稿酬是著作权人因许可他人使用其作品而获得的报酬。因合同未约定稿酬或者约定稿酬标准不明而产生的纠纷,是出版社和作者之间的常见纠纷类型。使用作品的付酬标准可以由当事人约定,也可以按照国家著作权主管部门会同有关部门制定的付酬标准支付报酬。当事人约定不明确的,按照国家著作权主管部门会同有关部门制定的付酬标准支付报酬。2014 年 11 月 1 日起实施的国家版权局、国家发展和改革委员会《使用文字作品支付报酬办法》第 2 条规定,除法律、行政法规另有规定外,使用文字作品支付报酬由当事人约定;当事人没有约定或者约定不明的,适用本办法。根据第 5 条规定,基本稿酬为原创作品:每千字 80—300 元。改编作品的稿酬为 20—100 元每千字,汇编作品的稿酬为 10—20 元每千字。法律规定的稿酬存在较大的浮动空间,因此著作权人与出版机构应结合出版作品的市场预期与作者的意愿等因素对稿酬的具体数额进行约定。第 9 条规定,使用者未与著作权人签订书面合同,或者签订了书面合同但未约定付酬方式和标准,与著作权人发生争议的,应当按该办法相关付酬标准的上限分别计算报酬,以较高者向著作权人支付,并不得以出版物抵作报酬。该做法最大限度地保护了著作权人获得报酬的权益,激发其创作优秀作品的积极性。第 14 条第 2 款规定,在数字或者网络环境下使用文字作品,除合同另有约定外,使用者可以参照该办法规定的付酬标准和付酬方式付酬。对于重印和再版的作品,图书出版者应当通知著作权人并且支付报酬,否则也会构成对作者获得报酬权的侵害。《使用文字作品支付报酬办法》能够督促出版社积极与著作权人签订出版合同约定稿酬,以免日后就稿酬事项发生纠纷。但我国稿酬制度仍存在稿酬数额较低、作者权益在新技术下救济不足等问题,[1] 这有赖于《使用文字作品支付报酬办法》在修订时提高稿酬标准。

---

[1] 张惠彬、吴运时:《新中国稿酬制度变迁:历程、动因及启示》,载《出版科学》2019 年第 4 期,第 24 页。

除没有约定稿酬或者稿酬约定不明外,实践中还存在一些特殊情况。在作者自行承担出版经费的情况下,双方可以合同的形式排除出版社支付稿酬的义务。即便合同中未对此予以明确,法院可以通过合同解释的方法,分析在缔结合同时,著作权人是否默示认可其不享有稿酬。有时出版社和著作权人存在长期的合作关系,出版社可能采用先出版图书后补签合同的形式,此时若双方产生纠纷,在判定稿酬标准时应当首先考虑当事人在建立出版合同关系时确定的稿酬标准,若无法判断,则可根据具体情况以《使用文字作品支付报酬办法》中的标准或者以侵权赔偿的标准确定,同时参考著作权人与出版者的既往合作模式。当出版社和著作权人双方存在劳动聘用关系时,如果著作权人接受出版社的工作安排进行创作,双方未就创作稿酬单独进行明确约定时,出版社支付的工资可以认定为支付给著作权人的稿酬。

第二节 出版合同的成立与效力

著作权分为著作人身权与著作财产权,著作人身权具有人身属性,依法律规定不得转让,不得许可。而著作财产权作为著作权人可支配的财产性权益,著作权人可以自行决定将其进行转让或者许可。一部作品在创作完成之后,作者为了实现其经济价值,获得相应的报酬,往往会将著作权中的一项或多项转让给他人,或者将作品著作权许可给他人使用。著作权许可与转让为两个不同的概念。著作权许可是指著作权人将其著作财产权中的某项权利,以签订合同的形式授权他人在一定期限、一定范围内进行使用的一种著作权利用方式。而著作权转让是指著作权人通过买卖、互易、赠与或者遗赠等方式将著作财产权中的全部或者部分有偿或者无偿地移交给他人所有的法律行为。著作权许可与著作权转让的主要区别在于著作权权利主体是否发生变更。著作权转让当中,受让人在转让完成之后便成为新的著作权主体,而著作权许可使用则不产生这种效果。著作权的转让与许可是作品得以直接被利用、作者从中获得经济报酬的重要手段。依照我国著作权法的规定,著作权人在进行著作权许可与转让之时应当签订书面合同,形成意思表示的一致。

图书出版合同事实上属于一种著作权的许可。一般来说,出版单位从作者手中依约获得的是图书的专有出版权。出版单位通过和作者订立合同,在预定的期限或地域内,获得出版作者作品的一种专有权利。作者将图书专有出版权授予他人后,不得再将该权利授予其他人。作者就其作品许可他人使用的权利是专有使用权,专有使用权的内容由合同约定,合同没有约定或者约定不明的,视为被许可人有权排除包括著作权人在内的任何人以同样的方式使用作品;除合同另有约定外,被许可人许可第三人行使同一权利必须取得著作权人的许可。

出版合同法律关系受到我国《民法典》合同编、总则编第六章民事法律行为以及《著作权法》第四章第一节的调整。从比较法上看,有的国家将出版合同作为一种有名合同在民法中进行专节规定,有的国家将其规定在著作权法中。出版合同与其他类型的著作权转让或许可合同相比有其特殊性。出版合同本质上是一种出版权的许可关系,"出版合同同时具备买卖、租赁、承揽等合同的部分特征"[①]。出版权并非是复制权和发行权的简单组合,而是一种依双方约定而产生的将作品以图书形式进行复制和发行的权利。出版合同既需要约定出版物的名称、字数、语种,也需要约定出版权的时间与地域范围;既需要约定出版物的内容与形式,也需要约定出版的方式。在出版行业,自费出版是常见的一种现象,尤其对于受众群体有限的图书,作者往往需要向出版者支付出版费用。自费出版的情况下,作者也需要与出版者签署出版合同。

在意思自治原则之下,著作权人与出版机构签订合同对于双方的权利、义务加以约定,可以对于著作权法未涉及的合同履行方式作更加详细的规定。依法成立的合同受法律保护,对当事人具有法律约束力。但当存在法定事由时,当事人可以申请法院确认合同无效或者申请撤销。无民事行为能力人实施的民事法律行为无效。违反法律、行政法规的强制性规定的民事法律行为无效。但是,该强制性规定不导致该民事法律行为无效的除外。违背公序良俗的民事法律行为无效。行为人与相对人恶意串通,损害他人合法权益的民事法律行为无效。行为人与相对人以虚假的意思表示实施的民事法律行为无效。以虚假的意

[①] 程科:《〈民法典〉视角下出版合同的法律适用》,载《中国出版》2022年第1期,第44页。

思表示隐藏的民事法律行为的效力，依照有关法律规定处理。根据《民法典》第 147 条规定，基于重大误解实施的民事法律行为，行为人有权请求人民法院或者仲裁机构予以撤销。第 148 条规定，一方以欺诈手段，使对方在违背真实意思的情况下实施的民事法律行为，受欺诈方有权请求人民法院或者仲裁机构予以撤销。第 149 条规定，第三人实施欺诈行为，使一方在违背真实意思的情况下实施的民事法律行为，对方知道或者应当知道该欺诈行为的，受欺诈方有权请求人民法院或者仲裁机构予以撤销。第 150 条规定，一方或者第三人以胁迫手段，使对方在违背真实意思的情况下实施的民事法律行为，受胁迫方有权请求人民法院或者仲裁机构予以撤销。第 151 条规定，一方利用对方处于危困状态、缺乏判断能力等情形，致使民事法律行为成立时显失公平的，受损害方有权请求人民法院或者仲裁机构予以撤销。

在出版合同纠纷中，法院需要根据案件事实判定出版合同是否依法成立。对于一方当事人提出的确认合同无效请求或者撤销请求，应当严格按照民法典的规定，判断是否满足法定条件。本节的案例围绕出版合同是否订立、是否存在事实上的出版合同关系、出版合同的撤销与无效情形等展开分析。

一、版权合同成就与否的判定

【基本案情】

2007 年 4 月，原告王某某联系湖南大学出版社，请求为其出版《与初学写作者谈写作》和《实用文体写作指要》两书。2007 年 4 月 25 日，王某某通过中国邮政向湖南大学出版社投寄书稿。2007 年 7 月，王某某被告知其书稿不能被采用。2007 年 11 月 29 日，湖南大学出版社通过长沙申通快递公司退回了王某某的《与初学写作者谈写作》和《实用文体写作指要》两书稿及两张光盘并随寄信函告知王某某。王某某承认收到了书稿，但否认收到光盘，并对发件日期及信函落款日期矛盾提出了异议。

原告认为其已经与被告达成事实合同关系，被告严重违反国家版权局的《出版文字作品报酬规定》，侵犯了原告的知识产权，要求被告支付经济补偿金。

【争议焦点】

（1）原被告是否形成了事实合同关系。

（2）被告是否应当支付原告经济补偿金。

【裁判推理】

合同是平等主体的自然人、法人、其他组织之间设立、变更、终止民事权利义务关系的协议。当事人订立合同，采取要约、承诺方式。根据本案已经查明的事实，王某某主动向湖南大学出版社投寄两本书稿，请求湖南大学出版社为其出版，是王某某希望和湖南大学出版社订立出版合同的意思表示，是向湖南大学出版社发出要约。湖南大学出版社于2007年11月29日退回王某某两本书稿，并以信函明确告知王某某不予出版，湖南大学出版社通过书面方式表明对王某某的要约不予承诺。因此，王某某和湖南大学出版社没有订立出版合同。

本案纠纷发生于合同订立之中，根据王某某的起诉，并依据最高人民法院《民事案件案由规定》，本案应认定为出版合同纠纷，属于知识产权合同纠纷的民事案件类型。王某某提出本案应认定为著作权侵权纠纷，对此，法院认为，由于被告并未出版原告的作品，无论书稿及其光盘是否退回，对原告基于创作两本书稿产生的著作权均没有造成损害，原告因书稿没有出版要求被告给予经济补偿不属于著作权侵权纠纷，而是合同订立磋商过程中产生的纠纷。

原告认为，被告从接收原告书稿到退还书稿共七个多月，远远超出六个月，而原告的书稿均是原创作品，被告没有及时将书稿退回，被告的行为违反了国家版权局发布的《出版文字作品报酬规定》第16条的规定，使原告不能赶上其他出版社研究出版选题的时机，贻误原告至少一年的时间，甚至可能永久贻误，致使原告遭受了巨大的经济损失。

法院认为，原告基于书稿没有出版要求出版社给予经济补偿是合同订立过程中产生的纠纷。当事人在订立合同过程中，因违背诚实信用原则，给对方造成损失的，应当承担损害赔偿责任。本案中，双方在磋商中未就退稿事项进行约定，亦未作限制原告一稿多投的约定，法律也没有禁止原告一稿多投，被告在原告投稿七个月后答复书稿因选题重复的缘故不予采用，不属于违反诚信的行为，湖南大学出版社不应承担赔偿或补偿的民事责任。

【裁判要旨】

著作权人与出版社之间关于订立出版合同前的磋商阶段并未形成出版合同关系。

【案号】

(2008) 湘高法民三终字第 31 号

二、事实出版合同关系的形成

【基本案情】

2015 年 4 月 20 日，河北少儿出版社工作人员通过电子邮件向王某某发出创作社会主义核心价值观儿歌的请求，王某某创作了 100 首儿歌，河北少儿出版社进行了封面和插图编排，图书未出版。

2015 年 11 月 27 日，河北少儿出版社工作人员给王某某发送电子邮件，告知其将创作的儿歌另投他处。河北少儿出版社与王某某未签订书面合同，也未约定稿费。随后，二者产生纠纷。

【争议焦点】

王某某与河北少儿出版社是否形成了出版合同关系。

【裁判推理】

河北少儿出版社工作人员向王某某发出出版反映社会主义核心价值观理念的儿歌的请求，双方通过多次沟通，王某某根据河北少儿出版社工作人员的要求创作了 100 首儿歌，河北少儿出版社就王某某创作的儿歌进行了整理编排。因此，应当认定双方就出版王某某创作的儿歌一事达成合意，形成了出版合同关系。

作为著作权人的王某某已经完成了 100 首儿歌的创作，即完成了出版合同的主要义务，作为出版者的河北少儿出版社也对王某某的作品进行了整理编排，完成了出版合同的部分义务。虽然双方就出版物名称、插图等问题未达成一致意见，也未签订书面出版合同，但上述理由均不足以导致合同不能继续履行的结果。因此，双方应本着诚实信用的原则，根据行业惯例、双方之前所达成的出版合同等情况，继续履行合同义务。

关于河北少儿出版社向王某某支付稿酬数额的问题，因双方并未对稿酬达成一致意见，法院根据《使用文字作品支付报酬办法》规定，以纸介质出版的方式使用文字作品，支付报酬可以选择基本稿酬加印数稿酬的方式；基本稿酬标准和计算方法为原创作品每千字 80—300 元，诗词每 10 行按 1000 字计算，作品不足 10 行的按 10 行计算；印数稿酬标准和计算方法为每印 1000 册，按基本稿酬的 1% 支付，不足 1000 册的按 1000 册计算；使用者未与著作权人签订书面合同，与著作权人发生争议的，应当按上述付酬标准的上限分别计算报酬，以较高者向著作权人支付。本案中，原告创作了 100 首儿歌，依上述计算方法，稿酬应为 30 300 元。

【裁判要旨】

作者与出版社没有签订书面合同，当发生纠纷时，法院可以通过实际履行情况判断双方当事人之间是否形成了事实上的出版合同关系。

【案号】

（2017）冀民终 401 号

三、作者默示同意出版的认定

【基本案情】

《滦潮听涛》系列丛书系由滦平县 12 位本土作家的 12 部作品构成，其中包括原告王某某的作品《同根生》。2013 年，滦平县文联为出版该系列丛书向滦平县政府申请拨付 20 万元款项并由 12 位作者中的 9 位作者个人交付 5000 元出版费后（原告王某某为未交付 5000 元出版费的作者之一），滦平县文联与 12 位作者签订版权保证授权书（其中原告的授权书系由滦平县文联工作人员代签）。

2013 年 6 月，滦平县文联与世图版权公司签订《滦潮听涛》文学丛书代理合同、整体出版授权书及整体数字授权书。世图版权公司全权代理滦平县文联《滦潮听涛》文学丛书代理出版及相关咨询事宜。同年，《滦潮听涛》文学丛书出版。

王某某以其未与出版社签订出版合同、自身著作权受到侵犯为由，提起诉讼。

【争议焦点】

王某某与出版社是否已就涉案作品《同根生》图书的出版达成了协议。

【裁判推理】

王某某系涉案作品《同根生》的作者，依法享有发表权、署名权、修改权、复制权、发行权、信息网络传播权等人身权和财产权。关于滦平县文联是否取得涉案作品的合法授权、是否侵犯了涉案作品著作权的问题，本案中已经查明涉案授权书中王某某的签字系由滦平县文联工作人员代签，王某某亦未提供身份证复印件。

关于王某某是否同意出版《同根生》，虽然王某某称其不同意出版，但从涉案作品《同根生》出版过程来看，王某某向滦平县文联交付作品稿件并予修改、请书法家为其作品题字、领取出版作品《同根生》书籍，并在出版后发表博客致谢，通过王某某上述一系列的行为，表明其实际认可了涉案作品《同根生》图书的出版，且在出版后接收了世图版权公司支付的稿费。综合分析上述情形，可以认定王某某同意了涉案作品《同根生》图书的出版。

【裁判要旨】

在出版过程中，当因为出版社的出版手续存在瑕疵，致使在作者是否同意出版作品的问题上存在争议时，可以通过作者在出版过程及后续阶段的行为进行判断。

【案号】

（2017）冀民终 677 号

四、合同成立前出版者的义务

【基本案情】

2007 年 5 月 3 日，罗某某通过邮局将涉案作品（打印件）以包裹形式寄给了河南人民出版社要求出版，并在邮单上注明"作品（闪电行动）"。此外，罗某某还向其他出版社投稿涉案文字作品。

同年 5 月 10 日，河南人民出版社工作人员卫某某从新闻出版局收发室领取了该邮件。此后，罗某某致信河南人民出版社，要求涉案作品如不出版，应予以退还，但未收到出版通知，也未收到退回的稿件。随后原告提起侵权诉讼。

【争议焦点】

河南人民出版社遗失手稿行为是否侵害了罗某某的著作权。

【裁判推理】

本案中，罗某某只是向河南人民出版社投递了作品，罗某某的投稿行为系其与河南人民出版社订立出版合同的要约意思表示，河南人民出版社未作出承诺，没有采用其作品，未订立出版合同，还未形成法律上的合同关系，故河南人民出版社没有履行合同的义务。罗某某追究河南人民出版社承担违约责任或侵权财产权的民事责任，没有事实依据。

著作权法及其实施条例等相关法律均无出版社在订立出版合同前有承担退稿义务的规定，故罗某某主张出版社退还涉案作品、赔偿损失的诉讼请求，无法律依据，法院不予支持。

【裁判要旨】

著作权人与出版机构未形成法律上的合同关系之前，出版机构对著作权人无履行合同的义务。

【案号】

（2014）民申字第 2015 号

五、出版合同的撤销

【基本案情】

2016 年，王某某与中国广播影视出版社签下《抗洪》《汶川大地震》两本书的图书自费出版合同。随后该书出版。

原告王某某认为被告中国广播影视出版社交付的样书中存在较多质量问题，故诉至法院，请求法院依法撤销图书自费出版合同并由被告赔偿损失。

【争议焦点】

原告与被告之间的出版合同是否应当撤销。

【裁判推理】

一方以欺诈、胁迫的手段或者乘人之危，使对方在违背真实意思的情况下订立的合同，受损害方有权请求法院或者仲裁机构变更或者撤销。本案中，被告作为通过注册的图书出版单位与王某某签订了图书自费出版合同，出版原告撰写的涉案两本图书，原告向被告支付了出版补贴，被告亦向王某某交付了出版图书。

涉案两本图书的图书自费出版合同中关于合同标的、数量、质量、价款或者报酬等内容符合相关法规关于合同条款的规定，且合同相关条款对原告、被告双方的权利义务进行了约定，原告亦未能提供充分证据证明其在签订合同时被告采用了欺诈、胁迫的手段或者存在乘人之危的情形，致使原告签订合同违背了其真实意思表示。原告主张因被告未依照印刷协议中的约定交由原告审稿故要求撤销涉案两本图书的图书自费出版合同，缺乏法律依据。

【裁判要旨】

法律对于合同的撤销有明确的规定。一方未能举证证明存在可致合同撤销情形的，合同不应被撤销。

【案号】

（2019）京 73 民终 125 号

六、合同无效的理由

【基本案情】

马某某作为甲方，与湖南人民出版社（乙方）就《〈义勇军进行曲〉研究》一书签订了著作权授权合同。2012 年 8 月，湖南人民出版社出版了该书。随后双方就图书重印一事产生纠纷。

原告马某某认为，被告湖南人民出版社违反法律法规的有关禁止买卖书号的规定，涉案合同系以合法形式掩盖非法目的。而且，在签订涉案合同时，湖南人民出版社胁迫其以 3 万元的价格签订合同，且不能自由选择印刷厂，同时湖南人民出版社在履行合同时不发行具有极高学术价值的涉案图书，损害了国家利益，涉案合同应归于无效，故提起诉讼。

【争议焦点】

关于涉案合同是否无效的问题。

【裁判推理】

合同无效是指当事人所缔结的合同因严重欠缺有效要件，在法律上不按当事人合意的内容赋予效力。《出版管理条例》第21条第1款规定，出版单位不得向任何单位或者个人出售或者以其他形式转让本单位的名称、书号、刊号或者版号、版面，并不得出租本单位的名称、刊号。故买卖书号的行为属于违反行政法规强制性规定的行为，会导致合同无效。

新闻出版署《关于严格禁止买卖书号、刊号、版号等问题的若干规定》第1条规定，严禁出版单位买卖书号、刊号、版号。凡是以管理费、书号费、刊号费、版号费或其他名义收取费用，出让国家出版行政部门赋予的权力，给外单位或个人提供书号、刊号、版号和办理有关手续，放弃编辑、校对、印刷、复制、发行等任何一个环节的职责，使其以出版单位的名义牟利的，均按买卖书号、刊号、版号查处。我国实行出版许可制度，目的在于通过对出版主体资格的限制确保出版物内容的健康。国家赋予出版社专有出版权的实质在于出版社通过对书稿的终审、终校工作决定书稿能否出版，确保一些不符合法律法规的内容不进入公共传播领域，从而体现了国家对图书内容健康安全的调控。买卖书号是出版社以管理费、书号费或其他费用的名义收取费用，出让国家出版管理部门赋予的编辑、印刷、发行出版物的权力，给非出版单位或个人提供书号，使他们以出版社的名义出书牟利。根据法院查明的事实，被告湖南人民出版社并未放弃对涉案图书的编辑、校对、印刷等职责，因此，马某某关于涉案合同实质属于买卖书号行为的理由不能成立。

当事人以欺诈、胁迫的手段订立合同，且合同的订立和履行损害了国家利益的，合同归于无效。涉案合同约定的是涉案图书的交付，并无证据表明存在损害国家利益之情形，马某某也没有提出有效证据证明涉案合同系湖南人民出版社以胁迫手段订立，故其就此提出的主张不能成立。

【裁判要旨】

买卖书号的行为属于违反行政法规强制性规定的行为，会导致合同无效。如果出版单位并未放弃对图书的编辑、校对、印刷等职责，则不属于买卖书号的行为。

【案号】

（2015）民申字第2523号

七、法理分析

出版合同关系是指在作品出版过程中出版社与著作权人之间的权利义务关系。判定出版合同关系是否成立的主要依据之一是当事人之间是否签订出版合同。民法当中遵循意思自治的原则。在很多案例中，当事人之间已经达成出版作品的意思表示，但因各种原因暂未签订书面合同。此时，出版合同关系是否成立处于模糊状态。为鼓励交易，追求市场的稳定性，在合同关系是否成立模糊之时，法院大多会采取合同解释的方法探析双方的意思表示。根据《民法典》第 490 条第 2 款的规定，法律、行政法规规定或者当事人约定合同应当采用书面形式订立，当事人未采用书面形式但是一方已经履行主要义务，对方接受时，该合同成立。在个案中，图书出版合同及附件、出版费收据、送货单、信函、印订施工单、增值税发票、入库单、涉案书籍、印刷厂证明等，可以作为判定双方合同是否成立的证据。

作者与出版社之间签订的图书出版合同系双方当事人的真实意思表示，只要不违反法律、行政法规的强制性规定，应属合法有效，双方均应按约履行。但是，如果合同内容违法，则会导致合同无效。举例来说，出版单位若实施买卖书号行为，则违反了法律的相关规定，会导致为实施买卖书号行为而签订的图书出版合同归于无效。依照《出版管理条例》第 21 条规定，"出版单位不得向任何单位或者个人出售或者以其他形式转让本单位的名称、书号或者版号、版面，并不得出租本单位的名称、刊号"。新闻出版署《关于严格禁止买卖书号、刊号、版号等问题的若干规定》第 1 条规定：严禁出版单位买卖书号、刊号、版号。凡是以管理费、书号费、刊号费、版号费或其他名义收取费用，出让国家出版行政部门赋予的权力，给外单位或个人提供书号、刊号、版号和办理有关手续，放弃编辑、校对、印刷、复制、发行等任何一个环节的职责，使其以出版单位的名义牟利，均按买卖书号、刊号、版号查处。上述规定可作为认定出售书号行为的参考。在个案中，法院需要注意区分买卖书号行为与合作出版行为。二者的本质区别在于出版社是否对书稿认真履行了审稿义务。①

除了合同无效，其他法定事由如合同撤销，需要当事人证明符合特定条件，如签订合同时受欺诈、胁迫等，违背了当事人真实的意思表示，仅有合同一方单纯的违反合同约定的行为很难被认定符合撤销条件。

第三节 出版合同的履行与违约

出版合同是在双方当事人意思表示一致的情况下签订的双务、有偿的合同。每一种类的图书产品均是在著作权人与出版者签订合同后，出版者按照合同的约定进行刊印。合同往往会对双方权利、义务进行详尽的规定。著作权人的义务主要体现在：（1）不得一稿两报；（2）保证作品的原创性，不得侵犯他人著作权；（3）依约定期限交付作品；（4）约定期限内尊重出版者的专有出版权等。出版者的主要义务体现在：（1）依照约定质量、期限出版作品；（2）不得擅自转让专有出版权；（3）支付稿酬；（4）尊重作者署名权及保护作品完整权等相关权益；（5）重印、再版图书应当通知著作权人，并支付相关报酬；（6）因故不能出版应当按照一定比例支付基本稿酬，并退还原稿件；（7）妥善保管原稿件的义务等。

出版合同是双方真实的意思表示，内容不违反法律、行政法规的强制性规定，属于合法有效的合同，其内容对合同当事人具有约束力。当事人应当按照约定全面履行自己的义务。当事人应当遵循诚信原则，根据合同的性质、目的和交易习惯履行通知、协助、保密等义务。当事人对合同条款的理解有争议的，应当按照合同所使用的词句，结合相关条款、行为的性质和目的、习惯以及诚信原则，确定争议条款的含义。合同文本采用两种以上文字订立并约定具有同等效力的，对各文本使用的词句推定具有相同含义。各文本使用的词句不一致的，应当根据合同的相关条款、性质、目的以及诚信原

---

① 李文邦：《论合作出版与买卖书号的本质区别》，载《编辑之友》2013 年第 1 期，第 24 页。

则等予以解释。

当事人应当按照约定履行自己的义务，不得违反合同约定，不得擅自变更或者解除合同。《著作权法》第 34 条规定，著作权人应当按照合同约定期限交付作品。图书出版者应当按照合同约定的出版质量、期限出版图书。图书出版者不按照合同约定期限出版，应当依照《著作权法》第 61 条的规定承担民事责任。图书出版者重印、再版作品的，应当通知著作权人，并支付报酬。重印图书，指的是不改变出版物的内容而重新印刷；再版图书，指的是利用原有的纸型、图版或底片再次印刷，如果未按照合同约定，未通知著作权人并支付报酬就擅自重印、再版图书，应当承担违约责任。图书脱销后，图书出版者拒绝重印、再版的，著作权人有权终止合同。实务中很多案例均因为出版社在重印、再版时没有按照合同约定履行通知义务，并且没有向著作权人支付稿酬而引发纠纷。

出版社在出版图书时通常会在出版合同中约定图书的出版时间、销售渠道等相关问题。出版社违反合同约定逾期出版图书构成违约。当合同履行过程中存在法定解除情形或者产生约定解除情形时，合同应当予以解除。合同的解除是指合同成立之后，当事人一方或者双方依照法律规定或当事人的约定，依法解除合同效力的行为。合同的解除分为约定解除和法定解除。合同的解除条件由法律直接规定的解除为法定解除，以合同的形式约定一方或者双方保留解除权的解除为约定解除。本节选取了 6 则案例，涉及不予出版、逾期出版、约定解除等情形。法院的相关判决将会对作品出版过程中涉及的合同履行问题提供借鉴。

一、不予出版的责任认定

【基本案情】

1986 年，李某某与时任陕西人民教育出版社编辑的吴某某商议编写词性方面的词典，后李某某组织了其他作者进行编写。1992 年前后，该书基本编写完成，李某某组织人员对书稿进行了一至五稿的校对。1998 年 2 月 18 日，李某某将《词性词典》六校稿交付安康印刷厂。1998 年年底，在第七次校对完成后，李某某将第七校的书稿原件以及存有 1—7 校电子版书稿的 U 盘交付给陕西人民教育出版社。

双方约定该《词性词典》于 1995 年 12 月正式出版，但之后多年陕西人民教育出版社仍未出版该作品。2012 年 10 月 16 日，陕西人民教育出版社出具《关于〈词性词典〉遗留问题的处理意见》，拒绝出版李某某主编的《词性词典》。声明内容为：1997 年《词性词典》编写完成后，该书稿交至出版社，出版社安排安康地区印刷厂排版。在校对过程中，李某某到承印厂对校样擅自大肆改动，出版社及时制止了该行为，提出应由出版社进行职责内的校对工作，但遭到李某某的坚决反对并坚持要求使用其改动后的校对稿。其改动后的校对稿使出版社无法定稿且校对稿达不到出版要求，由于双方不能达成一致，故终止出版。关于《词性词典》出版一事，是由于作者方面的原因导致未能出版，我社对该书未能正常出版不承担责任。

原告李某某认为被告陕西人民教育出版社不按约定将《词性词典》出版成书，已构成违约，故诉至法院，请求返还《词性词典》的第七校书稿原件，支付稿费、赔偿损失。

【争议焦点】

被告是否应当承担违约责任。

【裁判推理】

被告在 1995 年之前已安排了该书出版书号，被告编辑对《词性词典》书稿进行了实际编辑工作，故李某某等与被告虽未签订书面合同，但双方形成了事实的出版合同法律关系。

根据查明的事实，李某某对第七校书稿的内容及排版进行了大量修订，陕西人民教育出版社编辑亦对该书稿进行了多处修订，该书稿不具备直接付印出版的条件，被告主张李某某私自去安康印刷厂进行改动校样，未提供相应证据。另一方面，李某某自认被告曾于 1999 年 4 月举行退稿会，只是后来双方未达成协议故未最终退稿。上述事实说明，《词性词典》未能出版并导致纠纷至今的后果双方均负有责任。涉案书稿自 1986 年起编写至今已近三十年，该出版合同已无继续履行的可能，法院综合考虑本案纠纷形成的过程、双方违约责任的大小、李某某等多名作者实际完成了大量编写修订工作的事实等因素，酌情判决被告向李某某赔偿损失（包含所有作者损失在内）共计 15 万元。

【裁判要旨】

当事人一方不履行合同义务或者履行合同义务不符合约定的，应当承担继续履行、采取补救措施或者赔偿损失等违约责任。若双方均存在过错导致合同不能达成，则双方均负有责任。

【案号】

（2016）陕民终 131 号

二、逾期出版的过错认定

【基本案情】

2011 年 8 月 18 日，甲方王某某与乙方北岳文艺出版社就《律师是怎样炼成的》一书签订图书出版合同，乙方应于 2011 年 12 月 20 日前出版上述作品。合同中还对字数、审校等问题进行了约定。王某某按北岳文艺出版社的条件交付了相关费用以及《律师是怎样炼成的》书稿电子版。最终，该书逾期出版。王某某认为，被告北岳文艺出版社应承担逾期出版的违约责任，并要求返还出版费用，故提起诉讼。

【争议焦点】

（1）北岳文艺社收取王某某相关费用是否有合法依据。

（2）北岳文艺出版社是否应承担逾期出版责任。

【裁判推理】

依法成立的合同对当事人具有法律约束力。当事人应当按照约定履行自己的义务，不得擅自变更或者解除合同。本案中，北岳文艺社是经注册的图书出版单位，其与王某某签订图书出版合同，出版王某某撰写的《律师是怎样炼成的》一书，未违反法律禁止性规定，二审判决认定合同有效，适用法律正确。依照合同约定，王某某补贴北岳文艺社印装等实际费用。合同签订前，双方口头约定王某某支付北岳文艺社 15 000 元书款及编校费 3000 元。王某某实际支付了上述费用，上述约定应作为合同约定内容。合同履行中，王某某共计支付购书款 17 000 元、出片费 5720 元、印刷费 5000 元、编校费 3000 元，上述费用除购书款外，其他款项为北岳文艺社为出版书籍实际发生的款项，王某某对上述款项支付用途明知并予以支付，表明其对上述应支付款项的认可。

对于 17 000 元购书款，北岳文艺社主张该款为王某某收取 400 套图书交付的书款。王某某认为该款为北岳文艺社收取的出售书号的款项，并非其购书款。王某某并未提供证据证明北岳文艺社收取其书号费，并放弃编辑、校对等出版职责，使其以北岳文艺社名义获取利益。故仅以北岳文艺社收取王某某 17 000 元的行为，不足以认定该社出售书号。

原告与被告之间的出版合同第 8 条约定：乙方应于 2011 年 12 月 20 日前出版上述作品。双方约定版面字数为 70 万字。未经乙方同意，甲方交稿时的字数与双方约定的字数之差不能超越 5%，如不符合这一要求，乙方有权拒绝收稿。根据本案查明的事实，王某某提交的书稿超出合同约定文稿字数的 18%，必然增加编辑人员修改编辑工作量。

出版合同第 10 条约定：因甲方修改造成版面改动超过 15%，以致不能按期出版，甲方应当承担改版费用和推迟出版的责任。本案中书稿二审结束后，原告要求改变出版图书的开本大小，由原来 32 开改为 16 开。在书籍出版前要求改变出版图书的开本大小，造成版面 100% 改动，必然增加编辑工作量，亦必然导致编辑校对及书籍出版时间延长。

综上，北岳文艺出版社不应承担《律师是怎样炼成的》逾期出版责任，亦无需返还购书款、出片费、印刷费和编校费。

【裁判要旨】

图书出版合同一般会对图书出版时间做出约定，出版社无正当理由延迟出版应当承担违约责任。但是如因相对方个人原因导致出版社工作量显著增加，不能按时出版图书，出版社不承担责任。

【案号】

(2015) 民申字第 1095 号

三、出版合同的依约解除

【基本案情】

2016 年 10 月 14 日，舒某某（甲方）与中国商业出版社（乙方）签订关于《人与自然》一书的出版合同。合同中约定甲方应于 2016 年 10 月 31 日前将上述作品的誊清稿交付乙方。甲方不能按时交稿的，应在交稿期限届满前 1

日通知乙方，双方另行约定交稿日期。另外，合同中约定甲方不能交稿应承担违约责任，中国商业出版社可以终止合同。

后舒某某未能在出版合同约定的日期向中国商业出版社交付涉案图书誊清稿。中国商业出版社请求判令解除双方签署的出版合同。

【争议焦点】

是否应当解除双方签订的出版合同。

【裁判推理】

双方围绕涉案图书誊清稿交付情况进行了协商，但是没有最终的协商结果，且舒某某实际未能向中国商业出版社交付涉案图书誊清稿。在本案审理期间，舒某某未能提供证据证实其已经向中国商业出版社交付涉案图书的誊清稿。中国商业出版社在未能收到涉案作品誊清稿的情况下，依据双方的合同约定，主张解除出版合同符合法律规定。

【裁判要旨】

当事人协商一致，可以解除合同。当事人可以约定一方解除合同的条件。解除合同的条件成就时，解除权人可以解除合同。

【案号】

（2017）京0102民初25707号

四、合同约定解除条件的满足

【基本案情】

2008年4月8日，原告杨某（甲方）为《老年钢琴课》第一册的出版事宜与上海音乐学院出版社（乙方）签订图书出版合同，合同有效期5年。合同约定甲方支付15 000元出资费自费出版图书，并向印刷厂支付印刷费，上海音乐学院出版社按首次40%、自第二次开始以38%的折扣向原告购书后进行销售，购书款应在3个月内支付。合同第13条约定，乙方未在约定期限内支付报酬的，甲方可以终止合同并要求乙方继续履行付款义务，并支付滞纳金。

合同履行过程中，被告存在未在3个月内支付书款的情况。原告认为被告存在违约行为，要求被告支付购书款和违约金，解除合同，返还出资费，故诉至法院。

【争议焦点】

（1）涉案出版合同是否应予解除。

（2）被告是否应当支付购书款及违约金。

【裁判推理】

原告与被告签订的关于涉案书籍的出版合同及附件系当事人的真实意思表示，合法有效，原告、被告均应恪守。本案中，根据双方合同的约定，被告未在约定期限内支付报酬的，原告可以终止合同并要求被告继续履行付款义务。此处的报酬，是以出版社支付购书款的方式来实现。

被告在 2008 年 10 月 14 日向原告购买 1375 册涉案书籍，2009 年 5 月 15 日购书 2500 册，但至今仍未按照 38% 的折扣支付购书款，远远超过合同附件约定的 3 个月付款期限，原告发函要求解除合同符合合同第 13 条约定的解约条件，对于原告的该项诉请，法院予以支持。

根据查明的事实，被告多次未按约定及时支付购书款，除应履行付款义务还应承担迟延履行的违约责任。关于支付逾期付款违约金的标准，合同及附件并未约定，法院参照中国人民银行同期贷款利率对此予以判处。

关于原告要求被告返还出资费的诉讼请求，法院认为原告向被告支付的 15 000 元系一次性出版经费，其主要目的是为了涉案书籍的出版发行。原告出版涉案书籍的合同目的已经实现，现其要求被告返还合同解除后剩余期间出资费的诉讼请求，无合同依据，不予支持。

【裁判要旨】

出版社未按照合同约定履行义务，符合合同约定的解除条件时，著作权人可依约解除合同。

【案号】

（2011）徐民三（知）初字第 96 号

五、出版社重印图书的通知义务

【基本案情】

2003 年 11 月至 2015 年 9 月之间，郑某某先后与中共中央党校出版社就其撰写的四本书签订图书出版合同，郑某某授予出版社在合同有效期内以图书形式出版发行上述作品的专有使用权,双方约定了版税率。合同就重印事宜进行了约定。合同签订后,出版社出版了上述四本图书,均署名郑某某,并向郑某某支付了首印版税。

2004—2011年间,出版社在未通知郑某某的情况下,累计重印上述四本图书共32 000册。2014年6月18日,原告郑某某以被告中共中央党校出版社未履行通知义务且未支付报酬,侵犯其获得报酬权为由,提起诉讼。

【争议焦点】

被告是否侵犯原告的著作权。

【裁判推理】

郑某某是涉案四本图书的作者,对涉案四本图书享有的著作权依法应予保护。

根据合同约定,在《基层党的组织工作实务指南》首次出版3年内,中共中央党校出版社可以自行决定重印。首次出版3年后,中共中央党校出版社重印应事先通知郑某某。在《发展党员操作规程》首次出版5年内,中共中央党校出版社可以自行决定重印。首次出版5年后,中共中央党校出版社重印应事先通知郑某某。《流动党员管理手册》《基层党的组织工作法规实用》对于重印事项的约定与《发展党员操作规程》相同。中共中央党校出版社重印、再版,应将印数通知郑某某,并在重印、再版后6个月内按原版税率向郑某某支付报酬。郑某某有权核查中共中央党校出版社应向其支付报酬的印数。

被告的涉案侵权行为系在与郑某某签订有出版合同的情况下,在重印涉案图书时未通知郑某某,且未支付报酬,明显具有过错,从而侵犯了郑某某享有的获得报酬权。由于郑某某确认被告系在双方签订的出版合同期限内出版涉案图书,且图书的版本及内容没有变化,故被告出版涉案图书的行为不构成未经许可的复制、发行行为,被告仅是在未支付报酬一节上构成违约行为与侵权行为的竞合。被告作为专业出版机构,重印图书应当遵守编辑出版的相应审查流程,事先通知著作权人并及时支付报酬。即使其责任编辑退休一事属实,也不应因内部人事变动而免除其法律义务。

本案中,在郑某某未提供足以证明其因涉案侵权行为遭受的具体损失金额或被告侵权违法所得金额的情况下,法院参照双方在出版合同中约定的版税率,综合考虑涉案作品的价值、侵权过错、迟延支付版税期间等因素酌定赔偿数额 15 000 元及诉讼合理支出 2961 元。郑某某支出的交通费、住宿费虽均系因本案产生，但部分支出并无必要。郑某某当庭临时增加诉讼请求，导致本案二次开庭，因此增加的交通费、住宿费，应由郑某某自己负担。

被告未侵犯郑某某的精神权利，故郑某某要求赔礼道歉无法律依据，法院不予支持。

【裁判要旨】

专业出版机构在重印图书时应当根据出版合同，履行约定的通知和付酬义务。否则，出版机构构成违约行为与侵权行为的竞合，作者可以择一主张出版机构进行赔偿。

【案号】

(2017) 京民申 1058 号

六、授权到期后被授权人的转授权无效

【基本案情】

劳某某为小说作品《香火》的作者。2009 年 11 月 27 日，劳某某与国文润华公司签订著作出版授权合同，在合同有效期内，甲方劳某某授权乙方国文润华公司独家全权代理上述作品的出版发行业务；在合同有效期内，乙方拥有上述作品的电子版权、报刊摘登权、连载权、广播权、影视版权、声像版权，乙方应将转授上述权利的一切所得的 50% 交付给甲方；本合同自双方签字之日起生效，有效期限为 5 年。

2014 年 12 月 15 日，麦克风公司经国文润华公司授权，获得《香火》的信息网络传播权、复制权，授权范围为中国大陆地区，授权期限至 2017 年 12 月 30 日。同日，麦克风公司取得上海倾听公司的录音制品授权，授权"蜻蜓 fm"网站的经营者麦克风公司使用音频节目作品（书名《香火》、集数 37、作者禺某、演播者范某、小时 15.2），授权权利为信息网络传播权、复制权，授权范围为中国大陆地区，授权期限为自本授权书签署之日起至 2017 年 12 月 30 日。

2015 年 4 月 17 日，劳某某发现在麦克风公司经营的"蜻蜓 fm"网站中可搜索并播放有声读物《香火（高品质）》。原告劳某某认为，被告麦克风公司未经其许可，通过"蜻蜓 fm"网站向公众提供《香火》的在线听书服务，侵

害了其对该作品享有的信息网络传播权,故提起诉讼。

【争议焦点】

麦克风公司获得的录音制品授权是否受文字作品授权期限的限制。

【裁判推理】

国文润华公司根据其与劳某某的合同获得的是《香火》文字作品的电子版权、报刊摘登、连载权、广播权、影视版权、声像版权及相应的转授权利,而本案系争的《香火》有声读物是根据文字作品制作的录音制品,只要该录音制品完成时间处于上述五年期(2009年11月27日起至2014年11月26日止)内,随后该录音制品的复制、发行、出租、通过信息网络向公众传播之行为不应当受到上述五年期的限制,因为两者不同,录音制品制作者对录音制品本身亦独立享有受法律保护的权利。

但是,在本案中,国文润华公司从作者劳某某手中获得的授权已经于2014年11月26日终止。故国文润华公司无权与麦克风公司签署《香火》文字作品的信息网络传播权授权合同。

涉案"蜻蜓fm"网站上的涉案有声读物《香火(高品质)》使用了文字作品《香火》。虽然麦克风公司从上海倾听公司获得《香火》音频制品的信息网络传播权,但根据著作权法的相关规定,录音制品的被许可人在通过信息网络向公众传播录音制品时,还应当取得著作权人的许可并支付报酬,而在本案中,没有证据表明麦克风公司取得过劳某某的许可以及向其支付报酬,因此构成侵害劳某某享有的信息网络传播权。

【裁判要旨】

录音录像制作者使用他人作品制作录音录像制品,应当取得著作权人许可,并支付报酬,否则构成侵权。

【案号】

(2016)沪73民终30号

七、法理分析

在出版过程中,对于作品不予出版、不予采用时,出版机构是否应当承担相应的责任的判断,要看合同是否成立以及双方的过错认定。若出版合同并未成立，出版社未出版或未采用作者的作品，自然不构成违约，无需承担责任。在出版社与著作权人签订出版合同后，一方当事人不履行合同或者瑕疵履行合同就会产生违约纠纷。若因作者自身原因导致其作品不能被出版，则出版社亦无需承担责任。若因出版社的过错导致图书不能按照约定时间出版，则出版社需要承担违约责任。对于作品逾期出版问题，法院在判定之时，先根据合同的约定及具体情形判定各自的过错，并根据过错分担双方责任。

合同的解除是合同之债终止的原因之一。与合同的解除相近似的两个法律概念为合同的无效与撤销。合同的无效是指合同因欠缺一定生效要件而致合同当然不发生效力。合同无效的情形均是由法律法规直接规定。合同的撤销是指针对可撤销合同而言，一方当事人将合同撤销，使之成为无效的合同。三者的主要区别在于，合同解除的前提是合同已经成立并生效，解除前已经履行的合同仍然有效，解除之后的合同不再发生效力；合同的无效是因不符合法律规定的合同生效要件，该合同自始无效；而对于合同的撤销，可撤销合同在未被撤销之前具有法律效力，一旦被撤销则自始无效。

合同的解除、无效以及可撤销的情形存在差异。实务当中，很多当事人可能因为没有深刻理解三者的区别以及各自的适用情形，导致其在诉讼当中处于被动地位。当事人在向法院提出自己的诉讼请求之时，应当根据具体的案情，分析该情形属于合同的解除情形、撤销情形还是合同的无效情形。结合具体的案情，提出正确的诉讼主张才可能使最终的判决对己有利。

我国民法典规定了合同终止的几种情形。合同解除是合同终止的一种情形。具体可以将合同的解除分为约定解除和法定解除。双方当事人可以在合同中约定合同解除的情形或者约定一方当事人的单方解除权。一方面，根据《民法典》第563条等规定，不可抗力、迟延履行导致合同目的不能实现而解除合同是法定解除原因，另一方面，当事人之间经常会在合同当中规定约定解除合同事由，如果约定的解除条件成就，双方或者一方当事人有权解除合同。在出版合同领域，双方当事人常常针对作品完成期限、完成质量、支付价款期限等问题约定解除条件，一方当事人能否根据合同解除条款单方终止合同是常见的争议类型。在图书出版过程中出现以上情形时，当事人可以依法解除图书出版合同。有观点指出，出版合同属于继续性合同，因此当事人之间的信赖关系在出版合同中显得尤为重要。一方的行为如果架空了双方的信赖合作基础，即使没有构成根本违约，另一方也应当有权解除合同。①

出版社和著作权人在签订出版合同时，应当尽量明确合同解除条款，将解除条件和合同主要义务，如交付稿件或支付价款节点等关键性义务的履行相关联，以避免后续双方就终止合同产生纠纷。因此，当事人在向法院提出自己的诉讼请求之时，应当根据具体的案情，分析该情形属于合同的解除情形、撤销还是无效情形。结合具体的案情，提出正确的诉讼主张才可能使最终的判决对己有利。

值得关注的是，法国于2014年进行了出版合同制度改革，加强了对作者权利的保护，一定程度上改变了出版合同关系中作者的弱势地位。法国出版合同改革的一个重要考量是基于实践中作者常遇到书稿和资金被出版商搁置严重耽误作品出售和使用的情形，这不仅损害了作者利益，还导致资源浪费，对于时效性要求较高的作品更是灾难性打击。所以，在新制度中规定了诸多因出版单位违约导致合同终止的法定情形，通过法律强制力保障合同有效实施。②

第四节　合作出版的法律问题

图书出版领域，合作出版是常见情形。图书出版者与作者、书商、其他出版者之间均可以建立合作关系。在委托创作的情况下，委托创作的作品是否达到合同约定的出版水平以及是否需要通过鉴定进行证明，是司法实务中面临的问题。在教材租型出版引发的合同纠纷中，需要对一方违约与否进行准确判定。在合作出版中，如图书出版合同明确约定了双方的供货渠道、销售渠道及印刷事宜，合同一方违反约定擅自印刷涉案图书、将该图书发行到对方销售渠道的行为违反合同约定，应当承担违约赔偿的责任。在作者与出版者的合作中，如果作者违反合同约定的义务，导致图书无法达到出版水平，出版社不予

---

① 云晋升：《〈民法典〉背景下出版合同解除体系的完善》，载《出版发行研究》2020年第10期，第13页。

② 《合同法视域下数字出版著作权问题研究——以法国出版合同改革为借鉴》，载《科技与出版》2021年第5期，第110页。

出版时，需要认定谁来承担责任。在双方约定了同等条件优先签约权的情况下，需要准确看待一方的通知义务。本节的内容将围绕这些问题展开。

一、合作出版情形下的加印与发行

【基本案情】

2008年2月2日，黑龙江科学技术出版社（作为甲方）与良石嘉业公司（作为乙方）签订了合作协议，乙方负责策划选题、组织稿源、联系后期的印制工作。甲方在稿件审读完毕后办清出版手续。图书上市后甲方负责主渠道（新华书店）的发行，乙方负责民营渠道的发行。

随后，双方合作《高血脂家庭医生》一书。双方在履行上述合同期间出版发行了两个版次的涉案图书，版次分别为2008年1月第1版、2010年3月第1版，该两个版次的图书书号一致，封皮不一致。

2012年6月，原告良石嘉业公司发现，被告黑龙江科学技术出版社在未通知良石嘉业公司的情况下私自印刷了图书《高血脂家庭医生》，并违反双方约定，将该图书发行到了良石嘉业公司的发行渠道，故提起诉讼。

【争议焦点】

被告是否构成违约。

【裁判推理】

良石嘉业公司与黑龙江科学技术出版社签订的涉案合作协议是双方真实的意思表示，内容不违反法律、行政法规的强制性规定，属于合法有效的合同。双方均应当依约履行合同义务，否则应当承担相应的法律责任。

根据双方合同约定，被告向良石嘉业公司出具印刷手续，由良石嘉业公司负责印刷涉案图书，且被告所销售的涉案图书均应当由良石嘉业公司负责供货，被告根据销售情况需要添货时还需要向良石嘉业公司提出添货要求，因此在涉案图书的印刷环节，被告只负责向良石嘉业公司出具印刷手续，而不能自行委托他人印刷图书，更不能在不通知良石嘉业公司的情况下加印涉案图书。另外，被告从良石嘉业公司取得的图书只能在新华书店销售，不能在民营渠道销售。

良石嘉业公司从当当网上购买的涉案图书的版权页明确记载该图书为

2012年6月第2次印刷，且定价、封皮均与双方之前合作过程中印刷的两个版次的图书不一致，故良石嘉业公司从当当网上购买的涉案图书显然是之后重新印刷的图书。被告未举证证明该图书是其向良石嘉业公司出具手续后由良石嘉业公司印制的，故法院认定该图书是被告自行印刷的。被告擅自印刷该图书，并将该图书发行到当当网的行为违反了双方合同约定，应当承担相应的违约责任。

【裁判要旨】

合作协议是双方当事人真实的意思表示，在内容不违反法律、行政法规的强制性规范的前提下，协议内容对于双方当事人均具有约束力。若一方当事人违反合同约定的内容，则应当承担违约责任。

【案号】

（2015）京知民终字第389号

二、教材租型出版涉及的违约问题

【基本案情】

长春出版社与北京师范大学出版社于2007年4月18日签订了《义务教育课程标准实验教科书合作协议书》，约定由长春出版社代理北京师范大学出版社义务教育课程标准实验教科书《数学》《品德与生活》《品德与社会》教材，北京师范大学出版社在长春地区以外吉林省其他地区征订数由长春出版社代印，印制必须按北京师范大学出版社要求的印制标准和费用结算。

2011年6月16日，北京师范大学出版社以发现长春出版社依据北京师范大学出版社《思想品德》教材编写《新课标同步单元练习·思想品德》七年级上、八年级上等教辅书为由，向长春出版社发出告知函，通知长春出版社自2011年秋季开始停止与其的教材合作。

经长春出版社起诉，长春市经济技术开发区人民法院（2011）长经开民初字第1498号民事判决和长春市中级人民法院（2012）长民四终字第157号民事判决均认定北京师范大学出版社向长春出版社发出的解除合同"告知函"无效，并判决北京师范大学出版社继续履行与长春出版社于2007年4月18日签订的《义务教育课程标准实验教科书合作协议书》。判决后，北京师范大学出版社仍未向长春出版社履行 2011 年秋季、2012 年春季、2012 年秋季至 2013 年春季北师版小学《数学》《品德与生活》《品德与社会》的合作合同义务，导致长春出版社 2011 年秋、2012 年春、2012 年秋和 2013 年春四个学期不能出版发行上述三种教材。原告长春出版社认为被告北京师范大学出版社的违约行为给其造成重大损失，于是向法院提起诉讼。

【争议焦点】

被告北京师范大学出版社是否应当承担违约责任。

【裁判推理】

涉案《义务教育课程标准实验教科书合作协议书》系双方当事人对合作权利义务的整体约定，被告在长春地区以外吉林省其他地区征订数由原告代印系双方当事人对合作形式及结算方式的另一种约定，双方当事人这一法律关系并非委托关系，且生效判决已判令被告继续履行双方签订的涉案协议，故被告关于代印系委托关系，其已行使任意解除权的主张，法院不予支持。被告关于原告在履行涉案合同中存在违约行为，被告已依法与其解除合同的主张，法院亦不予支持。

被告在合同约定的期限内即 2011 年秋季、2012 年春季、2012 年秋季、2013 年春季四个学期，未履行长春出版社租型出版北京师范大学出版社小学《数学》《品德与生活》《品德与社会》教材的行为，构成违约，基于被告违约行为所造成的原告可得利益损失系被告违约时能够充分预见到，被告应当对原告的可得利益损失承担违约赔偿责任。

【裁判要旨】

双方当事人基于合作协议达成的对合作形式及结算方式的约定并非委托关系，故当事人不得对代印合作关系行使任意解除权。在合作关系存续期间，一方当事人不履行义务造成他方当事人可得利益损失的，应当承担违约赔偿责任。

【案号】

（2017）最高法民申 5196 号

三、作者违约致图书不予出版的责任认定

【基本案情】

2015年10月19日,以重庆市文化研究院为甲方、李某为乙方,签订《老艺术家传记性书稿撰写立项协议书》,该协议约定乙方负责的王静传记性书稿完成时间为2016年9月30日之前,并约定乙方无正当理由不按本协议和有关要求完成任务并如期办理完稿事宜视为违约。对此,甲方将撤销合同,剩余经费不予拨付,并追回已拨付经费。

2016年1月14日,重庆市文化研究院向李某账户支付项目工作经费共32 000元(包括另案中对翟秋芳的传记采写工作经费16 000元,本案中应为16 000元),2016年5月28日,李某通过电子邮件的方式向重庆市文化研究院发送了涉案传记初稿。2017年11月,重庆出版集团重点图书编辑室向重庆市文化研究院发送了退稿通知,主要内容:李某创作的涉案传记书稿未能达到出版要求。主要原因第2项载明传记作品必须坚持客观性原则,不能虚构、夸大以及编造事实。经编辑审读,两书若干情节有悖史实;第4项载明在编辑向李某反馈修改意见后,李某不同意对稿件按照要求进行修改,稿件不能达到出版要求。重庆市文化研究院要求李某退回已付经费。后双方争执不下,诉至法院。

【争议焦点】

李某应否因构成违约而需退还重庆市文化研究院已付经费。

【裁判推理】

涉案《老艺术家传记性书稿撰写立项协议书》系双方真实意思表示,且不违反法律、行政法规的强制性规定,合法有效,对双方均有法律约束力,双方均应按照协议约定全面履行各自义务。

前述协议书载明,若李某无正当理由不按本协议和有关要求完成任务并如期办理完稿事宜视为违约,对此,重庆市文化研究院将撤销合同,不予拨付剩余经费,并追回已拨付经费。从李某于2017年4月14日发给重庆市文化研究院的情况反馈可以看出,李某自认未能完成采写工作,并明确表示拒绝重写,属于不履行合同义务。且重庆出版集团重点图书编辑室于2017年11月向重庆市文化艺术研究院出具的退稿通知亦载明李某创作的作品若干情况有悖史实,

在编辑向作者反馈修改意见后,作者不同意对稿件按照要求进行修改,使稿件不能达到出版要求。以上证据足以表明李某已构成违约。

【裁判要旨】

基于双方真实的意思表示,并且不违反法律、行政法规强制性规定的合同对于合同双方具有约束力。若图书作者违反合同的约定导致图书无法出版,则应当承担违约责任。

【案号】

(2018)渝01民终7465号

四、作品是否达到出版水平的认定

【基本案情】

薛某某与王某某于2007年6月15日签订关于《绿色天使》一书的写书合同,此后王某某根据合同的约定完成书稿。2007年9月4日,薛某某向辽宁春风文艺出版社投稿。

2007年10月16日,辽宁春风文艺出版社发出退稿信。退稿信内容为:本书与儿童生活不够贴近,恐难引起目标读者群体共鸣,不能出版。2010年10月,薛某某就涉案作品的质量问题向王某某提出异议,并于2012年10月21日向法院提起诉讼。薛某某认为王某某基于双方订立的委托创作合同而创作的作品《绿色天使》,未达合同约定的"基本达到出版水平",且要求对涉案作品是否基本达到出版水平进行鉴定。

【争议焦点】

王某某受托创作的涉案作品是否基本达到出版水平,是否需要通过专家鉴定来证明。

【裁判推理】

最高人民法院认为依据民事诉讼"谁主张谁举证"的原则,薛某某应承担涉案作品未基本达到出版水平的举证责任。本案中,薛某某虽然提交了证据以证明涉案作品未基本达到出版水平,但王某某也提交了部分出版社编辑人员出具的反驳证据。

合同中约定的涉案作品"基本达到出版水平"本身不是一个客观量化的

确定性标准，具有很强的主观色彩，会因审稿主体审美取向、审美水平甚至价值理念的不同而对此有不同的认识和评价。此外，合同中亦未约定涉案作品基本达到出版水平的审定机构或审定人员。

即便对涉案作品进行鉴定，其鉴定意见也仅是法院判断涉案作品是否基本达到出版水平的参考，且我国没有鉴定作品是否基本达到出版水平的法定机构。此外，本案中双方当事人已经提交了部分出版社编辑人员对此所出具的意见，这些意见对法院认定涉案作品是否基本达到出版水平具有一定的参考价值。退一步讲，即便法院同意薛某某的鉴定申请，对涉案作品进行鉴定，鉴定人员亦不外乎为相关具有编辑资格的人员，他们出具的鉴定意见并不比上述编辑人员的意见在证据证明力上更强。故不予支持薛某某的鉴定申请。

法院综合考虑双方当事人提交的证据材料、"基本达到出版水平"约定内容的主观性和不确定性以及薛某某收到涉案作品后及时支付剩余稿酬，在长达3年多时间内没有对涉案作品质量提出异议等具体情形，认定涉案作品基本达到出版水平。故薛某某关于王某某违反合同约定的主张不能成立。

【裁判要旨】

出版合同中约定的"基本达到出版水平"不是客观量化的确定性标准，具有主观色彩。对于是否达到出版水平的判断，应当结合出版过程中双方的沟通情况、稿酬支付和领取情况等综合判断。

【案号】

（2015）民申字第1005号

五、同等出版合作条件下的优先签约权

【基本案情】

2007年6月3日，开维公司（乙方）与蒋某某（甲方）签订出版合作协议书，双方就蒋某某自2007年5月25日至2012年5月24日期间所著的作品合作出版事宜达成协议。2011年3月11日，开维公司（乙方）、阅读纪公司（丙方）与蒋某某（甲方）签订补充协议。该协议共由七部分组成，其中第一部分约定，甲方和乙方签订的出版合作协议书于2011年6月30日终止，甲方和乙方均不再受该协议约束，也不对对方承担任何责任。第二到四部分为关于

《浮世浮城》等作品的版权合同和授权书。第五部分约定，甲方违反本补充协议，应向丙方支付违约金 50 万元；乙方或丙方违反本补充协议，应向甲方支付违约金 50 万元。第六部分对其他事项进行约定，包括甲方新创作的作品，在同等出版合作条件下，丙方有优先签约的权利。

补充协议签订后，蒋某某新创作了作品《蚀心者》，并就该作品于 2012 年 4 月 10 日与儒意欣欣公司签订著作权许可使用合同，授权该公司出版发行该作品。《蚀心者》一书于 2013 年 1 月印刷出版发行。开维公司、阅读纪公司发现蒋某某新创作的作品《蚀心者》一书出版发行后，认为蒋某某违约，故提起诉讼。

【争议焦点】

蒋某某是否存在违约行为以及违约责任如何确定。

【裁判推理】

补充协议第六部分"其他事项"约定，阅读纪公司对蒋某某新创作的作品在同等出版合作条件下享有优先签约权。

对于优先签约权的行使方式，双方当事人的理解不同，也无证据表明出版行业对优先签约权的行使有约定俗成的惯例可以遵循。法院认为，优先签约权的行使，应当兼顾出版商利益的保护和作者创作积极性的维护，实现出版行业的健康有序发展。出版商行使优先签约权的基础是其知晓作者有新作品问世并准备出版，该事项的知晓有赖于作者的通知，因此，通知是优先签约权条款项下作者的合同义务。本案中，蒋某某在没有通知阅读纪公司的情况下即与其他出版商合作出版其新作品，违反了补充协议中关于优先签约权的约定，应当承担相应的违约责任。

关于蒋某某违约责任的确定，涉案补充协议由七部分组成，合同当事人各方的具体权利和义务在该补充协议中不同部分的约定内容截然不同，不可混为一谈。补充协议第 6 条"其他事项"不管是从缔约目的、标题的名称还是约定的内容，均系独立于补充协议的条款。因此，补充协议中优先签约权的约定不受违约责任条款的约束，蒋某某的违约行为不适用于违约责任条款中 50 万元违约金的约定。本案中，阅读纪公司并未因蒋某某的违约行为而遭受实际损失，蒋某某的违约行为给其带来的是交易机会的损失，即丧失行使优先签约权的机会。

另经法院查明，在本案纠纷发生之前，因阅读纪公司违反补充协议约定加印蒋某某的其他作品，双方曾经发生诉讼，蒋某某在本案再审阶段提交的证据显示阅读纪公司仍然存在上述违约行为，双方已经丧失了良好的合作基础。综合考虑蒋某某违约行为的性质、阅读纪公司遭受的损失、双方的合作情况等因素，法院酌定蒋某某向阅读纪公司支付违约金5万元。

【裁判要旨】

出版行业对优先签约权的行使并无约定俗成的惯例可以遵循，应当兼顾出版商利益的保护和作者创作积极性的维护。对于优先权行使问题，基本均明确无论优先权条款是否约定了通知义务，作者均负有通知义务。

【案号】

（2016）最高法民再177号

六、合作出版情况下问题图书的损失责任承担

【基本案情】

2011年7月5日，公元公司与希望出版社就《泰晤士世界历史》一书的出版事宜签订合作合同，并约定，希望出版社负责该书中文版的编辑、审稿、校对以及办理出版手续等相关工作；公元公司负责图书的设计、排版以及生产、发行、销售等后续经营工作，且图书出版发行期间的所有费用由公元公司承担。根据该合同的约定，为便于后续的生产和发行，双方同意引进新世纪出版社作为合作出版方。同日，希望出版社与新世纪出版社签订合作出版协议，对《泰晤士世界历史》的出版工作进行约定，新世纪出版社参与合作出版产生的费用均由公元公司承担。

上述协议签订后，各方依约合作。希望出版社经审稿后认为《泰晤士世界历史》达到出版要求，可以出版。新世纪出版社委托公元公司在全国范围内经销该图书，并与公元公司签订书刊征订委托书。

2012年12月13日，广州市国土资源和房屋管理局天河区分局执法监察大队作出《测绘行政执法案件调查报告》，报告中认为2011年7月至2012年11月期间，公元公司未经测绘行政主管部门审核或者审定，擅自编制、印刷、出版、展示、登载和销售附有地图的图书。该行为违反了《广东省测绘条例》

第 47 条的规定。其中《泰晤士世界历史》中文简体字版图书登载的中国地图存在错绘、漏绘等严重问题，该书的出版发行违反了《广东省测绘条例》规定，广州市国土资源和房屋管理局分别对公元公司、新世纪出版社处以 1 万元的罚款。

公元公司认为，负责出版工作的希望出版社、新世纪出版社出现严重疏忽行为，给其造成重大损失，故提起诉讼，请求判令：希望出版社、新世纪出版社立即更正《泰晤士世界历史》稿件的违法内容至符合出版、发行等相关规定，继续履行与公元公司签署的合作合同；共同赔偿公元公司经济损失。希望出版社向原审法院提出反诉，请求解除公元公司与希望出版社于 2011 年 7 月 5 日签订的合作合同。

【争议焦点】

（1）希望出版社在履行合作合同中是否存在违约行为。

（2）新世纪出版社是否是本案适格诉讼主体。

（3）合作合同是否需要继续履行。

（4）公元公司及新世纪出版社是否存在过错。

【裁判推理】

根据公元公司与希望出版社签订的合作合同的约定，希望出版社负责《泰晤士世界历史》的编辑、审稿、校对等工作；公元公司负责该书的设计、排版以及生产、发行、销售等后续经营工作。引起本案纠纷的主要原因系出版发行的《泰晤士世界历史》一书因存在地图问题被行政机关处罚及此书被停止销售、销毁给公元公司造成损失。根据希望出版社提供的证据可知，其在审稿中已经发现该书存在明显的地图问题，也知晓该书是在中国国内出版发行，但其并未采取适当措施，反而以该书可以出版为由要求公元公司及新世纪出版社组织发行、销售，其行为已明显违反合同约定，故希望出版社在履行合作合同过程中存在严重违约行为。

公元公司主张，虽然新世纪出版社不是公元公司与希望出版社签订的合作合同明确列明的当事人，但该合同明确注明引入新世纪出版社与希望出版社作为共同的联合出版方，新世纪出版社参与出版该书产生的费用均由公元公司负担。新世纪出版社与希望出版社签订的合作出版协议约定，新世纪出版社负责涉案图书后期生产、发行环节的经营管理工作。根据该协议，新世纪出版社并非希望出版社的委托代理人,双方成立合作合同关系。

在《泰晤士世界历史》图书上也明确载明是由新世纪出版社和希望出版社联合出版,新世纪出版社也以联合出版方的身份参与了《泰晤士世界历史》的出版发行工作。在出版发行上述图书过程中,新世纪出版社也向公元公司出具书刊征订委托书,委托公元公司在全国范围内经销涉案图书。合同是平等主体之间设立、变更、终止民事权利义务关系的协议,当事人订立合同有书面形式、口头形式或其他形式。本案《泰晤士世界历史》一书的出版,虽然新世纪出版社与公元公司之间没有单独签订合同,但是,新世纪出版社参与到公元公司与希望出版社本案合同关系中,是三方的真实意思表示,希望出版社与公元公司之间的合同作了明确书面约定,两出版社之间的协议也予以书面确认,且两出版社在图书上联合署名,新世纪出版社实际履行了两出版社就本案图书出版所约定的义务,新世纪出版社也以自己的行为参与到希望出版社与公元公司本案合同关系中行使了权利并履行了义务。新世纪出版社并非是与本案合同无关的主体,而是本案合同的相对人之一。

虽然希望出版社在履行合作合同中存在违约行为,但其已明确表示不再继续履行上述合同,根据"当事人一方不履行非金钱债务或者履行非金钱债务不符合约定,对方可以要求履行,但有下列情形之一的除外:……(二)债务的标的不适于强制履行或者履行费用过高的"的规定,公元公司要求希望出版社履行的此项义务属于非金钱债务,也不适用强制履行,故公元公司要求希望出版社、新世纪出版社继续履行合作合同的诉讼请求法院不予支持。

《泰晤士世界历史》中文简体字版图书登载的中国地图存在错绘、漏绘等严重问题,主要错误包括将我国藏南地区绘入印度或作为单独区域表示,将"台湾"与"中国"并列表示等10个方面的问题。该问题属于历史常识问题,公元公司、新世纪出版社作为出版发行的专业机构,在履行合同过程中负有基本的注意义务,且希望出版社作为审稿单位,也在该书前言的中文出版说明中指出涉案图书存在的上述问题,但公元公司和希望出版社未尽到基本的注意义务,导致损失的产生。另外,新世纪出版社也因参与涉案一书的出版发行行为被行政机关处以行政处罚,故原审法院认定公元公司及新世纪出版社在《泰晤士世界历史》一书的出版发行过程中均存在一定的过错。

民事主体的义务包括约定义务,也包括法定义务。根据《出版管理条例》

第 25 条的规定，任何出版物不得含有危害国家统一、主权和领土完整等损害国家利益的内容。新世纪公司作为《泰晤士世界历史》联合署名的出版者之一，亦应对《泰晤士世界历史》涉及的违反法律、行政法规和国家规定禁止的其他内容承担责任。

【裁判要旨】

作为联合出版方，出版社虽未单独签订合作合同，但仍应对出版作品涉及的违反法律、行政法规和国家规定禁止的其他内容承担责任。

【案号】

(2016) 粤民申 7632 号

七、法理分析

在合作出版情况下，合作方可能会对销售渠道有所约定。出版物的销售渠道主要分为线上和线下，线上主要是各大图书销售型网站，例如当当网等；线下销售渠道主要是各大书店等。对于出版物的销售渠道，著作权法或者相关法律中并未加以限定，相关当事人可以通过合同的方式约定各自的销售渠道。双方当事人若未经协商，违反合同的约定，在合同约定之外的销售渠道中销售图书，则应当承担违约责任。作者在出版合同中也可以对作品的发行数量、出版时间等问题进行约定，若出版机构违背以上约定，也应当承担违约责任。值得注意的是，对于将热门小说改编成影视剧的情形，当影视公司与作者对于作品的出版时间进行约定，作者违约提前出版作品时，作者应当承担违约责任。

租型出版是根据双方当事人的约定而选取的出版发行方式之一。租型出版原为计划经济的产物，特指出版单位从其他出版单位租入版型自己印制、发行出版物，并按出版定价的一定比例向出租单位支付专有出版权再许可权使用费。在市场竞争环境中，教材租型出版逐渐形成了富有现代版权共享精神的多项度制度框架。在当前形势下，教材租型制度因其意识形态合理性和经济合理性，仍将是中国教材出版的基础性制度安排。[①] 租型出版中两个出版社之间并

[①] 张大伟、刘轶：《中国教材出版租型制度：过去、现在与未来》，载《中国出版》2017 年第 24 期，第 64 页。

非委托关系，而是一种合作关系，因此双方当事人对合作关系均无任意解除权。在租型出版关系存续期间，一方当事人不履行合同的义务使对方当事人遭受损失时，应当承担违约责任。

实践中，在委托创作关系中，委托方对作品完成质量有一定要求。判断受托方完成的作品是否符合合同约定的标准是实践中的难点所在。首先，合同所约定的标准并非客观标准，具有较强的主观色彩。不同的鉴定人员对于该标准的理解都会有所不同，鉴定结果也不尽相同。其次，我国并没有权威机构对作品出版水平进行鉴定。因此，当对委托作品的质量产生争议时，鉴定机构的选择也会对结果的判定有重大影响。为避免类似纠纷的发生，委托人与受托人在订立委托合同之时，应当尽量采用客观标准。客观标准即在委托创作合同当中规定明确可量化或者行业习惯普遍认同的标准。双方可以在合同当中明确约定作品的长度、体裁、背景等决定性因素。或者双方在合同中明确约定，当对于作品质量产生争议时，根据法律法规或者行业习惯确定验收标准。在纠纷产生之后，对委托作品质量的判定应当优先适用客观标准。就客观标准进行衡量之后，仍不能解决的问题可采用推定标准评定。最后，当以上两种标准均未能认定作品质量是否符合合同要求时，双方当事人提交的对涉案作品的鉴定意见具有一定的参考价值。

为保持图书出版和商业合作的连贯性，出版机构与著作权人签订出版合同时有时会在合同的"其他事项"章节用独立条款约定优先签约权，但该条款往往不会展开解释。优先签约权的行使依赖于著作权人的通知。不论合同中有无约定通知义务，其均应当履行通知义务。同时，优先签约权的行使离不开同等条件的确立，从公平原则考量，任何优先权行使的前提均应该为同等条件。但是在当事人没有明确约定的情况下，文娱领域的"优先权"缺少所谓约定俗成的标准或大量的交易惯例，此时就难以界定符合什么样的标准才是"同等条件"，因此从保护双方当事人利益的角度出发，出版机构与著作权人在订立合作协议时最好就优先权条款的"同等条件"作出明确的约定，以防后续产生纠纷。

第九章　出版单位应注意的其他法律风险

作者在完成作品之后，不能径行复制发行，而是需要委托有资质的专业出版机构进行出版。此时，在出版过程中就较多地涉及作者与出版社之间的关系。

本书前面的八章已经涉及了出版单位应注意的知识产权侵权风险与违约风险。在侵权风险中，第一章重点介绍了侵犯署名权、修改权与保护作品完整权的情形，第二章涉及的是侵犯他人复制权与改编权的情形。随后，涉及了侵犯其他出版单位版式设计权和专有出版权的情形、侵犯商标权以及构成不正当竞争的情形。从出版者的角度，这是其应当注意的法律风险，从权利人的角度，这些是其可以寻求司法救济的对权利的保护。本章的内容作为补充，对于出版已故作者的作品、出版演绎作品、出版不合格图书、遗失作者手稿、超约定数量发行图书等问题进行补充介绍。

第一节　出版已故作者的作品应注意的法律问题

著作权分为著作人身权及著作财产权。著作权人身权中的署名权、修改权以及保护作品完整权不受保护期的限制。除此之外，著作财产权的保护是有时间限制的。我国《著作权法》第 23 条规定，著作财产权的保护期限为作者生前及死后 50 年。在作者死后，其在保护期限内的著作权依照民法典的规定进行移转。由此可见，作者的著作财产权是一种无形的财产权，其作品的使用权及获得报酬的权利在法律规定的期限内可以被继承。因此，出版社在出版已故作者的作品时，应当注意该作品是否仍在著作权法所规定的保护期限内，审查是否需要获得作者继承人的授权。对于尚处于保护期限内的作品，出版社应当在出版发行该作品时取得著作权人的授权，否则可能涉及侵犯权利人的著作权。

对于不在作品著作财产权的保护期限内的作品，因其已经进入公有领域，出版社在出版相关作品时不再需要获得著作权人的许可。但是，出版者应为作者署名，且出版时不得歪曲篡改作品。作者的署名权和保护作品完整权由其继承人进行保护。

本节精选了6个案例，案情涉及出版社只获得了已故作者部分继承人的授权、作者继承人成年后就出版合同产生纠纷的处理、已故作者作品著作权人权利移转等问题。

一、共有人之一对外签订合同的效力

【基本案情】

路某某是路遥的女儿，林某是路遥的妻子。1992年11月，路遥去世。1997年6月6日，林某与太白文艺出版社签订图书出版合同，授予太白文艺出版社在合同有效期内出版《路遥全集》的专有权，太白文艺出版社可以自行决定重印、再版，并在出书后按有关规定向林某支付印数稿酬，合同有效期为10年。

1999年4月6日，林某与太白文艺出版社签订《关于增加〈路遥全集〉稿酬的补充合同》。1999年4月16日，太白文艺出版社与广州出版社签订《关于联合出版〈路遥全集〉的协议》。1999年5月10日，林某致函广州出版社及太白文艺出版社，同意两出版社联合出版《路遥全集》。2000年9月，《路遥全集》第一版出版发行。广州出版社向林某支付稿酬。

2003年9月10日，林某与路某某签订遗产继承协议书，林某放弃对路遥生前所有作品著作权的继承权，由路某某全部继承；协议生效后，林某不得再行使对路遥生前作品著作权的任何处分权。

路某某认为，未经过自己的同意，林某与太白文艺出版社签订的《关于增加〈路遥全集〉稿酬的补充合同》、太白文艺出版社与广州出版社签订的《关于联合出版〈路遥全集〉的协议》以及林某向两出版社发出的函件均应当无效。因此，路某某于 2005 年将林某、太白文艺出版社和广州出版社诉至法院，请求法院确定合同效力。

【争议焦点】

林某与两出版社之间的出版合同是否有效。

【裁判推理】

林某与路某某曾是路遥作品著作权财产权利的共有人。从共同著作权人的角度看，对于不可分割的著作权，如何行使著作权由当事人约定，任何一个共有人不能阻止其他共有人正当地行使著作权。一个共有人行使著作权，视同所有共有人共同行使著作权。行使著作权获得的收益由共同著作权人共有。

林某与太白文艺出版社签订图书出版合同，是正当行使著作权的行为，是其真实意思表示。基于共同著作权人和路某某的法定监护人的双重身份，出于对共有财产权益增值的主观目的，林某与太白文艺出版社于 1997 年 6 月 6 日签订的图书出版合同，内容未侵犯路某某所享有的路遥作品著作权中的共有财产权利。

林某与太白文艺出版社于 1999 年 4 月 6 日签订《关于增加〈路遥全集〉稿酬的补充合同》时，路某某已年满 18 周岁，具有完全民事行为能力，能够独立行使民事权利，虽然太白文艺出版社应当征求路某某的意见，但是基于对前述合同相对方的信赖，以及对林某与路某某为母女关系的认知，太白文艺出版社有理由相信路某某已知晓合同的存在且无异议。由于该补充合同提高了稿酬标准，并确定通过联合出版的方式促成《路遥全集》的尽快出版，未违反国家相关法律规定，为有效合同。

由于图书出版合同与《关于增加〈路遥全集〉稿酬的补充合同》有效，太白文艺出版社与广州出版社签订的《关于联合出版〈路遥全集〉的协议》亦有效。林某 2003 年 9 月 10 日放弃对路遥作品著作权财产权利的共有权的效力不具有追溯力，因此，其此前行使相关权利的行为对第三人是有效的，上述三份合同有效。

【裁判要旨】

作为共同著作权继承人及未成年继承人的监护人，未成年继承人的父母出于对共有财产权益增值的主观目的，有权正当行使著作权。

【案号】

(2006) 高民终字第 780 号

二、多个继承人共有著作权的行使

【基本案情】

现代绘画大师吴湖帆于 1968 年去世，未留有遗嘱。其所留美术作品，依法定继承，有多个著作权人。上海书画出版社作为甲方与其中一位著作权人吴某某的代理人作为乙方签订协议，约定甲方于 2000 年 12 月出版《吴湖帆书画集》，乙方代表吴湖帆著作权的继承人（家属）授权甲方出版上述出版物。上海书画出版社据此出版《吴湖帆书画集》，收录了吴湖帆创作的 115 幅书画作品、161 项款识及部分书论。

吴湖帆其他继承人以涉案图书的出版未经得所有继承人的同意为由，将被告上海书画出版社诉至法院。

【争议焦点】

被告出版《吴湖帆书画集》是否需要取得所有继承人的合法授权。

【裁判推理】

由于吴某某作为吴湖帆涉案作品著作权的共有人之一，在未与其他共有人进行协商并取得相应授权的情况下，自行以吴湖帆家属代表的身份与被告签订出版合同属主体不适格，且被告在签订涉案出版合同时对吴湖帆作品的授权许可亦没有尽到合理的审查义务，主观上存在过错，因此，涉案《吴湖帆书画集》的出版合同依法应认定为无效。

著作权法规定，图书出版者出版图书应当和著作权人订立出版合同，并支付报酬。出版社作为专业出版单位，在理应知道吴湖帆作品的著作权由其继承人共同享有，且吴湖帆作品的继承人不止吴某某一人的情况下，应当积极与其他继承人取得联系获得许可或者要求吴某某及其代理人出具其他继承人的授权证明，但出版社并未提供证据证明其曾与其他继承人进行联系，主观上存在过错。

根据《最高人民法院关于审理著作权民事纠纷案件适用法律若干问题的解释》规定，出版者、制作者应当对其出版、制作有合法授权承担举证责任。

举证不能的,依据著作权法的相应规定承担法律责任。本案中,因被告提供的证据只能证明其出版行为得到了继承人之一吴某某的同意,不能证明其出版行为亦得到其他继承人的许可或者其已对吴某某的授权手续尽到合理的审查义务,故被告出版涉案《吴湖帆书画集》侵犯了除吴某某之外的其他继承人依继承法享有的著作财产权,依法应承担停止侵害、赔偿损失的民事责任。

【裁判要旨】

出版社作为专业出版单位,在理应知道作品著作权由多个继承人共有的情况下,应当积极取得所有继承人许可或要求某继承人出具其他人的授权证明,否则主观上具有过错。

【案号】

(2009)苏民三终字第0101号

三、出版已故作者作品应核实授权人的身份

【基本案情】

1960—1966年间,我国台湾地区真善美出版社聘请作者古龙写作《楚留香传奇》《情人箭》《浣花洗剑录》《大旗英雄传》《湘妃剑》《孤星传》六部武侠小说(以下简称涉案作品),双方约定,涉案作品完成后,其著作权及一切权利归真善美出版社所有。1996年,涉案作品的著作权转让至宋氏企业公司。

2006年4月,原告宋氏企业公司发现被告珠海出版社未经其授权,出版发行的《古龙作品集》中包括其享有著作权的涉案作品,故诉至法院。

【争议焦点】

(1)涉案作品的著作财产权归属。

(2)被告是否构成侵权。

【裁判推理】

本案中,涉案作品的作者古龙将涉案作品的著作财产权利转让予真善美出版社,后者又将上述权利转让予本案原告,原告因此获得涉案作品的著作财产权利,其相关权益受法律保护。原告提交的证明其对涉案作品享有著作财产权的证据,与其主张的涉案作品的著作财产权的流转过程一一对应,构成较完整

的证据链，故法院认定原告对涉案作品享有著作财产权。

被告在已了解涉案作品曾经属于真善美出版社所有的情况下，在签订图书出版合同前，作为专业的出版机构完全有能力也有义务审核古龙著作管理发展委员会、古龙著作管理发展工作室对于涉案作品是否享有著作权，而被告未实施相关审查，因此未尽到合理注意义务。综上，被告未经涉案作品的著作权人许可，复制、发行其作品，侵权故意明显，其行为构成对原告著作权的侵犯。

【裁判要旨】

出版单位是否履行了合理的审查义务，其关键在于考察其主观上是否存在过错。如果出版社并不知晓且也不可能知晓向其提交作品的主体对涉案作品不享有著作权，则其并没有违反法定审查义务。

【案号】

（2007）黄民三（知）初字第75号

四、权利人核实困难情况下的责任减轻

【基本案情】

七龄童为我国著名绍剧表演艺术家。1957年，七龄童改编的绍剧《孙悟空三打白骨精》参加浙江省第二届戏曲观摩会演。1967年9月其因病逝世。1993年，由贝庚执笔，原浙江省文化局出版了《孙悟空三打白骨精》。该作品是由原浙江省文化局《孙悟空三打白骨精》整理小组从七龄童改编的绍剧《孙悟空三打白骨精》和《大破平顶山》两剧改编而来。

浙江省戏剧家协会与浙江省文化艺术研究院合编的、被告中国戏剧出版社出版的《陈静贝庚金松剧作选》将《孙悟空三打白骨精》作为贝庚个人作品编入该书，且未注明任何出处或改编自何处。2011年，七龄童的妻子及儿子五人，将中国戏剧出版社、浙江省戏剧家协会、浙江省文化艺术研究院作为被告诉至法院。

【争议焦点】

三被告是否违反了合理的注意审查义务。

【裁判推理】

被告中国戏剧出版社在序言里明确记载了七龄童的情况下，应核实原改编

者的情况。同理，被告浙江省戏剧家协会、浙江省文化艺术研究院在汇编《陈静贝庚金松剧作选》时，请顾某某作序。顾某某在序言中明确表示"《孙悟空三打白骨精》离不开绍剧表演艺术家六龄童、七龄童的高超艺术精彩表演，也离不开七龄童提供两个绍剧脚本的基础"。因此，被告应当注意到该剧本可能存在在先的改编者，有义务核实在先改编者七龄童或其继承人的情况。依据《最高人民法院关于审理著作权民事纠纷案件适用法律若干问题的解释》第19条、第20条的规定，三被告应承担停止侵权、赔偿损失等责任。

其次，关于三被告的法律责任，法院还注意到，由于年代久远和特殊的历史原因，导致该剧本在署名上非常混乱。从20世纪50年代至90年代，曾在不同的时期分别署过七龄童、顾某某、贝庚等作者或改编者之名，确有可能使人无法清晰辨识原改编者。基于以上原因，应当减轻三被告在此次侵权行为中所应承担的赔偿责任。

【裁判要旨】

出版机构对自己的出版物具有审核著作权人身份的法定注意义务。当出版作品涉及其他在先改编者时，出版社应当进行审查。若出版社没有履行审查义务，则主观上具有过错，应承担连带责任。

【案号】

（2011）浙杭知初字第967号

五、公版图书作者修改权的保护

【基本案情】

煤炭工业出版社于2017年7月出版《傅雷家书》，署名傅雷著，李某某编。该书收录了傅雷家人之间的书信，并在不同程度上对书信内容进行了删减。

傅雷次子傅某认为煤炭工业出版社擅自删节傅雷夫妇书信，并辑录成被控侵权《傅雷家书》，侵犯了傅雷对其作品的修改权，遂将被告煤炭工业出版社诉至法院。

【争议焦点】

被告是否侵害了傅雷对其作品的修改权。

【裁判推理】

公民死亡后，其著作权中的署名权、修改权和保护作品完整权由作者的继承人或者受遗赠人保护。本案中傅某提起诉讼要求保护其父亲作品的修改权。

修改权是指修改或者授权他人修改作品的权利，修改是对作品内容作局部的变更以及文字、用语的改动。汇编权是指将作品或者作品的片断进行选择或者编排，汇集成新作品的权利。

未经许可汇编他人作品或其片段的行为，侵害的是被汇编作品或其片段作者的汇编权。但当被汇编的作品保护期届满进入公有领域之后，公众可以自由汇编该作品，但不得侵害被汇编作品作者的署名权、修改权和保护作品完整权等保护期不受限制的人身权利。

一般而言，汇编进入公有领域的作品或作品片段时，如果对其中的内容作出局部的变更以及文字、用语的改动，则属于侵害修改权；如果只是节选原作品的片段，并未对作品片段中的内容作出任何改动，则不应认定侵害修改权。如果汇编的作品片段实质性地改变了作者在作品中原本要表达的思想和情感，导致作者声誉受到损害的，则应当纳入侵害原作品作者保护作品完整权的调整范围。

本案中，虽然被告出版的图书对选取的家信内容存在删节，但并未作出任何变更或文字、用语的改动，因此未侵害傅雷对其作品的修改权。

【裁判要旨】

汇编进入公有领域的作品或作品片段时，如果只是节选原作品的片段，并未对作品片段中的内容作出任何改动，则不应认定侵害修改权。

【案号】

（2019）苏民终955号

六、获得海外机构授权的举证和司法认定

【基本案情】

上海译文出版社与海明威海外版权托管会签订独家版权授权合同，享有独家在全球范围内将海明威作品翻译成中文简体字并出版的权利，授权许可期限至2011年12月31日终止。根据授权，上海译文出版社出版了《永别了，

武器》。

2008年天津出版社出版了作品《永别了，武器》。原告上海译文出版社认为被告天津出版社侵犯其专有出版权，故提起诉讼。

【争议焦点】

（1）原告对涉案作品是否得到合法授权。

（2）被告另行翻译出版是否侵犯原告主张的专有出版权。

【裁判推理】

首先，原告虽未提供直接证据证明海明威海外版权托管会享有海明威作品的著作权，但是，原告是按照出版行业惯常做法引进国外作品的著作权，其运作并无不规范之处；原告多年来在国内行使海明威作品的著作权，客观上并未受到任何质疑；而且，著作权行政管理部门的登记备案可间接印证原告出版作品有合法来源，故在本案中确认涉案作品的授权主体具有合法资格。

其次，原告与海明威海外版权托管会1994年、2004年签订的许可合同最后一方签字地点是上海，即系在我国境内形成，故原告将其作为证据提供，形式上是合法的；而原告提供的海明威海外版权托管会所发函件，因未经所在国公证机关公证及我国驻外使领馆认证，在形式上有所欠缺，法院对其欲证明的内容不予认可。但被告也未举证否定原告的观点，故法院对海明威作品是否有其他权利人一事，不再审查。据此，法院确认原告提供的海明威作品著作权授权文件具有合法性。应确认原告就《永别了，武器》等海明威作品通过许可合同已得到著作权人的相关授权。

本案中，原告主张的是专有出版权被侵权，而被告则辩称其行为与专有出版权无关，不能将翻译权与专有出版权混淆。出版者享有的专有出版权来源于著作权人的复制权和发行权，一般情况下，如出版的是中文原著作品，则出版者的专有出版权的确仅及于该版本的原版及修订版。但如出版外文原著作品，除非直接以外文文字出版，否则必然涉及将外文翻译为中文的问题。对出版者而言，在这种情况下，权利人的授权必然要包括翻译权才有意义。如果授权的类型是"专有"的，则意味着出版者不仅有权翻译并出版，也有权制止他人未经许可的翻译并出版的行为。

本案中，原告与海明威海外版权托管会签订的合同中明确，授权出版的"语种"是"中文简体字"，"专有权情况"是"专有"，"发行区域"是"全球",因此,原告依据许可合同而获得的权利应理解为"将海明威原版作品翻译为中文,并以中文简体字在全球出版的专有权"。综上,被告出版中文简体字本《永别了,武器》的行为,侵犯了原告依据许可合同的授权所获得的专有权利。

【裁判要旨】

外文著作权人将其作品以中文形式出版的专有出版权授予中国出版单位时,该专有出版权包含了翻译权。

【案号】

(2009)沪二中民五(知)终字第12号

七、法理分析

本节关注的问题主要是出版已故作者作品可能涉及的法律问题,包括出版已故作者作品是否获得著作权出版许可的判断标准,以及关于已故作者继承人行使共有著作权的问题等。作品的著作权人过世后,如果作品尚在著作权法保护期限范围内,作品的著作财产权依法由继承人继承。此时作品的著作权主体已经发生了移转,故出版社出版该作品应当取得作者继承人的授权。如果存在多位继承人,则会出现著作权共有的情形。著作权共有,即多个著作权主体对一项作品共同享有其著作权。共有的形式既可以是对著作人身权的共有,也可以是对著作财产权的共有,还可以是对全部著作权的共有。① 而就著作权共有与民法共有的关系而言,虽有观点认为著作权共有不同于民法的所有权共有,但著作权法作为民法的特别法,其共有规则也应与民法共有相适应。故著作权共有总体应参照民法共有的规则,在一些特殊情况下可以结合著作权的特点对共有著作权的行使进行相应调整。

在具体实践中,一般情况下,出版社作为专业的出版单位,理应知道相关作品由继承人共同享有。在著作权共有中,任何一个单一著作权主体均无法单独行使著作权,每个主体行使著作权需要受到其他著作权人的制约。在合作作

---

① 冯晓青:《著作权共有的若干问题之我见》,载《政法论坛》1997年第1期,第35页。

品中，著作权共有异于民法共有，著作权行使遵循协商一致原则，即使部分共有人不同意授权出版者出版作品，若其无正当理由，也不得阻止其他著作权人授权出版社，但协商程序在多数情形下仍是必经程序，共有著作权的行使需令所有共有人知晓。因此，出版社应当积极与所有继承人取得联系获得著作权许可或者要求相关继承人出具其他继承人的授权证明，否则将可能被认定为未尽到基本审查义务，不仅面临出版合同无效的风险，还可能承担著作权侵权的法律责任。

本书认为，知识产权的共有制度需要进行适当的变革。如果一部作品的多个共有人对于作品均只享有财产权，对于财产权的行使可适用民法的共有规则。比如，几个制作者共同制作完成一部电影；几个继承人共同继承一本书；几个公司基于债权共同承继债务人的一部作品的著作财产权。但是，如果一部作品的所有共有人或者部分共有人对于作品不仅享有财产权还享有精神权利的时候，就不能适用民法的共有规则，应当适用著作权法的合作作品规则。比如，合作作品的合作作者之一死亡，使得一部作品的著作权人既有在世的合作作者，也有已故合作作者的继承人的情况。

如果多位继承人涉及父母与子女的关系，父母一方对外签订了著作权许可合同，通常是基于共同著作权人和子女法定监护人的双重身份，出于对共有财产权益增值的目的，其有权正当行使著作权，即使未成年继承人成年后，也不得以未经其同意为由撤销该著作权许可合同。即使父母签署著作权许可合同时子女已经成年，但是出版社基于对父母的信赖以及对其父母子女关系的认识，有理由相信子女一方已经知晓合同的存在且无异议的，出版社没有另行征求子女的同意没有违反其审查义务。

第二节 演绎作品涉及的法律问题

我国2020年《著作权法》第9条规定了著作权人享有改编权、翻译权和汇编权。经改编、翻译、汇编而产生的作品为演绎作品，又称为派生作品。我国著作权法中对演绎作品的著作权进行了特殊规定。以翻译作品为例，翻译作品是经原著作权人授权，将一种语言文字编写的作品翻译成另一种语言文字的作品。翻译作品属于演绎作品的一种，受到我国著作权法的保护，翻译作品的著作权人享有其译作的著作权。改编作品是改编者的创造性劳动，不是简单的重复原作品的内容，而是在表现形式上有所创新，达到新的效果或者新的创作目的。

演绎作品的著作权完整但不独立，即演绎作品著作权人享有完整的著作权，但是著作权不是独立的而是有限制的。演绎作品著作权人在行使著作权时不得侵犯原著作权人的著作权。因此，他人若使用经改编、翻译、汇编而成的演绎作品，则需遵循"双重许可，双重付费"标准。对此，《著作权法》第13条规定，改编、翻译、注释、整理已有作品而产生的作品，其著作权由改编、翻译、注释、整理人享有，但行使著作权时不得侵犯原作品的著作权。《著作权法》第16条规定，使用改编、翻译、注释、整理、汇编已有作品而产生的作品进行出版、演出和制作录音录像制品，应当取得该作品的著作权人和原作品的著作权人许可，并支付报酬。

出版机构若出版此类演绎作品，应当既征得原著作权人的许可，又获得演绎作品著作权人许可，并向双方支付报酬。在出版行业中，涉及较多因出版改编、汇编、翻译作品而引发的著作权侵权纠纷。本节通过精选的6个案例，对实务中因演绎作品而产生的侵权纠纷的解决提供参考。

一、同一作者的原作品与演绎作品

【基本案情】

2012年4月11日，龚某（笔名李微漪）将图书《重返狼群》的专有出版权通过合同授予长江文艺出版社，期限为5年。随后该书出版，版次记载为2012年7月第1版。

随后，龚某又委托安徽少年儿童出版社出版了图书《让我陪你重返狼群》，版次"2017年6月第1版"，于2017年5月10日上架销售。该书讲述的故事主线与《重返狼群》大体一致，同样为作者在若尔盖草原挽救"格林"、将"格林"带回城市养大，然后将"格林"放归草原的纪实性描写。从形式上看，两书在书名、封面、版式设计方面存在不同，《让我陪你重返狼群》增加了大量手绘插图和照片。

原告长江文艺出版社认为被告龚某、安徽少年儿童出版社的行为侵犯了其专有出版权，故提起诉讼。

【争议焦点】

（1）《让我陪你重返狼群》是否属于《重返狼群》的改编作品。

（2）《重返狼群》的专有出版权是否已到期。

【裁判推理】

《重返狼群》与《让我陪你重返狼群》讲述的均是作者亲身经历的发生在其与小狼"格林"之间的有关救助、抚养、训练、放归的故事。《重返狼群》出版在先，《让我陪你重返狼群》系作者龚某在《重返狼群》基础上进行的二次创作，在后创作的《让我陪你重返狼群》在人物关系、故事情节、插图、叙事方式等方面与《重返狼群》相比，多处存在较大调整，仅保留了与《重返狼群》中40%篇幅的相同表达，使得《让我陪你重返狼群》在《重返狼群》所传达的纪实感基础上添加了更多温情元素。《让我陪你重返狼群》从具体篇幅、卡通配图、读者体验均呈现出较多不同于《重返狼群》的表达。据此认定，龚某面向青少年群体二次创作《让我陪你重返狼群》，整体上属于在《重返狼群》基础上的改编，构成新的改编作品。《让我陪你重返狼群》中包含了《重返狼群》中40%的相同文字内容，《让我陪你重返狼群》的权利行使仍然受《重返狼群》专有出版权的制约。

尽管《重返狼群》版权页记载的是2012年7月第1版，但是，根据龚某与原告编辑之间的聊天记录以及河北卫视节目录像可以认定，《重返狼群》在2012年6月20日已经完成出版，故对于《重返狼群》的版次记载信息真实性不予认定。因龚某未举证证明《重返狼群》出版于2012年5月，故对于龚某主张的原告专有出版权于2017年5月31日5年授权期满的意见，不予采信。结合龚某与原告编辑之间的聊天记录等证据，在无证据证明《重返狼群》存在更早的公开出版日期的情况下，认定《重返狼群》正式出版时间为2012年6月20日，根据涉案合同约定，原告对《重返狼群》享有的专有出版权有效期至2017年6月19日期满。

被告出版的《让我陪你重返狼群》于2017年5月10日上架销售，原告在2017年5月25日即通过当当网公开渠道购买到该书，因此，《让我陪你重返狼群》的出版发行时间位于原告对《重返狼群》享有的专有出版权有效期内。龚某作为《让我陪你重返狼群》的作者，其委托被告出版发行涉案侵权图书的行为，构成侵权。被告安徽少年儿童出版社出版发行《让我陪你重返狼群》一书，未尽到出版者审核注意义务，与龚某构成共同侵权。因《让我陪你重返狼群》与《重返狼群》属于同一作者，而且主要故事情节基本相同，涉案侵权行为一定程度上会给《重返狼群》销量造成不利影响，因此，龚某与被告应当就此承担连带赔偿责任。

关于原告提出的要求龚某等停止出版发行 2017 年 6 月第 1 版第 1 次印刷批次《让我陪你重返狼群》的主张，因涉案合同已经自然到期，龚某对《重返狼群》的权利已经恢复完整，判令停止出版发行该批次《让我陪你重返狼群》不利于文化传播并且会造成较高的社会资源浪费，故对于原告的该项主张，不予支持。

关于原告提出的刊登声明、消除影响的主张，考虑到涉案侵权行为的性质和具体情节，法院认为在判令二被告赔偿经济损失的情况下已经足以弥补给原告造成的不利影响，故对于其该项主张不予支持。

本案中，现有证据无法证明原告的实际损失或二被告的违法所得，故法院综合考虑《重返狼群》的独创性高度、《让我陪你重返狼群》的侵权字数、二被告的侵权主观过错、侵权行为的性质和情节、给原告造成的影响程度等因素酌定为 5 万元。

【裁判要旨】

在后改编作品中包含了原作品中较大比例的相同文字内容，改编作品的权利行使受原作品专有出版权的制约。

【案号】

（2021）京 73 民终 931 号

二、出版改编作品的双重许可

【基本案情】

毕某某系著名作家。2008 年 8 月 26 日，毕某某授权人民文学出版社出版其小说《推拿》。随后，毕某某将其小说的电视剧改编权授权给中融公司，中融公司将《推拿》小说的相关权利转让给禾谷川公司。禾谷川公司与陈某签订了委托改编创作合同,约定由陈某将毕某某的小说改编为剧本。

被告西苑出版社出版了陈某交付的小说化处理的剧本《推拿》。图书封面和书脊上注明"优秀电视剧剧作全文本、根据第八届茅盾文学奖得主毕某某同名长篇小说改编"。

原告毕某某认为被告陈某、西苑出版社出版剧本《推拿》的行为侵犯其改编权,故诉至法院。

【争议焦点】
陈某版《推拿》的出版发行是否侵害毕某某涉案著作权。

【裁判推理】
陈某版《推拿》系根据毕某某版《推拿》改编产生的作品。陈某版《推拿》的出版发行是否构成对毕某某涉案著作权的侵害,关键在于陈某和西苑出版社出版陈某版《推拿》是否取得毕某某的许可。

毕某某涉案授权中融公司的权利为电视剧改编权,并明确约定中融公司不享有独立出版电视剧《推拿》电视小说的权利。中融公司获得的授权范围仅包括根据毕某某版《推拿》改编电视剧剧本,摄制成电视剧并将电视剧推向市场,不包括出版发行相关电视剧剧本的权利。

其后,中融公司将《推拿》小说的相关权利转让给禾谷川公司,不管中融公司在转让合同中对转让的权利如何措辞,都无权超出其获得授权的范围进行转让。禾谷川公司与陈某签订了委托改编创作合同,虽然禾谷川公司承诺在"其拥有的该剧本著作权之发表权范围内",给陈某"保留图书发表及其获得收益之权益",但该承诺不能视为陈某出版涉案图书取得了原权利人毕某某的许可。

西苑出版社在出版涉案图书时,明知其系改编自毕某某同名小说,但未提交证据证明其取得了原作品著作权人毕某某的许可。因此,陈某和西苑出版社出版陈某版《推拿》未取得相关权利人许可。

陈某虽然对其创作的《推拿》作品享有著作权,但是这种改编作品的著作权人所享有的著作权是完整但不独立的权利。陈某作为改编作品的著作权人授权西苑出版社出版涉案图书,西苑出版社应当审查陈某是否取得了原权利人的合法授权,或者直接向原权利人取得授权,但西苑出版社未提交充分证据证明其审查或者取得了原权利人的授权，故其出版涉案图书缺乏相关依据。

陈某、西苑出版社未经原著作权人毕某某的许可，出版发行陈某版《推拿》一书的行为侵害了毕某某对其创作的涉案作品所享有的著作权中的改编权，应承担停止侵害、赔偿损失的民事责任。

【裁判要旨】

改编作品的著作权人享有完整但不独立的著作权，其在行使权利之时不得侵犯原著作权人的合法权益。出版机构在出版改编作品时，不仅应当取得改编作品著作权人的许可，还应当取得原著作权人的许可。

【案号】

（2014）二中民终字第 05328 号

三、出版汇编作品应获得的授权

【基本案情】

《新一代》杂志 2009 年第 9 期刊登了沈某某创作的《影响光辉的是灯里的油》一文。2014 年 10 月，安徽文艺出版社出版的《把石头当作玫瑰：启迪人生的哲理卷》汇编作品刊载有《影响光辉的是灯里的油》一文，该图书封面标注"行者选编"。

沈某某认为安徽文艺出版社出版的图书中收录其作品的行为，侵害了其署名权、复制权、发行权和获得报酬的权利，故提起诉讼。

【争议焦点】

安徽文艺出版社的行为是否构成对沈某某著作权的侵害，及其应当承担的法律责任。

【裁判推理】

比对被控侵权文章和沈某某享有著作权的文字作品，两者在整体结构安排、具体叙述语言等方面均基本相同，故法院认为被控侵权图书使用了与沈某某作品相同的文字作品。

被告未提交证据证明其对出版行为的授权、稿件来源、所编辑出版物的内容尽到合理注意义务，应承担举证不能的不利后果。故被告未经许可，在其出版发行的图书中不当使用了沈某某的文字作品，侵犯了沈某某对涉案作品的署名权、复制权、发行权及获得报酬权，应承担停止侵权、赔礼道歉、赔偿损失的法律责任。

【裁判要旨】

对于汇编作品中被汇编的部分稿件，因出版单位未能提交证据证明其对出版行为的授权、稿件来源、所编辑出版物的内容尽到合理注意义务，其出版发行涉案图书的行为侵害了涉案被汇编稿件的著作权。

【案号】

（2016）浙民终117号

四、译著出版前的授权

【基本案情】

《百年孤独》的著作权人马尔克斯将该书在中国大陆的中文简体字版的专有出版权授予新经典公司，授权期间为自2010年5月28日至2015年2月17日。随后，新经典公司将该作品的出版发行权授予南海公司。2011年6月，南海公司出版了《百年孤独》的中文简体版，该书封面注明马尔克斯著，范晔译。

2014年，南海公司发现市场上存在中国财政经济出版社出版的《百年孤独》中文简体版本，图书封面注明马尔克斯著，外国文学编译组编译。南海公司将中国财政经济出版社起诉至法院。

【争议焦点】

中国财政经济出版社出版该书是否构成侵权。

【裁判推理】

中国财政经济出版社虽抗辩称其出版《百年孤独》中文文本的行为已经取得译者王某的许可，但其作为专业的出版机构，应知出版翻译作品应取得译者和原作品著作权人的许可，其仅取得译者的许可并不当然享有《百年孤独》一书完整的出版权。

况且中国财政经济出版社出版的《百年孤独》上注明为"外国文学编译组"编译，而并非与其签订出版合同的王某，中国财政经济出版社并未提交证据证明"外国文学编译组"与王某的关系，故中国财政经济出版社是否取得了译者的授权亦有待商榷。因此，中国财政经济出版社出版《百年孤独》的行为，侵犯了南海公司对《百年孤独》享有的专有出版权，中国财政经济出版社未取得相应授权，具有侵权的主观过错，应承担停止侵权、赔偿损失的侵权责任。

【裁判要旨】

作为专业的出版机构，出版社应知出版翻译作品应取得译者和原作品著作权人的许可，仅取得译者的许可并不导致其享有其出版的图书的完整的出版权。

【案号】

（2014）海民（知）初字第21049号

五、委托创作的译著的财产权归属

【基本案情】

人民大学出版社获得了作者罗斯·特里尔的授权，翻译其原著《毛泽东传》。

2003年9月1日，人民大学出版社委托胡某某、郑某某翻译，并签订委托翻译合同，约定"基于翻译原著而产生的权利，其整体著作权归属委托方，受托方仅享有在作品上以译者名义署名的权利"，合同有效期为5年。中文版《毛泽东传》于2006年出版。

2008年，人民大学出版社出版发行《毛泽东传（精装插图本）》。该书版权页显示："罗斯·特里尔著""胡某某、郑某某译"，版次2008年10月第1版。

原告胡某某认为，该译作的著作权归属于译者，合同约定的5年有效期已届满，被告人民大学出版社无权出版其翻译的译作，故提起诉讼。

【争议焦点】

译作的著作权归属问题。

【裁判推理】

首先，原著作者罗斯·特里尔授予人民大学出版社以汉语翻译原著《毛泽东传》、出版译著的专有权利，该协议是著作权许可使用合同。

其次，人民大学出版社（委托方）与胡某某、郑某某（受托方）签订的委托翻译合同系委托创作合同，并非许可使用合同。根据该合同第 8 条的约定："基于翻译原著而产生的权利，其整体著作权归属委托方，受托方仅享有在作品上以译者（含校译者）名义署名的权利。受托方不得以任何名义在任何其他场合及出版物中全部或部分使用上述作品的中文版。"据此可以确定，涉案作品《毛泽东传》的署名权归属受托方胡某某和郑某某，而除署名权之外的其他著作权通过合同明确约定归属人民大学出版社。

最后，从涉案委托翻译合同整体解释来看，该 5 年的合同有效期应为履行相关合同义务的期间，而非胡某某和郑某某将其著作权以许可使用的方式许可给人民大学出版社行使的许可使用期间，无法推定该期间届满后著作权归属于胡某某和郑某某。

综上，人民大学出版社出版发行《毛泽东传》的行为不构成对译者著作权的侵犯。

【裁判要旨】

委托翻译合同的性质为委托创作合同而非著作权许可使用合同，故合同的有效期为履行相关合同义务的期间。

【案号】

（2016）京 73 民终 616 号

六、翻译作品的著作权保护

【基本案情】

《黄金案》《四漆屏》《雨师秘踪》《莲池蛙声》是《大唐狄公案》系列作品中的四个故事，该系列作品是由陈某某、胡某经合法授权对荷兰汉学家高罗佩先生的英文原著《The Judge Dee Mysteries》进行翻译而成的中文作品。上述作品在中国出版发行。

长江出版社出版在后出版发行了图书《传奇神探狄仁杰》《辣手神探狄仁杰》。原告陈某某、胡某认为，被告长江出版社发行的涉案图书有大量故事内容的文字表述抄袭自其译著，侵犯其署名权、复制权和改编权，故诉至法院。

【争议焦点】

（1）陈某某、胡某是否有权提起本案诉讼。

（2）被控侵权图书内容是否侵害原告陈某某、胡某对涉案作品的著作权。

【裁判推理】

陈某某、胡某主张权利的作品为《大唐狄公案》系列作品中的《黄金案》《四漆屏》《雨师秘踪》《莲池蛙声》四个故事。涉案作品是在英文原著基础上再创作形成的新作品，无论翻译行为是否征得英文原著作者的许可，翻译作品的著作权均由翻译者享有，其有权禁止他人未经许可使用。

《大唐狄公案》系列作品由多个故事组成，每个故事可以分割为单独作品，虽然《大唐狄公案》合译作者多人，但陈某某、胡某可就上述四部作品单独主张权利。上述四部作品署名为陈某某、胡某，故在无相反证据证明的情况下，陈某某、胡某为上述四部作品作者，具有著作权，有权提起本案诉讼。

确定被控侵权图书中使用的四故事《黄金案》《四漆屏》《雨师》《荷塘蛙声》是否构成对涉案作品的使用，需要对二者是否构成实质性相似进行判断。当二者构成实质性相似时，如果在后创作的被控侵权故事的作者具有接触涉案作品的可能性，则推定排除被控侵权故事由其独立创作而成，构成著作权法所规定的剽窃行为。

涉案作品为翻译作品，根据翻译工作的一般规律，虽然翻译会受到原著文字及文意的限制，但翻译不是机械地找出与原著文字一一对应的中文词句。对于同样的原著，不同的翻译者会根据自己的理解选择不同的中文词句和表达方式，有很大的选择、判断、再创作的空间。不能因为涉案作品与被控侵权图书均翻译自原著就默认构成雷同。

本案中，将被控侵权故事与涉案作品进行比对，二者故事名称、故事中人名、地名及大量表述语言相同或高度近似，已经超过适当引用的程度。且近似部分属于涉案作品作者独立选择、判断、再创作的独创性表达部分，并非属于公有领域素材，故二者已经构成实质性相似。加之，陈某某、胡某提交的在案证据能够证明涉案作品已经经过多次出版，具有较高知名度，被控侵权图书作者具有接触涉案作品的可能性。且长江出版社未提交相关证据证明被控侵权图书的独立创作过程或合法来源。故可以认定被控侵权图书对涉案作品进行了剽窃，侵害了陈某某、胡某对涉案作品的复制权。被控侵权图书并未为陈某某、胡某署名，亦侵害二人的署名权。

本案中，经过比对，被控侵权图书与涉案作品的人物关系、场景设计、故事发展、语句表述等方面基本完全一致，只是对一些晦涩难懂的书面表达用较适合孩子阅读的口语化词语进行同义替换，或是加入少量表达，并没有构成具有独创性的新作品，因而未构成对涉案作品改编权的侵害。

长江出版社作为被控侵权图书的出版者对图书出版负有审查义务，是否追究被控侵权图书作者的责任不影响出版者作为侵权主体的认定。在被控侵权图书出版之前，涉案作品已经在社会上具有较高的知名度，被控侵权图书中的故事与涉案作品的名称相同、表达相似，长江出版社作为专业出版者，应当负有较高注意义务，但长江出版社却并未进行充分审查，且未提交任何进行审核的相关证据，故长江出版社在出版被控侵权图书过程中存在明显的过错，应当为此承担相应的法律责任。

【裁判要旨】

翻译作品在创作过程中有很大的选择、判断、再创作的空间，不能因为涉案作品与被控侵权图书均翻译自原著就默认构成雷同。

【案号】

（2020）京73民终64号

七、法理分析

经过改编、翻译、注释、整理、汇编而产生的作品为二次创作作品，即演绎作品和汇编作品，其上存在双重或多重著作权。《著作权法》第13条规定："改编、翻译、注释、整理已有作品而产生的作品，其著作权由改编、翻译、注释、整理人享有，但行使著作权时不得侵犯原作品的著作权。"这意味着出版此类作品不仅需要取得在后作品著作权人的许可，还应当取得原作品著作权人的许可。也即，出版社既需要审查在后作品的内容是否侵权，还要审查在后作品作者是否已经取得了原作者授权的相关改编、翻译和汇编权权利。

演绎者和汇编者演绎或汇编已有作品是否获得原著作权人的许可并不影响其取得该作品的著作权，即使其演绎或汇编行为属于未经原作著作权人许可的侵权行为，该行为仍具有创作行为的属性，投入了演绎者或汇编人的独创性表达。因此，出版社出版这类作品仍需取得演绎者或汇编人的同意，否则需承担相应的法律后果。

由此，出于合理注意义务的考量，出版社既应与在后作者取得联系，获得无权利瑕疵的保证，也应与原作者取得联系，获得出版其原作品及在后作品的同意与授权。以改编作品为例，若出版社能够意识到涉及其他在先改编者，如出版作品的序言或者署名位置出现了除出版作品作者以外的原著作权人、出版尾页出现了原作者作品插图、宣传语等，出版社有义务核实在先著作权人的情况。有时改编作者虽然获得了改编的授权，但该改编权是限制了改编的时间或者改编成果类型的，出版社还应进一步审查其改编授权的范围。翻译作品作为演绎作品的形式之一，出版社在出版相关作品时应核实译者以及原作品是否尚在著作权保护期内，若原作品尚在保护期内，也要取得原作者的许可。此外，若翻译作品的委托人为证明其为翻译作品的著作权人，向出版社提供了其签署的翻译合同，需要进一步判断该合同的性质。如果合同属于翻译人对其译作的著作权许可合同，则出版社需取得翻译人的许可并为其署名；如果合同属于委托翻译合同，且该委托合同明确约定委托作品的著作权归属于委托方，则委托人依合同取得翻译作品著作权，受托方仅有署名权。

汇编作品同样存在双重权利的问题，其类型主要分为集合作品和信息汇编①。《著作权法》第15条规定："汇编若干作品、作品的片段或者不构成作品的数据或者其他材料，对其内容的选择或者编排体现独创性的作品，为汇编作品，其著作权由汇编人享有，但行使著作权时，不得侵犯原作品的著作权"。信息汇编这一类型汇编作品中，汇编作品的独创性主要体现在独创性的选择和编排上，在集合作品中，则存在经汇编的原作品的著作权和汇编产生的新著作权。因此出版社出版汇编作品可能出现两种侵权风险，若出版社出版汇编作品时未经授权，与另一汇编作品在内容的选择和编排上构成实质性相似，并且具有可替代性，则涉嫌侵犯他人著作权。此外，对于汇编作品中被汇编的单独部分稿件，仍属于受著作权法保护的作品，出版社应当对单部汇编作品出版行为的授权、稿件来源、所编辑出版物的内容尽到合理审查义务。

---

① 张今：《著作权法》，北京大学出版社2018年版，第56页。

第三节　出版过程中出版社侵犯作者权利的认定

在图书出版过程中，出版社侵犯著作权人权利的行为有多种样态。在之前的章节中，分析了侵犯著作人身权、著作财产权等情况。本节的内容是补充介绍一些其他情形。

作品手稿遗失产生的纠纷偶有发生。手稿是文字作品的物质载体。根据《最高人民法院关于审理著作权民事纠纷案件适用法律若干问题的解释》第23条的规定，"出版者将著作权人交付出版的作品丢失、毁损致使出版合同不能履行的，著作权人有权依据民法典第186条、第238条、第1184条等规定要求出版者承担相应的民事责任"。因当事人一方的违约行为损害对方人身权益、财产权益的，受损害方有权选择请求其承担违约责任或者侵权责任。侵害物权，造成权利人损害的，权利人可以依法请求损害赔偿，也可以依法请求承担其他民事责任。侵害他人财产的，财产损失按照损失发生时的市场价格或者其他合理方式计算。若作品在出版前的唯一原稿灭失，就会使得本来可以依法享有并使用的著作权不复存在或在实现方面遭遇较大的困难。那么，出版单位丢失作品唯一手稿的行为，既侵犯作者对作品载体即手稿的财产权即所有权，又侵犯作者对作品享有的著作权。

出版单位应当按照《图书质量管理规定》和《图书编校质量差错率计算方法》严控图书出版质量。对出版编校质量不合格图书的出版单位，由省级以上新闻出版行政部门予以警告，可以根据情节并处3万元以下罚款。这是从公法的角度，由主管机关进行的行政处罚。从私法的角度，作者可以向出版单位主张违约责任和侵权责任。

在出版过程中，出版社还需要注意其所获得著作权的授权范围。著作权许可和转让合同通常会出现关于许可地域范围、授权范围等问题。著作权法及相关的法律中并未对著作权转让或者许可的地域范围进行规定或者加以限制，当事人可以以合同的形式细化约定。如果出版单位超出合同约定的地域范围发行图书、超过合同约定的印刷数量加印图书，则不仅构成对出版合同的违反，而且也是一种对著作权人复制权与发行权的侵犯。在个案中，对于超出发行数量、加印等行为，也要结合证据来看著作权人是否对此加印行为默示同意。

一、出版社遗失作者手稿的责任认定

【基本案情】

程某某创作了文学作品《战争在呼唤》书稿。2005年9月2日，原告程某某向世界知识出版社投稿，并将书稿原件（手写稿）交给被告编辑郭某某。郭某某出具收条，写明"今收到程某某书稿《战争在呼唤》一部"。

2007年9月7日，世界知识出版社出具"关于《战争在呼唤》书稿的情况说明"，其中写道"由于调整办公室、管理疏漏等原因，造成书稿遗失"。原告程某某认为手稿遗失既侵害了其对书稿的所有权，亦侵害了其对作品的著作权，故将世界知识出版社诉至法院。

【争议焦点】

被告是否侵犯原告的著作权，若构成侵权，赔偿金额如何确定。

【裁判推理】

公民的民事权益受法律保护。原告在创作完成文学作品《战争在呼唤》后，既是该作品的著作权人，又是作品原件的所有人。《战争在呼唤》的手稿，不仅是作品的物质载体，也是作品著作权的体现。被告丢失原告作品原稿的行为，既侵犯原告对作品享有的著作权，又侵犯原告对作品载体即手稿的财产权即所有权。被告不仅应承担丢失作品物质载体的责任，还应当承担造成作者著作权损失的责任。由于原告未将被告侵害涉案作品物质载体所有权的责任与赔偿作者著作权损失的责任完全分开，而是一并要求被告赔偿其经济损失，故法院在确定赔偿数额时将综合考虑以上内容。

本案中，原告创作作品《战争在呼唤》，其就该作品享有署名、发表等人身权利，同时享有通过复制、出版、发行该作品等方式获得经济报酬的权利。被告丢失原告作品手稿，导致原告无法行使著作权，剥夺了原告就该作品可能获得的物质上的收益和精神上的满足等，依法应分别承担侵犯著作人身权和著作财产权的责任。原告有关被告应赔偿其相应经济损失和精神损失的要求合理，法院予以支持。

关于赔偿标准，原告、被告均同意参照国家版权局发布的《出版文字作品报酬规定》标准计算损失赔偿额。但双方就幅度范围内的具体数额无法达成一致，法院综合考虑以下因素予以酌定：第一，被告丢失作品原稿，导致原告相应著作权基本丧失；第二，原告作品重新写作的可能性和难易程度，以及出版发行的前景；第三，原告在创作领域的知名度以及其创作该作品的经历；第四，被告存有过错，其应在法律规定范围内承担与其过错相适应的责任。最终，法院判决被告赔偿原告程某某经济损失人民币 84 000 元；精神损害抚慰金人民币 2000 元。

【裁判要旨】

出版社因管理不当将作者手稿遗失时，若该手稿为作品的唯一手写稿，则该手稿不仅是作品的物质载体，也是作品著作权的体现。在确定出版社的赔偿责任时，可以综合考虑原告作品重新写作的可能性和难易程度、出版发行的前景、原告在创作领域的知名度、原告创作该作品的经历以及被告的过错等因素。

【案号】

（2007）东民初字第 4139 号

二、出版社图书审校错误应承担的责任

【基本案情】

1999 年 11 月 25 日，沈某某作为甲方与北京出版社（乙方）签订《正阳门外》——《坤伶》《戏神》《闺梦》三卷图书出版合同，合同约定，为达到出版要求，经甲方同意并授权乙方对上述作品进行必要的修改、删节，最后定稿由甲方签字认可，乙方如需更动上述作品的名称、标题，增加、删节图表、前言、后记、序言，应征得甲方同意，并经甲方书面认可。合同签订后，原告沈某某如期向被告北京出版社交稿，并依合同审校了一次书稿校样。北京出版社未将出版前的最后定稿交付沈某某进行书面确认。

经当庭质证，《闺梦》一书共出现文字、语言、标点符号等方面的差错 179 处；《坤伶》一书存在错字、漏字现象及标点符号错误 12 处，出版社根据《现代汉语词典》进行修改的 9 处，双方理解不同的有 3 处；《戏神》一书差

错 12 处，出版社根据《现代汉语词典》进行修改的 6 处，双方理解不同及出版社根据读者阅读习惯进行修改的有 7 处。

原告沈某某认为被告北京出版社出版的图书存在对《坤伶》《戏神》《闺梦》进行了大量的未经其同意的修改和删减，而且出现了许多文字、语言、标点符号等方面的差错。故提起保护作品完整权诉讼。

【争议焦点】

（1）被告根据《现代汉语词典》、读者阅读习惯对图书进行修改，是否侵犯原告的保护作品完整权及修改权。

（2）被告出版不合格作品《闺梦》是否侵犯原告的保护作品完整权。

【裁判推理】

《坤伶》《戏神》《闺梦》三本小说的老北京风格即原告所称的京味小说体现在故事表现的内容、历史背景、描述的手法及整体文风，并不唯一体现在遣词用字。北京出版社编辑根据合同的授权，以《现代汉语词典》为依据，对部分文字进行修改，未改变作品的风格。上述作品中存在的差错，亦不足以导致作品风格的变化，因此原告认为被告的修改改变了该书的京味风格、侵犯其保护作品完整权及修改权的主张，法院不予支持。

图书中存在的错字、漏字现象及标点符号错误，应认定为差错。依照双方合同约定，出版社应当在出版上述图书时将定稿交予沈某某获得其书面认可。但是，由于出版社违反合同约定，其出版发行的《闺梦》《坤伶》《戏神》三本书出现了许多差错。特别是《闺梦》一书，差错率超过了国家新闻出版署《图书质量管理规定》所限定的万分之一的界限，存在严重的质量问题，属于不合格产品。该书在社会上公开发行后，必然使该书作者原告沈某某的社会评价有所降低，使其声誉受到影响。因此，出版社出版发行该书时出现的质量问题不仅构成违约，同时对沈某某对该作品所享有的保护作品完整权造成侵害。

法院根据本案的实际情况，判令被告对库存的《闺梦》一书停止销售、全部销毁、修改后重印，在有关报刊上向沈某某公开赔礼道歉，为《坤伶》《戏神》两书的差错印发勘误表，向沈某某支付适当的稿酬。

【裁判要旨】

由于出版社一方的主观过失，使得出版的图书有大量错误，存在着严重质量问题。该书在社会上公开发行后，必然使该书作者的社会评价有所降低，声誉受到影响，故构成保护作品完整权侵权。对于存在严重质量问题的图书，应当停止销售。

【案号】

（2001）高知终字第 77 号

三、出版社获得作者授权的内容范围

【基本案情】

2011 年 4 月 18 日，朱某某与光明日报出版社签订《光明日报出版社六角丛书事业部图书出版合同》，授权光明日报出版社在合同有效期内以图书等形式出版发行其作品《一生只有七天》，稿酬标准为 50 元/千字。

光明日报出版社于 2011 年 5 月出版发行了《一生只有七天》一书，署名为朱某某著。该书第 126—128 页收录了朱某某撰写的《穷人的屋檐，高过天堂》一文。该文曾发表于《家庭百事通》2007 年第 7 期，全文近 1000 字。

2014 年 8 月，朱某某发现光明日报出版社公开出版发行的另一本图书《改变中学生一生的生存故事》中，第 123—124 页《穷人的屋檐高过天堂》一文与朱某某上述《穷人的屋檐，高过天堂》一文相同。朱某某遂以被告光明日报出版社侵害其著作权为由，提起诉讼。

【争议焦点】

被告是否构成对朱某某著作权的侵犯。

【裁判推理】

被告虽然获得了《一生只有七天》一书的出版授权，但是，其获取了整本书的授权，这不等于获取了书中所包含的每一篇文章的授权。

首先，上述出版合同确定的作品名称为《一生只有七天》，被告仅就出版发行《一生只有七天》一书获得朱某某的授权。被告并未举证证明朱某某曾单独授权其使用《一生只有七天》一书中包括涉案作品在内的所有文章，应当承担举证不利的后果。

其次，就双方在上述图书出版合同中约定的稿酬金额而言，如按被告的抗辩，50 元/千字的稿酬标准的对价，除为《一生只有七天》一书的使用权外，还包括该书收录的 50 余篇文章的使用权，显然不符合情理。

故被告以营利为目的，未经许可出版载有朱某某文字作品《穷人的屋檐，高过天堂》的图书，已构成对朱某某著作权的侵害，应当承担停止侵权及赔偿损失的民事责任。

【裁判要旨】

获得出版发行整部图书的授权并不代表出版社获得使用该图书中收录的单篇文章的权利。

【案号】

（2016）浙民终91号

四、超出约定的作品发行数量构成侵权

【基本案情】

原告叶某某为涉案昆曲艺术讲解纪录片《昆曲百种大师说戏》（以下简称《说戏》）以及配套图书的著作权人。其以自费独资的身份，与被告浦睿公司签订出版协议，约定由浦睿公司提供《说戏》的光盘、图书的生产、出版和发行等服务工作，原告有权限定作品的发行数量和发行区域，并约定图书上有"岳麓书社"字样。被告浦睿公司委托被告湖南音像出版社进行光盘及图书的出版和发行。后原告发现产品发行数量超出约定数量，产品署名的出版社少了"岳麓书社"，认为被告擅自再版、发行《说戏》构成对原告复制权、发行权的侵犯，故提起侵权诉讼。

【争议焦点】

出版社超出约定的复制、发行数量是否构成侵权。

【裁判推理】

被告湖南音像出版社出版涉案作品的权利基础系"原告叶某某授权被告浦睿公司，并授予被告浦睿公司得以转授权于湖南音像出版社"，基于双方在出版合同中明确述及有所谓"原著作权人"授权的存在，因此可以认定被告湖南音像出版社知晓原告叶某某与被告浦睿公司签署的出版协议之相关约定，这些约定应作为认定被告湖南音像出版社复制、发行行为是否超出著作权人授权范围的依据。

湖南音像出版社作为专业出版机构，在明知被告浦睿公司仅为转授权人的

情况下，应对著作权人与转授权人之间的权利约定尽到审慎注意义务。本案中，原告叶某某并未以书面通知方式指定过数量，决算纪要抬头为2013/2014，此时合同期限尚未届满，因此需结合合同约定及实际履行情况，对该争议问题进行综合判断。第一，原告叶某某与被告浦睿公司签署的出版协议及附件约定，原告有权限定产品数量，并需对其指定数量生产的产品自行承担成本费用。上述事实表明，原告叶某某是自行出资出版涉案作品，考虑到成本预算等，约定作品出版数量既是其合同中的权利，也是正常事情。第二，发行咨询方面，涉案作品以指南形式对外介绍发行模式为按需定制，按照订购数量全数发行后，第一版书即没有多余。这一点表明，在没有另行商定的情况下，市场上不会再有这些作品发售，"没有多余"的含义是清晰的。综上，被告湖南音像出版社超出原告授权范围复制发行涉案作品构成侵权。

被告浦睿公司经原告叶某某授权，获得转授权利，与被告湖南音像出版社签订出版协议，其应对被告湖南音像出版社是否按约履行合同进行合理的、基本的提示和督促，同时其也是涉案作品发行行为的利益共享方。从合同签订、履约过程、往来邮件看，其在涉案作品发行过程中并非"甩手掌柜"式的转授权主体，而是全面参与发行、决算、基金申报等事项，其本应更加明确告知被告湖南音像出版社有关涉案作品限量发行、署名"岳麓书社"等情形。综上，被告浦睿公司不仅主观上有过错，客观上也有侵权行为，与被告湖南音像出版社就涉案著作权侵权行为构成共同侵权。

【裁判要旨】

在图书出版合同中对于出版数量进行了约定的情况下，出版机构违约超出合同范围发行图书，著作权人既可以向法院提起违约之诉并主张违约责任，亦可以提起著作权侵权之诉。

【案号】

（2016）沪0107民初17557号

五、如何判断作者是否同意网络传播

【基本案情】

王某为小说《雇佣黑蚁当保安》的作者，通过授权书授权张某某代理他与天津人民出版社签订出版合同，授权权限以双方签订的图书出版合同为准。2013年张某某与天津出版社就涉案作品的出版事宜签署图书出版合同书。合同约定"天津出版社的专有出版权含图书出版、视听出版、数字出版、发行、传播等形式的专有权利"。

2013年10月，该书出版发行。2017年6月1日，天津出版社与当当数媒公司签署合作协议，约定天津出版社将其拥有合法版权及相关权利的作品及其相关资料的信息网络传播权以非独家形式授权许可当当数媒公司使用。随后，当当网开始传播涉案作品的全部内容，并以每本6元的价格提供涉案作品的在线阅读服务。

王某认为当当网侵犯了其信息网络传播权，故提起诉讼。

【争议焦点】

王某授权张某某代为签订图书出版合同的权限范围是否仅限于出版纸质图书，是否包括信息网络传播权授权。

【裁判推理】

依照授权书的约定内容，王某与张某某形成了民事委托代理法律关系，由王某委托张某某作为代理人代其与出版社签订图书出版合同。代理人在代理权限内，以被代理人的名义实施民事法律行为。被代理人对代理人的代理行为，承担民事责任。

本案争议在于张某某的代理权限是否包括代王某进行信息网络传播权的授权。结合授权书约定内容的文义理解来看，王某系对张某某的代理权限范围进行概括授权，即由张某某代其与天津出版社签订图书出版合同，王某对张某某与天津出版社签订的图书出版合同的授权内容均予以认可，其中并未单独排除信息网络传播权的授权。

鉴于授权书写明了授权权限以张某某代理王某与天津出版社签订的图书出版合同为准，张某某与天津出版社签署的图书出版合同中对天津出版社的授权包括网络传播一项，因此，根据授权书的内容，可以认定张某某有权授予天津出版社涉案作品的信息网络传播权。而本案既无充分证据显示王某曾向张某某明示代理权限仅限于纸质图书出版，亦无证据支撑王某在授权时对数字出版或电子版权不知情，故其授权的实际意思表示仅限于纸质图书出版这一推论不成立。

因此，天津出版社经许可获得了王某作品的信息网络传播权。当当网实施的被诉侵权行为属于其与天津出版社的合作协议范围，得到了权利人的合法许可，不构成侵权。

【裁判要旨】

在判断作者的授权范围时，应当以合同为准。对合同理解有争议的，应运用文义解释、历史解释、目的解释等合同解释方法予以判断。

【案号】

（2019）京73民终3156号

六、法理分析

在解决因出版社的过失导致作者手稿遗失从而引发的纠纷之时，应当结合以下几点进行判断：首先，判断出版社与著作权人是否已经达成图书出版合同或者具有事实上的出版关系。其次，该遗失手稿是否为孤稿。若该手稿并非孤稿，即作者除遗失的手稿之外还有该作品的其他副本，那么丢失该手稿并不影响作者著作权的实现。并且，根据载体与作品相分离的原则，丢失的手稿仅为作品的载体，而并非著作权法所保护的作品本身，因此，出版机构遗失稿件的行为仅侵犯了著作权人对于该手稿本身的物权。若该手稿为孤稿，那么因为该稿件的丢失，作者的著作权从根本上变得难以实现，此时，出版机构不仅侵犯了作者的物权，还侵犯了作者的著作权。

为建立健全图书质量管理机制，规范图书出版秩序，促进图书出版业的繁荣和发展，保护消费者的合法权益，2004年，新闻出版总署根据《产品质量法》和国务院《出版管理条例》，制定了《图书质量管理规定》。差错率超过1/10 000的图书，其编校质量属不合格。从知识产权法的角度，如果因出版单位审校过失导致差错率过高，则意味着涉案图书是不合格产品。该书在社会上公开发行后，有可能使该书作者的社会评价降低，使其声誉受到影响。因此，出版社出版发行该书时出现的质量问题，不仅构成违约，同时还有可能侵犯作者的保护作品完整权。

在对于转让或者许可的地域范围产生纠纷之时，应当先行判断双方当事人是否在合同当中明确约定，若双方未就转让的地域范围作出明确约定也未作出限制，一般认定为转让涵盖的范围为中国境内所有领域。关于授权范围值得注意的是出版社出版图书时，如果出版合同明确约定获得整书授权的情况，则出版社出版权利的范围仅限于该书整体，而非涵盖书中的独立的各篇文章。因此在没有获得单独文章授权的情形下使用文章，属于侵犯作者著作权的行为。

在图书出版领域，常会出现作者授权他人代其签订出版合同的情况。如果作者与该代理人之间的合同对于代理人的授权范围约定不明的，应当根据合同签订的背景、目的、文义等进行解释。文义解释、体系解释、历史解释和目的解释是从理性逻辑出发探究合同本意，诚信解释和习惯解释是从社会公理出发的合同解释方法，以期公平合理地确认当事人的主张。诚实信用原则是合同当事人应当遵循的基本原则。合同订立的基础是合同双方的互相体谅及信赖，合同条款的妥适性受到诚信原则的监督。[①]

北京知识产权法院先后审理两起涉及对代理权限的解释问题的案件，但给出了不同的判决。案件的基本事实是作者早些年授权第三人代理其与出版社签订出版合同，授权权限以双方签订的图书出版合同为准。在第三人与出版社的合同中，专有出版权包含图书出版、视听出版、数字出版、发行、传播等形式的专有权利。纸质图书出版之后，出版社又与当当网等网络平台签署合同，约定出版社将其拥有合法版权及相关权利的作品及其相关资料的信息网络传播权以非独家形式授权许可网络平台使用，包括阅读客户端、数字电视信号系统、自有电子阅读器、自有网站等。随后，作者起诉该网络平台认为其信息网络传播权遭到侵犯。在本书收录的（2019）京73民终3156号判决书中，法院结合授权书约定内容的文义理解来看，作者系对代理人的代理权限范围进行概括授权，即由代理人代其与出版社签订图书出版合同，作者对代理人与出版社签订的图书出版合同的授权内容均予以认可，其中并未单独排除信息网络传播权的授权。故出版社享有信息网络传播权授权，有权授予当当网进行数字出版。但是，在另外一起涉及小说《鼠学猫叫》的（2021）京73民终1572号判决书中，作者授权第三人作为其代理人与出版社签署出版合同。作者一方提出的一份证据是代理人曾给其电子邮箱发送的附件——出版协议的空白模板，该协议

---

① 程秀建：《合同解释中诚信原则的价值、功能及工具理性》，载《求索》2018年第6期，第138页。

的条文为"甲方（作者）保证拥有上述作品的著作权，并授予乙方（出版社）上述作品的出版使用权；甲方自愿放弃稿酬，接受乙方赠送的120本书；乙方应在尊重作品的基础上，进行文字上的编辑和修改；乙方确保上述作品的正当出版；本协议自双方签字即日生效"。在该协议中没有涉及数字出版方面的授权。所以，尽管后来代理人与出版社签署的合同中有数字出版的授权，作者称其对此不知情的主张，得到了法院的支持。根据著作权法，许可使用合同和转让合同中著作权人未明确许可、转让的权利，未经著作权人同意，另一方当事人不得行使。结合该邮件附件、作者给予代理人的授权书，以及作者在庭审中明确表示出具授权书时电子版权的概念并不为公众所熟知，故法院推定作者并未许可代理人行使涉案作品的信息网络传播权。

后 记

近年来，我国不断加强知识产权的保护力度，知识产权已经成为中国加快转变经济发展方式、推动创新型国家建设的重要驱动力。2021年，中共中央、国务院印发了《知识产权强国建设纲要（2021—2035年）》，明确了知识产权发展的中长期目标，为我国自主创新、科技成果转化提供了重要指引。纲要的出台在我国知识产权事业发展史上具有重大里程碑意义。在加强知识产权保护的大环境下，各个领域的从业人员也更加注重自身权益的保护以及防范经营活动中的知识产权侵权风险。出版行业作为较为传统的文化行业之一，与知识产权的侵权与保护问题联系密切。在出版行业面临的所有纠纷中，知识产权纠纷及不正当竞争纠纷占比较高，加大出版行业知识产权的保护力度势在必行。

本书的内容面向出版行业的知识产权诉讼实务。在形式上，以案说法，对裁判文书进行概括与缩写，以裁判要旨的形式概括出该案例的裁判规律，对于同类型案例的处理具有较好的参考价值。在案例选择上，均选取出版行业近年来经法院裁判的、较具典型性及代表性的案例。既有民事侵权纠纷，也有涉及出版合同的违约纠纷，内容涉及著作权法、商标法、反不正当竞争法。在法理分析方面，力求语言简练，通俗易懂。既介绍我国的具体制度，也进行理论分析。助力图书出版从业人员提高专业能力，明晰其在知识产权保护方面的法律风险，提升法律意识，进而促进出版行业的良性发展。

本书的内容全面覆盖了出版行业的知识产权法律问题，既有对出版行业的传统知识产权案件的阐述，又涉及对互联网及新兴技术快速发展的背景下新产生的知识产权法律问题。具体而言，第一，明确了出版者对其出版的图书的合理注意义务的边界。当出版者出版的图书侵权时，注意义务的确定对于认定出版者的损害赔偿责任至关重要。第二，分析了出版者出版演绎作品、已故作者作品、职务作品、合作作品时对著作权人身份的审核，从而避免对权利人署名权、复制权、发行权等的侵犯。第三，探究了出版者在审校图书过程中修改作品的尺度，避免侵犯作者的修改权与保护作品完整权。第四，阐述了图书内容抄袭的认定，分析汇编类图书、教材类图书、文学类图书等实质性相似的比对问题，介绍了文学作品中的角色元素的保护路径。第五，就出版单位的专有出版权和版式设计权进行了深入探讨，同时，也涉及了对图书封面装帧的保护及图书装潢的保护问题。第六，归纳了图书出版合同引发的围绕合同订立、生效、履行、终止产生的纠纷。其中涉及稿酬、逾期出版、手稿遗失、重印再版、教材租型出版、委托创作等法律问题。第七，梳理了关于互联网与新兴技术相关的版权纠纷，探讨了避风港规则、红旗标准、通知删除规则等的适用，分析了数据库、电子图书馆、学习机、点读笔等传播电子书的法律问题。最后，介绍了图书名称的保护以及图书领域的商标注册与侵权问题。

随着信息网络与人工智能技术的发展，新兴商业模式不断出现，知识产权保护将迎来新的问题与挑战。在数字出版领域，涉及人工智能生成内容的保护、文本与数据挖掘技术的应用、电子书的线上交易、区块链的版权确权、算法推荐与平台注意义务、深度链接、技术过滤、云服务器等法律问题。对于图书出版领域的知识产权法律问题的研究而言，有很多新的选题方向。

本书适合知识产权领域初学者、司法工作者以及出版行业相关工作人员阅读。希望本书的内容可以抛砖引玉，引起知识产权从业人员的关注，共同推进图书出版行业知识产权法律实务问题的研究。书中疏漏之处，望读者批评指正。本书写作过程中，得到了一些出版机构专业人士的建议，也得到了樊美辰、徐景秀、张奉祥、李珂、董川等同学的协助，在此一并致谢。